開拓社叢書 24

# 知っておきたい英語の歴史

安井 稔・久保田正人【著】

開拓社

# まえがき

　本書は安井稔「英語史」(中島文雄 (編)『英語学概論 (上)』英語英米文学講座第 7 巻, 河出書房, 昭和 26 年 (1951 年) 11 月発行, pp. 69-125) を底本とし, これに, 増補改訂をほどこすことによって成ったものである. 増補改訂に際しては誤記誤植を訂正すると同時に, できるだけ読みやすい文体にすることを心がけた.

　ところが, 実際に取り掛かってみると, 思いがけない二つの障害にぶつかった. 一つは「英語史」執筆当時, 著者がやや年少であったこと. もう一つは執筆当時与えられていた紙幅が 400 字詰め原稿用紙 100 枚以内に限られていたことであった. いずれも, いまさら, どうしようもない. が, どのみち, 多少の説明は必要であろう.

　二つの障害は「執筆年代」,「執筆枚数」というように割り切っても差し支えないであろう. 両者は具現化されると, ともに「ものを書くスタイル」となって現れる.

　まず,「英語史」が発刊されたのは昭和 26 年 (1951 年) のことであった. 筆者は満 29 歳の青年学究である. といっても, いまを去ること 63 年も昔のことである. いったい, 当時の青年学究はどのような日本語を用いていたのであろうか. 兼好法師は, ものの名前なども含め, すべて昔がよかったと言っているが, ここで尚古趣味にひたっているわけにはゆかない. そこで, 取りあえず, 年少の友人たちに古い「英語史」を読んでもらうことにした.

　結果は「旧書体の漢字は総じて読めない. ときおり, 意味不明の語にぶつかる」というものであった. それらは当然一も二もなく訂正した. これによって, 二つあるとした障害のうち執筆年代に由来すると考えられる読みにくさは, おおかた解消されたと考えてよいであろう.

もう一つの障害，すなわち執筆枚数が400字詰100枚という制約を受けていたというのは，要するに，そんな枚数でそもそも英語史が書けるか，という問題である．1,000年を超える英語の歴史を400字詰100枚の中に押し込もうとするのは，無謀のそしりをまぬかれないのではないか，ということである．

　けれどもそれにもかかわらず，この困難な仕事を引き受けたとなると，それは，「できるものならやってみよ」というチャレンジを受けて立ったことを意味する．その結果が古い「英語史」であったことになる．最大の関心事は「何と何とを省くか」ということにあったはずであるが，それらを数え立てても益するところは少ないであろう．問題は，あくまで結果として，どのようなものが，でき上がったかにある．

　でき上がった英語史は，内容に対する評価は別として，いくつかの，やや思いがけない結果をもたらしているように思われる．まず紛れようのない事実として，一般読者は，この限られたスペースの中でやりくりしてでき上がった英語史のサンプルを一つ与えられるに至ったことを挙げてもよいであろう．英語史というのは，一般にとっつきにくく，いわば入場料の高い科目であるからである．新しい内容を盛った類書が次々に発刊されるという分野でもない．

　では内容的にみて，本書は他の類書と比べ，どこがどのように異なるといえるであろうか．それは一言でいうなら，「H. C. ワイルド（H. C. Wyld, 1870-1945）の入手可能な限りの全著作の知見を体して書かれたもの」ということになるであろう．それは絶えず行間からうかがい知ることができるというタイプのものではない．その影響はむしろ，心情的といってもよいものである．当時イギリスにおける最も信頼できる英語史の学者としてワイルドを尊敬し，*A History of Modern Colloquial English*（1936³）をはじめとする諸著作をパラグラフごとに，サマリーをとりながら読んでいたのであった．その影響は，ワイルドを知るほどの人の目には，明らかなはずである．

　増補改訂版を編むにあたって，最も気がかりであったのは，内容が古び

てしまっているのではないかという懸念であったが，この懸念は，懸念の名に値しないものであることがじきにわかった．年少の友人たちに目を通してもらったおかげである．筆者自身も二度にわたって全体を点検している．一度目はざっと，二度目は字句の細部にまで目を配ることによってであった．

このようにして成った改訂版の「英語史」は依然として「若年の学究」および「限られたスペース」という制約を受けたままである．その結果は文体という形をとって現れないわけにはゆかないであろうと上で述べた．

二つの制約が形となって現れるのは結局のところ，その文体においてであろうと予測するところがあった．それは結果的にみてどうなっているであろうか．一言でいうなら「常に切迫感を持って書いている」ということになるのではないかと思われる．削ってよいかと思われるものは，何によらず削る．ゆとりとか遊びといったところは薬にするほどもない．その切迫感はときによっては，ある種の気迫を感じさせるかもしれない．「若気の至り」もまんざら捨てたものでないと思っていただければ幸いである．

なお，改訂増補版の冒頭に添えた「現代英語の中にもかいまみえる英語史」という一文は，英語史という，ややとっつきにくい庭に入ってゆくための垣根を少しでも低くしようとして，書き添えられた一文である．

本書の第I部は総論であり，第II部は各論である．各論としてここに収められた諸論考は，いずれも英語史と深いかかわりのある事柄を扱っているものである．

順不同にいくつかの話題をかいつまんで取り上げてみると，たとえば，第12章「Myselfその他」のように，既出の部分においても触れる項目に関しては各論における扱いのほうがずっと詳しくなっている．

第11章「Food, Hood, Blood」は総論における該当箇所に対する応用問題であるといってよい．中級程度の知識をもつ人が最もつまづきやすいのはfoodの発音の由来であろう．同じ音変化のバスに乗り合わせた成員はじっとしていると全員，同じ終点まで連れてゆかれるという大原則を忘れてはならない．

第14章「三人称現在複数の -s について」は三人称現在単数の -s 語尾だけが動詞の変化語尾ではなかったことを Wyld の資料に基づいて述べようとしたものである．

第15章「Must の過去用法」は英語の学力が大学卒業程度といってよい段階に達したころ，多くの人々がぶつかる問題の一つであるといってよいであろう．must はもちろん現在形であるが，歴史的には他の大部分の法の助動詞と同様，過去現在動詞（preterit-present verb）の一つであり，本来過去形であったものが，現在形として用いられるに至っているものである．そのために，三人称現在単数でも -s 語尾をとらない．語末の -t は本来過去形であったことの名残である．must をめぐる諸問題が，その史的な経緯と深くかかわっていることは，当然予想されるところである．

第9章「First Folio における -e について」はシェイクスピア作品の最初の全集である「第1二つ折版」（First Folio, 1623）に基づき，当時のつづり字習慣の実情に迫ろうとしたものである．対象を語末の -e に限ったが，それでも当時のつづり字法の自由奔放さは，これを手に取るようにみることができる．ついでながら，この自由奔放さが，つづり字においてはもちろん，様々な統語論上の特性においても，現代英語に向かって次第に安定化し，固定化してゆく過程は，これを Yasui (2009), *Studies on the Language of Sammuel Pepys's Diary* という17世紀後半の英語を対象とした研究からも知ることができる．

第13章「Its の年代」は，OED においていまだ訂正されていない its の初出年について記したものである．its の初出年は1598年ではなく1596年までさかのぼれるのであり，この発見の事情はだれかが記しておくべきことであると思い，収録した．

以上のほかにも英語史とかかわりの深い数編の論考を第III部に収録している．いずれも，中島文雄（編）(1955)『英文法辞典』（河出書房）において筆者が担当した項目であり，ちょうどよい英語史の各論をなしているといってよいものであるように思われる．

が，考えてみれば，最もよく英語の変化，歴史を知る方法は，実は，英

語史を読むことではなく，古い時代のテクストを読むことである．英語史と銘打ったいかなる書も，ただ，生きた英語の変化，英語の歴史への案内役を果たすにすぎない．したがって，英語史のみを読んでいる人々は，英語の歴史はわからない，というのは単なるパラドクスではない，という意味で，本書により，読者が英語に歴史的興味をもたれ，古い時代のテクストに親しみ，あるいは進んでその研究に従事される糸口でも与えられるということになれば，筆者の望みは十分に達せられたことになる．

本書を編むにあたって，多くの人々のお世話になっている．まず資料の収集は久保田正人君の手をわずらわせている．同君は本書に収録されている全資料を注意深く点検し，その取捨選択に関しても助言をおしまれなかった．また，古い時代の文献や，ワイルド，OED などからの引用に関しては，すべて原典に当たって再確認し，いくつかの誤記を訂正している．そのほか発表当時の文章と比べなければそれと気づかれにくいところでも本書の精密化に助力してくれた．特記すべきは，同君が本書に収められているすべての文章を，カセットテープに録音してくれたことである．常人にできることではない．また，常人に期待できる好意の範囲をはるかに逸脱している力業である．これらのテープが存在していなかったら，この改定版の作業は，始まりようがなかったであろう．目の不自由な筆者にとって，久保田正人君は単なる協力者ではない．まさに共著者なのである．

校正の段階ではさらに，田島穆，秋山怜，関茂樹諸氏の手を煩わせている．開拓社出版部の川田賢君には今回も変わることなく行き届いた本つくりのお世話になっている．ここに記して，これらすべての人々に，心から感謝を捧げる．

平成 26 年（2014 年）5 月 24 日

安井　稔

# 目　次

まえがき

## 第 I 部　総　論

第 1 章　現代英語の中にもかいまみえる英語史 ･････････････････ 2

第 2 章　英語を取り巻く歴史的背景 ･････････････････････････ 6
　　1. 古音推定の諸方法 ･････････････････････････････････ 9
　　　1.1. つづり字の変化 ･･････････････････････････････ 9
　　　1.2. 脚韻 ･････････････････････････････････････ 10
　　　1.3. 歴史的考慮 ････････････････････････････････ 12
　　　1.4. 初期文法家たちの言説 ････････････････････････ 14
　　2. 英語史と関係のある出来事 ･････････････････････････ 15
　　3. 英語の主要な時代的区分 ･･････････････････････････ 21

第 3 章　古英語 ･･････････････････････････････････････ 23
　　1. 主な音変化 ････････････････････････････････････ 26
　　　1.1. 母音の変化 ････････････････････････････････ 26
　　　1.2. 子音の変化 ････････････････････････････････ 27
　　2. 文法上の変化 ･････････････････････････････････ 29

第4章　中英語への推移および中英語 ……………………… 32
　1．中英語の方言 ……………………………………… 35
　2．中英語期における音変化 ………………………… 37
　　2.1．OE 長母音の短化 ……………………………… 37
　　2.2．OE 短母音の長化 ……………………………… 39
　　2.3．母音の変化 …………………………………… 40
　3．文法上の変化 ……………………………………… 41
　　3.1．冠詞 …………………………………………… 41
　　3.2．名詞の屈折 …………………………………… 43
　　3.3．人称代名詞 …………………………………… 44
　　3.4．動詞 …………………………………………… 46

第5章　近代英語 …………………………………………… 49
　1．中英語以後の主な音変化 ………………………… 56
　2．文法上の変化 ……………………………………… 58

## 第 II 部　各　論

第6章　つづり字の問題
　　　　──つづり字確定の時期について── ……………… 64

第7章　つづり字発音について ……………………………… 75

第8章　つづり字改良について ……………………………… 85

第9章　First Folio における -e について ………………… 93

第 10 章　アメリカ英語音 [ɑ] の背景 ·························· 105

第 11 章　Food, Hood, Blood ································ 113

第 12 章　Myself その他 ···································· 120

第 13 章　Its の年代 ········································ 124

第 14 章　三人称現在複数の -s について ······················ 127

第 15 章　Must の過去用法 ·································· 131

## 第 III 部　関連項目

第 16 章　英語史に関連するキーワード ······················ 140
  1.　Accusative Case（対格）······························· 140
  2.　Activo-passive（能動受動態）·························· 143
  3.　Case（格）··········································· 145
  4.　Clause（節）········································· 147
  5.　Comparison（比較変化）······························· 157
  6.　Concord / Agreement（呼応・一致）···················· 164
  7.　Dative Case（与格）·································· 167
  8.　Future Tense（未来時制）······························ 171
  9.　Gender（性）········································· 175
 10.　Genitive Case（属格）································ 178
 11.　Historical Present（歴史的現在）······················ 185

12. Imperative Mood（命令法） ……………………………… 186
13. Perfect Tense（完了時制） ……………………………… 188
14. Progressive Form（進行形） …………………………… 191
15. Subjunctive Mood（仮定法） …………………………… 196

第17章　英語学あれこれ
　　　　──あとがきに代えて── ……………………………… 208


参考文献 ……………………………………………………………… 215
索　　引 ……………………………………………………………… 223

# 第 I 部

## 総論

# 第1章

# 現代英語の中にもかいまみえる英語史

　英語という言語には一千年余りの歴史がある．これを，1,000メートル余りの深さをもつ海になぞらえてみることにしよう．われわれが，日常，接している英語は，英語という海の，いわば表面だけである．その海底にあたる部分の様子など，知る由もない．が，その手掛かりもヒントもいっさいない，というわけでもない．

　仮に，この海の渚をなんの気なしに，そぞろ歩きしてみたとしてみよう．もしも運がよければ，さまざまな貝殻が打ち上げられているのに気づくであろう．それらをじっと見ていると，どのくらい古い時代のものであるか，わかってくるのである．つまり，一見，なんの変哲もないと思われる現代英語の中にも，古い時代の英語の痕跡が，いわば化石化された形で，ひそやかに息づいているのである．

　ここで，そういう例をいくつか拾ってみることにしよう．それらは，たいていの場合，以下の本文においても，今度は英語史という枠組みの中のこととして言及されることになるであろう．外面的にみれば，再叙，重複をもたらすことになる．当然，相互参照の必要を生ずることになる．が，本書に関する限り，相互参照は，いっさい，これを行わないこととした．

煩雑さを避けるためということもあるが，むしろ，ある程度の予備知識をもって本文の叙述に接していただきたいという，著者の希望から発しているものであると解していただきたい．

（1）　英語のアルファベット字母は「エイ」[ei], 「ビー」[biː], 「シー」[siː] と言うのに，ドイツ語では「アー，ベー，ツェー」と言い，フランス語では「ア，ベ，セ」と言う．どうしてか．英語も昔は [aː], [beː], [seː] であった．が，15, 6 世紀ごろの大母音推移（Great Vowel Shift）によって，[ei], [biː], [siː] となったのである．name や bee における母音も同じ変化過程を経ているものである．

（2）　数詞の one [wʌn] の母音はきわめて特異なものである．どこかの方言形がまぎれ込んだものと考えられている．[1] 標準的な音変化に従っていれば，[oun] となっていたはずである．その名残をとどめているのが，only (< one-ly), alone (< all one), lonely (< all-one-ly), lone (< all-one), lonesome (< all-one-some) などである．いずれも語源的には one を中核としている語である．

（3）　不定冠詞には a と an があり，an のほうは，次に母音で始まる語がくる場合に用いる．が，年代的には an のほうが古い形である．次に母音で始まる語がきた場合，an の形はそのまま保たれたが，次に子音で始まる語がくると，an の -n が脱落し，a となったのであった．並行的な例は，my と mine の間にもみられた．古くは my book, mine uncle のように用いられたのであった．が，のちに，機能上の分化を生じ，my のほうは限定詞として用いられ，mine のほうは独立形として用いられるようになったのであった．

なお，an と one とは，本来，同一の語であった．強勢のない場所に生じ

---

[1] とりわけ語頭の [w] がどこから出てきたものであるか，いまだにわからない．Wyld (1936³: 306) の調査によると，[w] が付きはじめたのは 15 世紀からであったというが，当時の資料は，方言の片寄りがあり，広範囲にわたる複数の方言を比較して出所を突き止めるということができないのである．

た ān [aːn] は短化されて [an] となり，強勢のある場所に生じた ān [aːn] は歴史的な音変化を経れば one [oun] となるべきものであったことになる．これは古い時代の hām [haːm] が現代英語の home [houm] になったのと並行的である．ついでながら，Birmingham のような語における -ham は hām が [ou] に音変化するより早く短化することによって生じたものである．

(4) myself と himself とを比べると，前者は「所有格代名詞 + self」，後者は「目的格代名詞 + self」となっている．歴史的にみると，一人称単数再帰代名詞には meself という形があり，そのほうが myself より古い形であった．強勢のない場所に置かれると，両方とも [miself] のように発音され，両者の区別がつかなくなっていたと考えられる．そうすると，本来は meself の弱形であった [miself] を元の形に戻そうとする際，誤って myself の形を用いてしまうということが生じたと考えられる．そういう取りちがえをする際，herself という形の存在が多少の影響を及ぼしていたかもしれない．herself の her は，本来的には，目的格であったと考えられるが，そのまま所有格でもありえたからである．この場合，itself がなんらかの影響を及ぼしているということはありえない．its という形はその初出年代が 17 世紀末であるからである．

(5) 主語が三人称単数形で，述語動詞が現在時制であると，その述語動詞は -s 語尾をとる．一人称，二人称の単数形，複数形，三人称の単・複を問わず，すべての人称の過去形には，いっさい，このような制約がない．これは実に奇妙な現象である．が，歴史的にみると，人称・数・時制のいかんを問わず，すべて，屈折接辞をもっていた．が，それらの屈折接辞は初期近代英語に至りつく以前，三人称単数現在の -s 語尾を唯一の例外として，すべて消失したのであった．どうして，三人称単数現在の -s だけが生き残ったのかということに対し，説明を与えることは不可能である．しかも，この -s 語尾が負担している機能量はゼロに近いものでしかない．英語という言語が一種のお遊びをしているとでもいうしかない．

(6) 現代英語では，不規則変化動詞と分類されるのに，古い時代には規則変化動詞であったということが，しばしばある．過去形，過去分詞形が，-t または -d で終わっている動詞は，古い時代にはすべて規則変化動詞であったと考えてよい．

たとえば，keep, kept, kept とか，sleep, slept, slept とかの変化型からみると，これらは，現在，不規則変化動詞とされる．が，語末の -t からわかるように，これらは，本来，規則動詞であった．sleep の例でいうと，この語は [sle:p] という音にさかのぼる．この音が，そのまま，大母音推移を受けると，現代英語の [sli:p] が得られる．が，大母音推移以前の段階で，過去・過去分詞を表す屈折接辞 -t が付加されると，[sle:pt] の形が得られ，-pt という 2 子音結合の前の長母音 [e:] が短化され，[slept] が得られることとなったのである．現在形 keep と過去形 kept とを並べると，過去形が母音短化によって示されているという印象を受けるが，母音の短化は，この場合，後続の 2 子音結合によって自動的に引き起こされた結果にすぎない．

動詞の中には，現在・過去・過去分詞が同形であるものが，いくつか，ある．これらも，かつては，規則変化動詞であったものである．末尾が -t または -d で終わっているのが，何よりの証拠である．現在・過去・過去分詞が同形で，しかも，過去・過去分詞が -t または -d で終わっているというのであるから，その現在形も，-t または -d で終わっていることが必要条件となる．そう思って動詞を拾ってゆくと，cut, hit, put, let, set, quit, spit, split, spread, bid, rid などが得られる．なお，これらの動詞の場合，語末の -t, -d の前の母音が短母音であるのは，語末の -t, -d が実質的には「語末の子音＋屈折接辞の子音」から成る二重子音であったからであると考えられる．

第 2 章

英語を取り巻く歴史的背景

　われわれは学校で英語を学び，覚え，まれに話すこともある．イギリス人やアメリカ人の話すのを直接耳にすることもある．が，これらの英語は，だいたいにおいて，すべて現代の英語である．われわれの話したり書いたりする日本語も現代の日本語である．しかし，われわれは過去における日本語が現代のそれと同一ではなかったことを知っている．古事記・万葉の時代はもちろんのこと，江戸時代の浮世草子でも現代の小説とは肌合いを異にする．
　私の身近にいた慶応元年（1865）生まれの老人は，その単語においても言いまわしにおいても，現在 20 代，30 代の人々と違ったものをもっていた．このような，ちょっと注意すれば，われわれが日本語で経験する時代の流れが，英語においてはない，と想像すべき理由は少しもない．事実，同じ土地の同じ社会的階級に属している人々の間にあっても，年寄りと青年では，その英語が違っている．quality という語，今の発音は，ふつう，[kwɔ́ləti] であるが，年寄りの中には，まだ [kwǽləti] という人もある．ジョン・ケンブル（John Kemble, 1757–1823）というシェイクスピア劇で有名な役者は，しょっちゅう，[kwǽləti] と発音していたということ

である．herb, humble, hospital なども古風な人々は今でも honour と同じように，h を発音しない．humour という語などは，20 世紀もしばらくたってから，h 音が聞かれるようになったもので，[ju:mə] という h の抜けた音はジョーンズの発音辞典（Jones（1956[11]））にも記されていた．日本語では「ユーモア」といい，英語では「ヒューモア」のように発音するから，日本語の「ユーモア」は英語から直接入った語ではない，というような推論はできないのである．

　老人と青年は，発音を異にするのみでなく，単語も相当に違う．青年なら tie（ネクタイ）というところを，老人はしばしば cravat という．若者の top-hat は老人の chimney-pot hat で，日本語では，いずれも「シルク・ハット」である．会話の中で「袖口」のことを wristband という人物があったら年寄りか古風な人と，一応，考えてよい．若い者なら cuff である．発音も，古風な人なら，[rísbənd] か，b の影響で s が濁った [rízbənd] で，[rísbænd] や，ことに [rístbænd] は若向きである．また，若い人たちの間にあっては，very と同様，今ではほとんど無色の語になっている awful, awfully（非常に，おそろしく）などという語も，昔かたぎの老人の前で口にすると，はしたない，と言って叱られるかもしれないのである．発音の変化は，ふつう，きわめて徐々に行われるが，このような単語の流行，盛衰は，きわめて短時日のうちに変化するものであり，戦後の日本語を見てもわかるとおり，こういった単語の上における世代の相違は，いくらでも挙げることができる．

　以上，簡単に，老人と青年の間には，発音や語句の言いまわしに差のあることを述べたが，それらのいずれかが下品であるとか野卑であるというわけではない．教養ある老紳士が quality, neighbourhood をそれぞれ [kwǽləti], [néibərud] と発音したところでいっこうに下品ではない．白髪の老教授が accomplish, were をそれぞれ [əkʌ́mpliʃ], [wɛə] と発音しても，若い時代に最も上品とされていた音をそのまま守っているのである，と考えていっこうに差し支えない．しかし，これらの発音が，青年の

耳に奇異に響くことは否定できない．ということは，つまり，上品であるとか野卑であるとかという標準が，時代によって変化する，ということを示している．これは，動かすことのできない事実であって，重要である．

　しかし，青年といい，老人といっても，その年代的差異は，2世代，3世代にとどまるものであり，この60年から80年，90年の間にも，英語は，多少とも，変化しているのであるから，600年，1,000年，1,200年の昔にあっては，現代の英語とひどく違う英語があったことは容易に想像される．現在生じている変化が，過去においては生じえなかったと考えなければならない理由はなにもなく，また，その変化が，7，80年間の短期間におけるよりも，1,000年以上の長期間におけるほうが，はるかに大きかったであろうと考えてはいけないという理由も，少しもないからである．しかしながら，われわれは，いったい，いかにして，遠い昔から英語が変化してきたということを知りうるのであろうか．

　もちろん，書かれた記録として残っているものがあり，これによって相当いろいろな事柄を知ることができる．文書の形で残っている最古のものは，英語に関するかぎり，1,300余年前までさかのぼることができる．7世紀以降，諸種の方言で書かれたさまざまの文献が，しだいにその数を増してくる．つまり，われわれは，文献によって知りうる知識に関するかぎり，英語の歴史を1,300余年の長い期間にわたって調べることができるのである．単語の移り変わり，語句の言いまわし，単語の並べ方，文章の組み立て方，等における変化を，書かれた記録によって知ることができるのは明らかであり，その材料もまた豊富である．

　しかし，発音の変化，ということになると，事情は異なる．われわれはシェイクスピア（W. Shakespeare, 1564–1616）の声を直接耳にすることはできない．録音機器によって，その発音を，現代のそれと比較することも許されない．書かれた文字に接することはできても，それらは，音を写したものにすぎず，音そのものではない．音を写した，と言ったが，ラテン語から借りたアルファベットを用いてきた過去の英国人がみな音声学者

であったわけではないし，現代の発音記号が音を写しているのとは，おおいに趣を異にする．過去のつづり字だけをもとにし，それを音声に還元しようとしても，信頼できる結論は出てきようがないのである．しからば，いったい，いかにして，100年，500年前の英語の発音を知りうるのであろうか．われわれは，直接的な方法は何一つ持つことができない．われわれの用いる方法は，すべて間接的である．しかし，いくつかある間接的な方法をできるだけ多く利用し，それぞれの方法から生ずる結果を比較考量し，験算し，確実に不合理な音を消してゆくことにより，しだいに疑問の余地少なき音に近づくことができる．かくして得られた結論は，絶対確実とはもちろん断言できないにしても，相当に信頼度の高いものになりうるのである．

## 1. 古音推定の諸方法

古い時代の音声を推定する方法は，だいたい，四つに分けられる．いずれも，一長一短で，そのいずれか一つだけに頼ることは危険である．

### 1.1. つづり字の変化

現代のつづり字はたいへん不規則であるが，過去のどの時代かにおいては，それぞれにその存在理由をもっていたことが，いろいろなことからわかってくる．そして，その存在理由の大部分は，過去においては，現在におけるよりも，それぞれのつづり字が，一定の約束のもとに，その語の発音をかなりよく表していたということにある．つまり，現在のごとく発音とつづり字の関係が不規則になった原因の最たるものは，印刷術の発達によってつづり字が固定したのに反し，発音のほうはどんどん変化していったということに求められる．したがって，印刷術の普及によって固定され

た伝統的なつづり字は，古音推定にはほとんど役に立たない．

　役に立つのは，印刷術以前のつづり字，および印刷術以後の場合には，無学の人々の書いたものや，私信，日記のような，個人的なくせの残っている記録である．12世紀半ばごろまでhome, bone, stoneというような語がhām, bān, stānとつづられ，しかも，その次の時代には，hoom, boon, stoonとつづられ，さらに，他の，以前には長いaであったものが，同様にooにつづられているとすれば，これら二とおりのつづり字が非常に違った音を表していることを疑うわけにはゆかない．これらをもとに，現在の発音と照合するとき，ooのつづり字が現れはじめたころは，前のa音が，長いo音に変化していた，と考えることができるのである．また，エリザベス女王（Queen Elizabeth, 1533-1603, 在位1558-1603）が，speech, deedsのようにeeを含んだ語を，spich, didesのようにiでつづっており，その数が相当に多いのであるなら——実際，非常に多く，もし，eeがiとなってないなら，女王自筆のものではないという鑑定標準になるくらいであるのだが——当時，すでに，宮廷英語においても，[eː]という古い音は[iː]に変わっていたと考えることができるのである．

## 1.2. 脚韻

　古い時代の詩人，たとえば，シェイクスピアやチョーサー（G. Chaucer, ?1340-1400）の脚韻を調べると，その多くは，現在でも完全韻として通用するものである．AとBという二語がチョーサーにおいてもシェイクスピアにおいても，また現代においても，韻をふんでいるという例は非常に多い．韻というのは，元来，A, B二語のおしまいから見て，強勢のある母音までの音が等しく，その母音の前の子音が異なっているもののことであるから，A, B二語が韻をふんでいることからは，A, B二語の母音が等しいということしかわからない．A, B両語が，チョーサーでも現代

でも韻をふんでいるということからは，それら二語が，チョーサーのころも，現代も，同じ母音を含んでいたということがわかるだけで，その母音がまったく変化しなかったのか，あるいは同一の変化をしてきたのかはわからない．また，詩語というものは，どの時代にも，多分に，保守的なものであるから，ある時代にA, B二語が韻をふんでいても，それらに含まれている母音が，その時代に，同一であったかどうかも，吟味を要することになる．

　たとえば，シェイクスピアに，Romeとdoom, groomの韻があっても，[ɔː]の音価ではなかったし，pastとwasteの韻があっても，[paːst], [waːst]という音は当時なかった．が，別の方法でA, Bいずれかの音価が確かめられると，もう一つの母音の音価を知るということができる．上の例でいえば，それぞれ[ruːm], [duːm], [gruːm]：[pæːst], [weːst]といったようになる（[æː]と[eː]はSh.では韻をふむ）．またAとBが韻をふみ，BとCが韻をふんでいる場合には，AとCが韻をふむ，つまり，同音をもっていた，と推定することもできる．が，このような場合，Bに，二とおりの発音が存在し，その各々がA, Cと韻をふんでいるということもある．（二組の韻が年代的にずれている場合はことに注意を要する．が，）そのような場合には，もちろん A = C (A rhymes with C) の推論はできない．つまり，A = B, B = C, ゆえに A = C が成立するためには，二つの等式におけるBの音価が同一であった，という証明が必要なのである．

　一方，前の時代には存在しなかった新しい脚韻が，ある時代に現れ始めると，音変化のあったことを推定することができる．逆に，現在では通用しない脚韻が古い時代に用いられているという場合——これも相当に多い——にも，音変化のあったことだけは確実で，これらの古い脚韻を集めて比較考量するとき，他の方法によって得られた結果に対するすぐれた験算の役目を果たしてくれる．

　結論的に言って，チョーサーの時代はもちろんのこと，16・17世紀の詩人たちも驚くほど完全韻を用いているのであって，当時の脚韻が，そ

の時代の発音をかなりよく表していることは注目に値する．シェイクスピアやミルトン（J. Milton, 1608-1674），ドライデン（J. Dryden, 1631-1700），ポープ（A. Pope, 1688-1744）が不完全な脚韻を用いなかったと考えることはもちろん賢明でないが，彼らの脚韻はすでに相当伝統的なもので，当時の発音を写していないと考えることは誤りである．古い時代の脚韻は興味ある問題で，たとい副次的な事柄であるにしても，文学専攻の人々にとっても，興味ある課題を提供している．

韻文のリズムから，当時の発音の抑揚を知ることもできる．17世紀ごろの詩人たち，たとえばドライデンのような人も，チョーサーの韻律は不規則で，磨かれざるダイヤモンドといったふうに考えていた．チョーサーの時代に比較的近かった17世紀の人々より，チョーサーをへだたることはるかに遠いわれわれ現代人のほうが，その韻律法，発音に関する知識において，まさっているということになる．が，チョーサーのmetreが正確で音楽的であることを最初に証明したのはティリット（Thomas Tyrwhitt, 1730-1786）で，その論は1775-1778年に出版された5巻よりなる「カンタベリ物語」(*Canterbury Tales*)に見いだされる．ジョンソン（S. Johnson, 1709-1784）やグレイ（Thomas Gray, 1716-1771）はティリットより早くこのことに気づいていた証拠があるが，世人のチョーサー観に一大転換を与えたのは，ティリットであるといってよい．スペンサー（Edmund Spenser, ?1552-1599）の脚韻は，相当に不規則であると考えられてきたが，これも，チョーサーにおけるmetreの場合と同様，しだいに解明され，その規則性が実証されるであろうと思われる．


## 1.3. 歴史的考慮

われわれが確実に知っているのは現代の発音だけである．その現代の音は過去の音が徐々に変化してきた結果として残っているものである．したがって，たとえば，16・17世紀の音を推定する場合，その延長線上に現

代の音が位置するような推定でなければならない．また，16・17世紀はその前に必ずその祖先であった音が存在するはずであるから，それら前の時代との関係も当然考慮に入れられるべきである．現代の発音といっても，標準英語に限らないので，多くの方言，さらに，英語と縁つづきのドイツ語，オランダ語，などにおける発音も援用すべきこと，もちろんである．

たとえば，sight, light 等の -gh- は，英語の祖先である古代ゲルマン語においても，また英語の最も古い時代においても，-h- とつづられており，現代のドイツ語，オランダ語等では，なお，ふつう，「のどの音」（東京方言のヒの子音）といわれている音で発音されているし，また現代のスコットランド方言でも同様な音が聞かれる．

となれば，次の二点はほとんど疑問の余地がない．

(i) これらのつづりが，現代英語では消失してしまっているが，かつては発音されていた音を表していること．
(ii) その音は，現代のスコットランド方言，オランダ語，あるいはドイツ語に残っている音に近いものであったろうということ（もちろんこれらの言語において，音変化があまりなく，比較的古い音を保っているという前提が必要である）．

さらに，チョーサーには，これら -gh- を含んでいる語と，含んでいない語の脚韻が見られず，一方スペンサーには見られる—たとえば，スペンサーは，despight—fight, spright—night, quight—light などの脚韻を用いている．despight, spright, quight はもともと -gh- の音をもっていなかった語で，despite, quite は現代では -gh- をもってつづられることはなく，眼に訴えるためスペンサーが -gh- を入れたものである．ついでながら，-gh- がすでに黙字となっていなければ，このような逆つづり字 (inverted spelling) は不可能であって，このつづり字自身，-gh- 音の消失

の証拠の一つとなるものである.——とすれば,われわれは,一歩進めて,-gh- の表していた音は,チョーサーの時代には存在していたが,スペンサーの時代には消失していたと結論することができる.

## 1.4. 初期文法家たちの言説

1530 年から,それぞれの時代の英語の発音を記した人物が現れはじめ,しだいにその数を増している.イェスペルセン(O. Jespersen, 1860-1943)がその著『近代英語の文法』第一巻(Jespersen (1909: §1.34))にあげているものだけでも,56 人の人々が数えられ,しかもこれは 19 世紀以降のものを省いての数字である.これらの人々の中には,英国人のほか,フランス人あり,ウェールズ人ありで,その目的とするところも異なり,外国人の場合には,その国の人に英語の発音を教えるためであり,英国人の場合には,正しい発音,すなわち彼らが「かくあるべし」と考えた発音を決定しようとしたり,つづり字の改良を目的としたものもある.

音に対する感覚も,ある人は正確にして鋭く,他の人は,あまり信用がおけないものである,といった差がある.概して,近代の音声学的訓練を身につけていた人はまれであるから,その言説を全部信用することはできないが,母音の長短や,同音異つづり語の表,発音されないつづり字の表などは利用価値があり,また,彼らが,「野卑な音」であるとか,「いけない音」であるとか言って,ある発音をけなしている場合には,少なくともそのような音が存在したことの証明になる.過去の音を,相当の信頼度をもって,推定することができることを初めて示したエリス(A. J. Ellis, 1814–1890)や,その仕事をさらに前進させたスウィート(H. Sweet, 1845–1912)は主としてこの正音学者(orthoepist)たちの記述をもとにしたのであった.現代の歴史的音声学者たちの研究はエリス,スウィートの結論に相当の改変を加えているが,いずれも,これら二人の偉大なる開拓者から刺激を受け,影響を受けているといっても過言でない.

以上略述したごとき方法を用い，それぞれの長所短所をよくわきまえて，それぞれの音価を推定し，一度，たとえば16世紀の音組織が設定されるならば，その前の時代，たとえばチョーサーの時代の音組織にさかのぼり，さらに英語の最も古い段階にまで達することが可能である．[1]

## 2. 英語史と関係のある出来事

英国人の生活に大きな影響を与え，その結果，英語そのものが，いろいろな点において，変容を受けるに至ったほどの歴史的事件がいくつかある．これらの事件は，あるいは新しい思想を与え，あるいは他国民との接触を招き，その生活様式を一変せしめ，その生活感情にまでくい入り，言語そのものに多くの痕跡を残しているのであって，英語の歴史を考える際，どうしても除外することのできないものである．が，この，いわゆる，英語の外的歴史は，これを詳述する余裕をもたないので，ここでは，主要な事柄の表をかかげ，なるべく簡単に，それらの事件と英語との関係を考察し，ことに重要なものに関しては，さらに後述することにしたいと思う．

BC　55　シーザー（Caesar）の英国侵入．
AD　180 ごろ　キリスト教の伝播．
　　449　ヘンギスト（Hengest），Kent 王国建設．
　　597　オーガスチン（Augustine），Kent に渡りキリスト教を宣べ伝える．
　　829　Northumberland，エグバート（Egbert）に屈服し，英

---

[1] 音変化はいったい何故生ずるのか，という根本問題は，究極的にはわからない．詳しくは，Wyld (1906), Paul (1937⁵) などを参照されたい．

国統一なる.

855　デーン人（Danes），英国移住始まる.

878　アルフレッド大王（Alfred the Great）と East Anglia のデーン人の王，Wedmore で和議を結ぶ.

980　デーン人の侵入ふたたび始まる.

1016　デーン人カニュート（Cnute, Canute）の英国制覇.

1066　Hastings の戦い（Norman Conquest と呼ばれる）.

1095　十字軍始まる．1272 年まで．東方の事物の名など入るようになる.

1258　ヘンリー三世（Henry III），英語で布告を行う.

1337–1453　エドワード三世（Edward III），フランスに侵入し，百年戦争始まる.

1362　英国法廷の用語，議会の用語，英語となる．記録はラテン語．ラテン語で法律を布告するという伝統，1488 年まで続く.

1385　初めて学校で英語教授行われる.

1445–85　バラ戦争（Wars of the Roses）.

1477　Caxton，英国で最初の印刷本を出版.

1492　コロンブス（Columbus）の San Salvador 発見（いわゆるアメリカ大陸の発見）.

1516　アリオストー（Ariosto, 1474–1533），*Orlando Furioso*（狂乱のオルランドー）を出版（イタリーの影響増大）.

1525　ティンダル（W. Tyndale）の英訳新約聖書，初めて出版される.

1540　チーク（Sir John Cheke），ケンブリッジでギリシャ語を教える.

1566　このころからネーデルランド（Netherlands）のスペイン反抗始まる.

1660-9　ピープスの日記（*Diary of Samuel Pepys*）.
1611　欽定英訳聖書.
1623　シェイクスピアの「第1二つ折版」（First Folio）.
1642-6, 1648-51　内乱（Civil War）.
1666　ロンドン大火.
1730　法廷の記録，英語で書かれる.
1755　Johnson's *Dictionary* 出版.
1757　クライヴ（Clive），インドの Plassey で大勝.
1769　クック（Captain Cook）の太平洋航海.
1779　ゲーテ（Goethe）「ヴェルテルの悲しみ」（*Sorrows of Werther*）英訳される.
1824　カーライル（Carlyle），ゲーテの「ヴィルヘレム・マイステル」（*Wilhelm Meister*）を翻訳.

　シーザーが英国に侵入したとき，そこの住民はケルト語（Celtic dialect）を話していたが，ローマの勢力が強まるにつれ，ラテンの文物，しだいに導入され，それはまたキリスト教の知識を招来することになった．ローマ軍，撤退するや，たちまち他の侵入者の乗ずるところとなり，ゲルマン民族大移動の一つである Jutes, Saxons, Angles の英国移住ということになる．その初めをなすもの，Jutes 族の Kent 王国建設で，ちょうど5世紀半ば，それから一世紀ぐらいの間に他の種族がやってきて定着する．West Saxon の王 Egbert に Northumberland（Angles の国）屈服するに及び，全英国の統一なり，一方 St. Augustine の渡来でキリスト教，異教徒の国に広まる．Egbert 王，デーン人の進入を撃退することあるも，その侵略止まず，855年には，冬の間も，デーン人，故国に撤退することなく，英国に駐屯するに至る．Wedmore の和議も束の間，10世紀の終わりごろふたたび侵攻し，ついに，デンマーク王 Canute が Wessex（West Saxon）王朝にとって代わる．

が，これだけのことからでも想像できるごとく，ノルマン人の征服 (Norman Conquest) 以前，すでに，英語の中には，ラテン系，スカンジナヴィア系の要素が入っており，現代のウェールズ語の祖先ともいうべきケルト語からの借用も若干ある．また Norman Conquest 直前の王であった Edward the Confessor は，母が Norman Duke の女であり，かつ，幼時より Normandy に住んでいたこともあり，この時期すでに，ノルマンの影響が始まっている．が，このフランス語およびラテン語の圧倒的勢力が英国を支配し始めたのは，もちろん，ヘイスティングズの戦いに端を発する．

しかし，英語がこれで消滅してしまったわけではなく，一般庶民の間にあっては，絶えず用いられ，現に Henry III は，1258 年，英語を用いて布告を出している．(この布告，Ellis (1869: Pt. II, 501 &c), Emerson (1905: 226), Wyld (1936[3]: 46), Mossé (1952: 187-189) などで接することができる)．が，これはまれな例であって，Henry III および次の王 Edward I の治世にあっても，法令や，法廷の記録はすべてフランス語かラテン語であった．また，一方においては，英語で書かれた種々の文学作品はずっと行われていた．(これらの作品を知るには，OE の場合は，Sweet (1881[3])，ME に入ってからは，Morris and Skeat (1898) 三部作を 1150 年より 1579 年の Spenser まで順に見てゆくのが便利である)．

Edward III のフランス侵入による，いわゆる百年戦争は，フランスにおいてフランス語に接する機会を多くの英国人に与えることになったが，英本国においては，フランス語は敵国のことばとして扱われ，この戦争は，かえって，フランス語衰退の一原因ともなったと考えられる．当時すでに，Norman-French の変形である Anglo-French[2] は，中央フランス語

---

[2] Norman-French と Anglo-French を同義語として用いる人もあるが，フランスの Normandy 地方で話されていたフランスの方言を特に Norman-French といってよい．この Norman-French が 1066 年ごろの Central French とどの程度，異なるものであったかは明らかにされていない．が，ひどく異なっていたのではなかったと想像される．

と，相当に異なる発展をとげていた．Cornwall生まれのTrevisaが書いたDescription of Britain（上掲 Morris and Skeat（1898: 235-242）にある）によれば，1385年には，学校で生徒がラテン語を翻訳する際，生徒がほとんど知らなくなっているAnglo-Frenchではなく，母国語たる英語を用いることを許され，また，上流家庭においても，その子弟にフランス語を教えなくなりはじめている旨が記されている．その20年前に法廷・議会用語が英語となっていることなどを考え合わせるとき，英語の勢力が，ともかくも，Anglo-Frenchを屈服せしめたことを認めうる．

バラ戦争のころまで，三つの判然とした地域方言，すなわち北部（Northern），中部（Midland），南部（Southern）の三方言があったが，30年にわたるYork家とLancaster家の争いは，国内各地から集まった人々の移動，混合を招来し，中部方言の優位をもたらす原因の一つとなったと考えられる．現代の標準語の祖先は，ロンドンを中心とするこの中部方言である．印刷術の渡来は，書物の部数を増やし，つづり字を徐々に固定することとなる．それ以前は，概して，人々は自己の発音どおりにつづり，写字生も自己の方言，あるいは自己のつづり方に従って勝手に書いていたので，同じ語のつづり字もじつにいろいろあった．

アメリカ大陸の発見は，海外貿易，渡航の刺激となり，新しい世界を開いたのみでなく，旧大陸の遠い地域も英国人にとって身近なものとなる結果を生んだ．Tyndaleの新約聖書英訳は，宗教改革に一紀元を画するものであり，思想の自由を促進した．ギリシャ語の教授は古典的学問の復活に大きな影響を与えた．一方，ウィアット（Sir Thomas Wyatt, ?1503-1542）およびサリー（Henry Howard, Earl of Surrey, ?1517-1547）は，チョーサーやリッドゲート（Jone Lydgate, ?1370-?1451）以来，顧みられなかったイタリー文学に親しみ，そのソネット形式を取り入れた．ネーデルランドのスペインに対する反乱は，多くのイギリス人志願兵をその地に迎えることになり，Norman Conquestごろからことに密接な関係にあった英国とオランダ地方とはさらにその関係を深め，またスペインとの接触も濃度

を増すこととともなった．スペイン語，ポルトガル語よりの借用は，英国人船乗りによってももたらされ，彼らはまたその寄港した新しい土地の言葉も本国へ持ち帰った．

　欽定英訳聖書（*Authorized Version of the Bible*, 1611）（ふつう A.V. と略す）とシェイクスピアの作品は，英語，英文学の背骨をなしているものである．欽定英訳聖書の英語はシェイクスピアの英語よりむしろ古めかしいにもかかわらず，現代に至るまでそのまま用いられ，Bible dialect ともいうべき特異な存在をなすに至る．

　1730年の遅きに至って，初めて，法廷の記録を英語で記すようになったのは驚くべきことである．ジョンソン（Samuel Johnson, 1709-1784）の辞書（1755）は，標準語の確立に大きな影響を及ぼした．クライヴの勝利はインドの宝庫を英国民に対して開くことになり，クックの発見は，地理的知識と領土を同時に広めることになる．ドイツ語が1824年に至るまで，英国人に，ほとんどまったくといってよいくらい，顧みられなかったのも，驚くべきことである．ドイツ語からの借用語は16世紀からあるにはあるが，フランス語，オランダ語，スカンジナヴィア語などよりの借用に比べると，じつに少ないのである．20世紀に入ってからでも，英国人のドイツ語に関する知識は満足すべき段階に達していない．[3]

　19世紀および20世紀に入ってからは，ナポレオン戦争（Trafalgar の勝利が1805年），クリミヤ戦争（1854-1856），第一次世界大戦（1914-1918），第二次世界大戦（1941-1945）などがあり，また各種の社会改良が行われ，安価な新聞（1816）や郵便（1837）の発達，交通機関の進歩，あるいはテレビの発達などいろいろのことがあるが，英語に及ぼした特別の影響というものは，語彙以外にはあまりよくわからない．むしろ，アメリカの隆盛と，アメリカ英語の逆輸入，また一般に科学の進歩に伴って生じた様々な

---

[3] たとえば，Wyld（1921）を参照．しかし，Wyld の言は相当高い段階を目標にしてのことであろう．

新語などが重要であると考えられる．

## 3. 英語の主要な時代的区分

　以上，英語の外的歴史の主要なもののみにつき，しかも簡単に，述べたが，英語の発達は三つの大きな時期に分けることができる．

　　(i) Old English（古英語，OEと略す）：紀元7世紀ごろから1100年ごろまで．
　　(ii) Middle English（中英語，ME）：1100年ごろから1475年ごろまで．
　　(iii) Modern English（近代英語，ModE）：1475年ごろから現代まで．

　もちろん，これらの年代は，画然と区分されるわけではなく，言語の歴史的研究における時代区分とは，みな，多少とも，便宜的なものである．便宜的な区分の中にあっては，かなり明確な区分を示しているといってよいOEとMEの区分でさえ，そうである．英国人が，OEを話すのをやめ，MEを話し始めた日，などというものがあるわけはない．しかし，プリズムの赤と黄の境界線がはっきりしないからといって，赤と黄の区別を立てることが誤りでないと同じく，言語をそれぞれの時期に分けることも誤りではないのである．
　また赤と黄の中間色を認めることができるように，上の区分も，さらに小さな時期に区分することが行われている．OEからMEへの推移期を第一推移期（First Transition）という．1200-1300年はEarly MEといい，1300-1400年をLate MEという．1400（チョーサーが死んだ年）-1475年（Caxtonが大陸で印刷を始めた年であるが，区切りよく1500年とする人もある）を第二推移期（Second Transition）といい，1500-1650年はTudor

English（チューダー英語）あるいは Early Modern English（初期近代英語）という．Early Modern English から 20 世紀までを Late Modern English（後期近代英語）といい，20 世紀に入ってからの英語は特に Present-Day English（＝PE）という．

# 第3章

# 古英語

　Jutland より来た Jutes（ヂュート族），Schleswig の Angul 地方から来た Angles（アングル族），Holstein から来た Saxon（サクソン族）——これら三つのゲルマン民族は，その英国植民当時にあっては，お互いの理解に事欠くほど異なった言語を話していたというのではなかったと考えられる．が，彼らの間にそれぞれの方言的特色がまったくなかった，ということは考えられないのであって，現存する最古の文献には，すでにそれぞれ区別できる方言的特徴をもっている．

　Angles は Northumbria 王国と Mercia 王国を建て，前者は Humber 河以北を，後者は Humber 河と Thames 河の間の中部地方を占めた．Saxons は南部を占めた．が，南部のうち，ワイト島（Isle of Wight）と Kent などは別で，ここには Jutes が住んだ．したがって，OE の方言は四つとなる．すなわち，Northumbrian, Mercian（これら二つの方言は，若干の差はあるが，しばしば Anglian という名前で一括される），Saxon それに Kentish である．これらの方言は，それぞれに，それを話す種族が政治的に有力となるかどうかによって盛衰があり，5世紀以来英語の歴史は絶えざる変化と，限りない方言勃興の連続である．

Norman Conquest 以前，一つの方言が標準文語といえるものにまでなった．9 世紀以後の Wessex すなわち West Saxon の言語で，現存の多くの OE 文献は，この方言で書かれている．これがアルフレッド大王の天分によるところ大なること，もちろんである．

　[注]　OE のことを Anglo-Saxon ということもあるが，元来，Anglo-Saxons というのは，English Saxons, つまり，英国の Saxons ということで，大陸の 'Old Saxons' と区別するために用いられたものである．語形的には，ラテン語の Angli-Saxones を adapt したもので，1100 年ごろまでのラテン語で書かれた文書にはみられるが，英語の形としてはまれである．Anglo-Saxons は，したがって，アングル族（Angles）を含まない Saxons, つまり Wessex, Essex, Middlesex, Sussex（それに Kent を含めてもよい）の Saxons について用いるのが正しく，OED も Anglo-Saxon 方言というときは，Anglian 方言と区別して Saxon（すなわち，West Saxon および Kentish）方言の意に用いている．

　しかし，Anglo-Saxon という語を Norman Conquest 以前の英語の総称，つまり OE の代わり，として用いることも相当広く行われている．たとえば，Sweet (1896) *The Student's Dictionary of Anglo-Saxon* という優れた辞書などがその一例である．英国の島に渡った三つのゲルマン民族を総称する便利な名前は，初め，なにもなかった．これら三種族が，人種的に，また言語的に，統一体としてみられたのは，他の種族の観点からであって，先住民のブリトン人は Saxons と呼び，ローマ人は法王 Gregory 一世の有名な逸話（中島 (1946: 49) など参照）以来，Angles と呼んだりした．ブリトン人が Saxons と呼んだのは，英国がローマの支配下にあったころ英国を荒らした種族の最たるものが Saxons であったからである．

　7 世紀，Angles の王国強大になるにおよび，Angles がもとになった English (OE では Englisc, Ænglisc で, belonging to the Angles の意. a が e になったのは, France → French と同様, OE -*isc* の影響 (umlaut) で, [e] が [i] になったのは, ME spr*e*nkle → ModE spr*i*nkle などと同じく, 'n' (nasal) の影響)，および Englishman が，Angles, Saxons を問わず，全英国で

用いられるようになった．アルフレッド大王は，West Saxon の王でありながら，自分の言語を Englisc とのみ言っている．ノルマン人の侵入後は，土着の人民を English，侵入者を French といって区別していたが，数世代の後，つまり 14 世紀の初めごろまでには，French は，政治的，地理的に English となり，English という語によって示される対象が変わってきた．したがって，English という語で，Edward the Confessor や Harold 王一味の Norman Conquest 以前の人々を特に区別して呼ぶことはできなくなった．ここで思い出されたのが Saxon という名前である．もちろんこれは West Saxon 王朝を指す場合にはよかったが，英国全体を指す場合には不正確な名前であったのである．

　一方，Anglo-Saxon という名前は，1600 年以前には現れない．が，1600 年ごろになると，OE 学問の復活とともに，歴史家，言語研究者たちはふたたび，English 'Saxon' を，大陸の Saxon と区別する必要を感じた．現代の Anglo-Saxon という語は Camden に由来するとされているが，彼自身は，Anglo-Saxons という語をラテン語で用い，英語の形では English Saxons という形を用いている（大陸の Saxon と区別するために用いた歴史的に正当な用法である）．彼のラテン語形を翻案したのが，Anglo-Saxon という形で，これが English Saxon をしだいに駆逐し，18 世紀にはまったくとって代わった．

　しかしこの語も English Saxon がかつてそうであったように，Norman Conquest 以前の全英に誤って適用された．この誤った意味の拡張の原因になったのは，Anglo-Saxon が Angle + Saxon，つまり a union of Angle and Saxon であるとの語感で，このような分析は，17 世紀末からみられる．この，歴史的にいえば確かに間違っているといわれても仕方のない考え方に従って，Anglo-Iranian とか Anglo-Russian (War) など，おそろしく多くの複合語が作られるに至っている．が，この現在生きている複合能力は，Anglo- に "English and ..."，"English in connection with" という用法を新しく確立せしめたということもできよう．

　Old (Middle, Modern) English という名前は，ドイツの言語学者ヤーコップ・グリム (Jacob Grimm, 1785-1863) に負うているもので，英国では 19 世紀後半になってから多く採用されたものである．古めかしい語やつづり字があればどの英語だって「古い英語」であるから，Old

English という名前はいけない，という議論もあったが，少数の反対者を除き，広く用いられるに至っている．この名前はまた，Norman Conquest により，一言語の他言語による置換が行われたのではなくて，英語の歴史は連綿として続いているのであるという印象を与える点でも長所をもっている．要するに，これらは名前の問題にすぎず，肝要なのはもちろん「ものそのもの」を把握することである．が，英語という国語を表す語の変遷に，英語史，また英国民の国民感情，の一端をうかがうことができるということもまた事実である．

## 1. 主な音変化

### 1.1. 母音の変化

PE には，mouse と mice, doom と deem, hot と heat などのように，密接な関係がある対語で，母音の違っているものが相当にある．それらのうち，あるものは単数・複数の差を表しているだけのものもある．mouse や foot の複数が，どうして mice, feet になるのか，現代の英語だけを考えているかぎり，けっしてわからない．もちろん，現存の最も古い英語文献（7世紀のもの）においても，これら対の語は，すでにその形を異にしている．たとえば，mouse は OE で mūs, mice は mȳs で，foot のほうも単数は fōt, 複数は fēt といった具合である．しかし，他の言語との比較によって，複数形は，もと，*mūsi, *fōti（*の印は仮設形を示すのに用いられる）のように単数，複数両形とも，それぞれ同じ ū, ō の母音をもっていたことを，はっきりと，証明することができる．

事実，記録以前の OE（これを Primitive OE という）において，同じ語の中で ū, ō という母音のあとに，-i- [i] か -j- [j] の音がくると，ū, ō はそれぞれ y [ȳ]（[iː] の発音をしながら唇をすぼめるとこの音になる）および [ē] となった．この変化過程を mutation（母音変異）あるいはウムラウト

(umlaut) という．最古の文献ですでにこうなっているのであるから，7世紀までには，この変化が完了していたことになる．なにゆえ英国でこの変化が生じたといえるかというと，Jutes, Angles, Saxons が英国に侵入した後に初めて借用した外来語も，この変化を受けているからである．

mutation とか umlaut というと，いかめしいが，その本質はごく簡単で，後母音 (back vowel) つまり舌の奥のほうで発音される音が，前母音 (front vowel) つまり舌の前のほうで発音される音になったということで，その理由は i, j が前のほうの音であるため，その前にある母音を前のほうで発音されるように (front) し，i, j に近い音にする影響を及ぼした，というにある．mȳs, fēt という形ができると，以後は，単数形，複数形とも別の変化をして，PE のように mouse [maus] – mice [mais], foot [fut] – feet [fi:t] となった．

したがって，mouse → mice, foot → feet は，母音の変化によってつくる不規則な複数といわれるが，歴史的にいえば，まったく規則的変化の結果であり，また母音の変化で複数を示しているのでもない．同じような経過をへてできた対語は相当にある．数例をあげるなら，cow—kine, goose—geese, food—feed, blood—bleed, full—fill など．fill などの動詞はかつて -jan の語尾をもっていたもので，語源の詳しい辞書で見ればわかる．

## 1.2. 子音の変化

（a） PE における cock の [k] 音と chicken の [tʃ] 音の差は，OE において，[k] は [o] のような後母音の後ではそのまま保たれたが，前母音の前では front された．つまり，現在のような [tʃ] 音になったことに由来している．すなわち，PE の cock は OE では cocc で [k] 音をもっており，PE の chicken にあたる OE 形は cīcen で，ċ は [k] の [tʃ] に近い音を示す．c が語中にあるときも，それが後母音およびある種の子音の前であれ

ば [k] 音として残り，-i-, -j- の前では [tʃ] 音となった．すなわち，PE の drink にあたる OE の drincan (infinitive の形) は [k] 音を保ち，PE の drench にあたる Primitive OE *drank-jan は [tʃ] になった．これら 2 語における母音の差は遠くインドヨーロッパ祖語にさかのぼる母音変差 (gradation または ablaut といわれ，主として動詞の活用形に残っている) によるもので，その語幹は同一であったものである．同様の例は，ban*k*—ben*ch*, see*k*—besee*ch*, hang—hin*ge* などにある．

　(**b**)　有声，無声の差：　OE における s, f, th の音は，語尾にあるときは無声 (息の音，のどに手をやったとき，振動がない音) であったが，母音と母音の間にあるときは有声であったと考えられる．たとえば，PE の breathe は [ð] と有声であるが，これは OE の bræþan という，þ (thorn とよび，[θ], [ð] を示すのに，ルーン文字から借用したもの) が母音の間にある語に由来するからで，breath は OE の bræþ という þ が語尾にある語に由来するから [θ] である．wife は OE の wif [f] に由来するが，斜格 (oblique case) (主格，呼格以外の総称)，たとえば与格 (dative) 単数は wife, 与格複数は wifum で，これらの f は [v] の音であった．PE の複数形 wives は発音を示すのにつづり字まで -v- に変えた ME の名残である．south [sauθ]—southern [sʌðən], north—northern などは PE のつづり字からも [θ], [ð] 音の想像がつくが，loose [luːs] などの語は OE lēas の形を見ないと [s] の由来がわからない．

　また，ModE の時代になってからいろいろの理由で作り直された語も多い——たとえば wife's, calf's などの属格形は元来複数形と同じで，wives, calves となるべきはずであり，hoof, roof などの複数形は hooves, rooves となるべきはずであり，事実，15・16 世紀ごろには，そのような形もあるのであるが，要するに単数の形が幅をきかすことになっている．calf's-foot にあっては，つづり字は f でも発音は [káːvz-fut] と [v] 音で，この音は古い単数属格の名残である．したがって，実際は，詳しい辞書を見る必要がある．

## 2. 文法上の変化

　OE の最も大きな特徴は，現代ドイツ語以上に多量の屈折を示していることである．しかし，比較をするなら，OE は PE よりむしろドイツ語に近いので，OE を学ぶには，現代の英国人よりドイツ人のほうが有利ともいえるくらいで，事実，OE 学問においては，英国人よりドイツ人のほうが余計に仕事を残している，と言っても過言ではない．

　しかし，この OE の屈折語尾も，動詞に関しては，ギリシャ語やラテン語に比較するとき，非常に不完全である．屈折によって示される受身形はなく，助動詞を援用していた．時制も現在と過去しかなく，その現在形は，PE よりはるかにしばしば未来の意味を表した．一方，助動詞を用いて，複合時制を作ることは，比較的まれであった．一人称，二人称，三人称の複数現在形は同一形であり，これはもと三人称の形であったものである．過去形にあっては，一人称，三人称の単数形は同一であるが，複数形になると，活用の語根がしばしば異なっていた．したがって，いわゆる活用主要形（principal parts）は，PE の現在，過去，過去分詞のうち，過去が，過去単数，過去複数と二つに分かれ，OE では結局四つになる．

　名詞，代名詞，形容詞の性，数，格による屈折（declension という）のほうは，相当に複雑である．たとえば，名詞には，主格，属格，与格，対格の四つがあり，形容詞は，性，数，格においてその名詞と一致し，強変化と弱変化とがある．弱変化は，冠詞その他が前にあるときで，強変化は，そういうものがないときである．このようにみてくると，OE の屈折変化はいかにも複雑であり，また屈折変化によって，語と語との文法的関係は，十分に誤解のおそれなく表されたように想像される．が，実際は，名詞に四つの格があり，それぞれに単数，複数の別があったといっても，それら八つの形が全部異なる形であったわけではなく，しばしばあいまいな

ことがある.[1]

　たとえば, OE nama (=name) は, 複数与格が namum, 複数属格が namena であるが, その他の単数属格, 与格, 対格, 複数の主格, 対格の五つはいずれも naman となっている. この nama はいわゆる弱変化の例であり, 他の変化をする名詞も多い. が, 対格は, ほとんど常にといってよいくらい, 主格と同形であり, ある種の名詞においては単数, 複数とも主格が同形であり, また他の名詞は, 属格単数と主格単数が同形である. たとえば, PE の sheep, deer, swine は OE ではそれぞれ scēap, dēor, swīn で, 主格の単数, 複数は同形であったものの名残であり, その用法は PE にもみられる. OE において中性の名詞であったものに多く, wife, house, calf その他多くの語が, もとはこの語類に属していた.

　lady, church は, OE では hlæfdige, ċiriċe (いずれも弱変化女性名詞) で, その単数属格形は, いずれも -an で終わったが, この語尾が ME 期に, 結局は, 脱落したため, 主格と属格が同形となり, その名残が, church door, Lady Day (通告祭, 3月25日), Lady Chapel (聖母堂), ladybird (てんとう虫) などにみられる. が, 名残というのは歴史的に見ての話で, 現代の語感からいえば, cannon ball や stone wall のごとき, ごく一般的な結合と同様であろう.

　以上触れたことは, West Saxon についてあてはまることであって, 北部のノーサンブリア方言においては, 屈折語尾はもっとくずれ, たとえば, ほとんどあらゆる屈折語尾の -n は早くから規則的に脱落しはじめていた. 10世紀半ば, ノーサンブリア方言においては, いかなる変化型の名詞に対しても, 属格には -es, 複数主格には -as を代用することが始まっていた. West Saxon にも -as, -es の語尾はあったが, その他にもまだ数種の名詞変化型があり, そして, ある一つの格の形がいろいろの他の格と

---

[1] これは実際の文章においてもそうであって, 『ベオウルフ』(*Beowulf*) の定本とされている Klaeber 版 (1936³) の glossary によるも, 単数, 複数の別, 属格, 対格の別 (ことに副詞的用法のとき) のわからないものは相当に多い.

同形の場合があったことは上で触れた．が，この点，-as, -es は異なっていて，-as は主格複数，-es は属格単数のみを示し，それぞれ，それ以外のいかなる格にも用いられることはなかった．逆にいえば，この二つの語尾が，最も誤解のおそれなく用いられることができたわけで，これらが北部，中部から，相当急速に（と考えられるが）南部にも広がっていったことは，適者生存の原則を示している好例である．PE の名詞変化形のほとんど全部といってよい複数語尾 (-es, -s) および属格語尾 (-'s) が，いずれも，この -as, -es の流れをひいている，ということも興味深い．

　が，要するに，10 世紀のノーサンブリア方言は，格語尾の混乱から推して，すでに ME への推移期に入っていた．南部方言が 1200 年ごろになって達した段階にもう到達していたのであって，この点，テムズ以南の方言に先んずること 2, 3 世紀，ということになる．またこのような名詞語尾の単一化が，北部，中部に始まったということは，デーン人の影響の最も大きかった地方に始まったというに等しく，たといデーン人との接触前すでに変化の徴候があり，したがって，この異民族との接触が，語尾変化単一化の唯一の原因であったとはいえないまでも，相当重要な原因をなしていたことは否定できないであろう．

　ただ，11 世紀ごろのデーン人の英語がいかなるものであったかを知る文献がないので，デーン人の与えたであろうと思われる影響は推定するにとどまる．しかし，デーン人の話していたスカンジナヴィア語が OE によく似ていたことがかえって本質的な影響を及ぼすことになったとも考えられること，また PE の they, their, them のように日常頻繁に用いられる語の祖先が，OE ではなく（OE ではそれぞれ hie, heora, him），スカンジナヴィア語であるという事実——これは，一国の言語史上，きわめてまれな現象である——さらに，同様に日常語であった though, nay, fro, both, take その他の借用が行われていたこと，などから，デーン人の影響が相当に広く深く及んだであろうと考えることは，誤りではないであろう．

第 4 章

中英語への推移および中英語

　ゲルマン民族大移動の最後を画するノルマン人の英国侵入は，英国人の政治的，社会的生活に根本的な変化を与えた．ノルマン人というのは，人種的には，先のデーン人と同じ種族に属し，921 年にフランスの Neustria という所に定着し，風俗，文化もフランス化し，その地方のフランス語を母国語としていたものである．彼らが英国に侵入するや，政治は英国人の手から彼らの手に移り，ノルマン人の僧正が生まれ，ノルマン人の貴族が英国の主要な土地所有者となり，したがって，英国の支配階級は，血統においても，また言語においても，初めの間はとにかく，ノルマン的となったわけである．

　しかし，この政治的，社会的一大事件は，英語の歴史に関しては，一般に考えられるほど，画期的，革新的要素ではなかった．影響がなかったというのではない．その影響の性質，範囲が問題なのである．OE から ME への推移が，まったくこのノルマン人の侵入によって生じた，というような考え方は危険であり，このような考え方はすでに多くの学者たちにより，否定されている．文学史家の中でも，たとえば Ker (1912: 15ff.) などは，ノルマン人の侵入が，たとい，なかったとしても，OE より ME

への推移は，語学的にも文学的にも，行われたであろう，と言っている．その根拠は，ノルマン人の侵入が行われなかったヨーロッパの各地で，著しいフランス化の現象が見られること，またドイツ語にも Old German から Middle German への推移が，英語とほとんど時を同じくして行われていること，さらに OE より ME への推移はノルマン人の侵入以前にすでに始まっていることなどにある．

が，ノルマン人の侵入が英語の語彙に及ぼした影響は，たしかに，甚大であり，これを否定することはできない．また，その侵入直後，音変化が著しくなっており，12世紀，13世紀ごろ書かれたものに，その跡が現れ始め，たとえば語尾変化，不変定冠詞（OE では，性，格，数により冠詞は変化した．不定冠詞は，OE にはまだなかった）の使用，文の構造などの点において，その侵入の前と後との英語が非常に違った状態を示している，ということも，事実である．とすれば，たといその侵入前，これらの変化が始まっていたことを認めるにしても，その侵入がこの変化に関係していると考えるのは当然である．が，やはり，その関係の仕方が問題である．

ノルマン人の侵入は，英語という言語の流れを断ち切り，新しい紀元を画したのではない．英語はその最古の時代から，漸次的な，不断の変化をしてきたのである．その侵入の影響は，突然の変化を英語に与えたことに求めるべきではなく，文学の伝統的散文を断ち切り，消滅させたことに求めるべきである．また，文章語というものは，たいてい，どの時代にあっても，話し言葉より，保守的で古めかしく，人々は「みずから話すように」は書かず，「他の人々が書くように」書くものであることをわれわれは知っているが，OE も同様で，というより，その程度は現在よりはるかに甚だしく，口語はどんどん変化していっても，その文語はおよそ100年前のアルフレッド大王（849-899）以来の伝統を守り，一層念入りな，手のこんだものになっていた，とさえ考えられる．

したがって，ノルマン人の侵入後，立身出世を望む者，こぞってフランス語を学び始め，母国語たる英語は，農民の言葉，無知なる輩の言葉と蔑

視され，いやしくも，もの書かんとする学識ある人々は，英語をまったくかえりみざるに至ったのである．ゆえに，年寄りたちが死んでしまうと同時に，文学の慣習的作法もなくなってしまい，次の世代，たとえば，1100-1150年ごろの人々が，散文を書いたときは，すでに彼らの言語と非常に違うものとなっていたOEの文学的伝統に従うよりは，彼らが口で話しているまま，話してきたまま，に書いた，と考えることができる．

要するに，ノルマン人の侵入が実際に何をなしたかといえば，それは，文学語の伝統というベールによって覆いかくされていた口語の変化を，そのベールをとりのぞくことによって，明るみに出した，ということである．英語がフランス語によって置き換えられてしまったのではもちろんない．それらを用いる人々の階級や場所が違うだけで，両者とも並び行われ，初めのうちは，フランス語が宮廷，法律，政府においてしだいに勢力を増したが，その後は人種的差がうすれはじめ，英語が勢力を盛りかえし——他国民により支配されたことに対する反動も看取できる——14世紀の初めにはフランス系の人々も英語を自由に話すことができたと考えられる．が，このようなbilingualism（2国語に通ずること）の状態は，多少とも1066年ごろから存在していたのであるから，フランス語は，直接的な，また生きた影響を，英語に与えたことになる．

もちろん，このAnglo-Frenchの直接的影響は，それが話されなくなると同時にやんだはずであり，その時期は，1400年以前——英語が政府の公用語となったのが1362年，学校用語（？）となったのが1385年である——と考えることができる．この300年間にフランス語の与えた影響の最も大きなものが，さきにも触れた単語の借用である（このことについて，エピソードを含めた当時の様子を久保田（2013：2-8）で知ることができる）．直接的な証明はできないが，その侵入後，英国内諸地方間の交通が容易になり，中部・北部の影響が南部に広がるのを促進したことも考えられる．文法的構造にもGallicism（フランス語法）は見られる．おそらく，属格の代わりにofを用い，また二人称代名詞の単数（thou, thee）の代わりに，丁

重な複数形（you）を用いることなどは，フランス語の模倣であろう．

が，やはり，英語は英語であった，といってよい．つまり，格語尾の水平化を促した主要な原因の一つである音変化に，ノルマン人の侵入が与えた影響は，僅少であったと考えられる．また，もう一つの原因であったと考えられる analogy（類推）については，その侵入によるところも多かったであろうが，これもすでにあった傾向を促進したということはできても，それが語尾水平化の主因であったとはいえないと考えられる．ノルマン人の侵入が最も影響を与えたと考えられる南部が，言語の点では，最も保守的であったことも十分考慮されるべきである．

## 1. 中英語の方言

OE の四つの方言は，そのまま ME にもちこされ，その各々の方言的色彩はさらに濃くなったと考えられる．そして，事実，ほとんどあらゆる作家が，同じ地方にあっても，それぞれに違うことばで書いている，といってもよいくらいで，方言の種類は細分すれば実に多く，その分布の詳細はいまだ解明されるに至っていない．われわれは，ME のほうが OE よりとっつきやすいという感じをもつけれども，本格的に調べる段になると，ME のほうがむしろ困難であるというのも，この，方言の多岐，混交によるところが大きい．

ME の方言は，おおざっぱに，北部（Northern），中部（Midland），ケント（Kentish），南部（Southern）の四つに分けるのがふつうであるが，中部は東・西に分けられることもあり，さらにその各々は南・北に区別される――たとえば，ラングランド（William Langland, ?1330–?1400）の「農夫ピアズ」（*Piers the Plowman*）の方言は，南部方言やら北部方言やらが混じっており，写字生の方言が混入したとも考えられるが，実際は，Southern West Midland の方言をそのまま写していると考えるほうが妥

当であるかもしれない，などのように用いる――また，南部も，South-Western と South-Eastern (Kent が主) の間に Central Southern と呼んでよい方言地域もある，といった具合である．

　ところで，ME の少々まとまった作品が現れはじめるおよそ 1200 年以後，このような方言の分化が著しく見られるようになったからといって，ノルマン人の侵入以後，方言の分化が急に盛んになったと推論することは危険である．上で見てきたごとく，OE 時代には，West Saxon という強力な文学語の伝統があり，文学はほとんどそれで書かれてしまう結果になった．ME にはこれがない．なんとかその語の発音を表しているつづり字なら，何でも悪くなかった時代である．個人はその好むところに従って書いた．好むところに従って書かれた尤なるものが，オーム (Orm, fl. 1200) のオルミュルム (Ormulum) という長い宗教詩で，短母音の次の子音を重ねて書くという，OE にも ME にも類のないつづり字法を示しており，当時の音推定に，はからざる恩恵を施すこととなっている．

　また，写字生は，ある作品を写す際，自分の国の方言を混入すること多く，ある作品が著者自身の MS (手で書いたもの) であることが確かめられない限り，作者と読者の間には必ずこの scribe (写字生) が介在する――あたかも，シェイクスピアのころ，両者の間に，printer (植字工) が介在したごとく――と考えて差し支えない．こういった事情にこそ，方言分化という現象の原因を求めるべきであろう．

　他方，ME 期間中，各方言は，その勢力に消長がなかったわけではなく，したがってある方言の地理的分布はあるいは広くあるいは狭くなり，その間，また方言の混交は避けられなく，各方言の境界地方にあった方言においては，なお一層その傾向が甚だしく，さらにまた，ME 初期の各方言が，そのまま ModE の時期まで変化しないでいたわけでもないのであって，事は大変に面倒である．たとえば，現代の英国においては，広大なアメリカもとうてい及ばぬほどの地域方言がなお存在するが，それらの方言のうち，ME の方言までさかのぼることができるのは，ごく限られて

いる．標準語にも見いだされる方言形，および北部英語，スコットランド英語などのはっきり区別できる方言を除外するならば，ME の地域方言は，あたかも，いったん融解し，相当広範囲にわたって用いられる画一型となり，しかるのち，ModE の時代に，そこからふたたび新しい方言形が生じたのである，と考えられる．少なくとも Wyld (1907: 119) などは，そのように考えている．

　ところで，このような，一方言の構成要素に，その隣接方言の及ぼしたさまざまの影響の跡は，ロンドン方言に見ることができる．一つには，このロンドン方言に関する研究が非常に進んでいるからでもある．が，その地理的位置からいっても，East Midland, Southern, Kentish のいずれにも接しており，ロンドンの方言は標準語成立への興味につながっている．したがって，標準語に関するかぎり，興味の重点は，ロンドンを中心とする上記三地方におかれ，Northern および West Midland はしばらくその存在が薄れてゆくことになる．[1]

## 2. 中英語期における音変化

### 2.1. OE 長母音の短化

　次のような場合，OE の長母音は短母音になった．
　(i) 三つ以上の子音が次にあるとき．たとえば，OE の čīld (child) は ME においては長母音を保っていた (-ld という結合は前の母音を長くする性質があった) が，čīldru という複数形は chĭldre と短くなり，その短母音は，そのまま PE まで無変化で，children (-n も複数のしるしであり，chil-

---

[1] すでに 14 世紀には，スコットランドにおける北部方言は，スコットランド語 (Scots, Scottish) といってよい文学語の地位を確保し，以来 English と別個の文学語を発展させることになるのであるが，本書では触れる余裕がない．

dren は複数のしるしを二つもっていることになる）あるいは方言形に残っている childer となった．一方，ME chīld の [iː] は ModE の [ai] という二重母音となり，つづり字では同じく -i- でありながら，まったく別の音になっている．ME 以降，いろいろな変化をしたのは，主として長い母音であるから，現代のつづり字の上ではこのような二つの母音が，ME においてはただ長い短いの差をもっていただけであるということは，わからなくなっている．

　(ii)　長母音の後に二つの子音があるときも，たいていは短くなった．いつ，また，なにゆえ，このような場合，短化が生じたかということは非常に困難な問題で，解決されているとはいえない．Orm は短母音の次の子音を重ねている，と先に述べたが，このような場合も，子音を重ねていることが，実際に子音の長さを示しているのか，あるいは短母音を示しているのかは，容易に断言できない．しかし，子音が二つあるとき，前の母音が結局短くなった例は非常に多いので，エリザベス朝にあっては，母音の短いことを示すために，逆に子音を重ねることが利用されたりしている（たとえば，PE の manner, penny, marry 等は ME では，manere, peni, marien で，子音を重ねた非語源的つづり字が生き残ったことになる）．

　二つの子音の主な組み合わせには，次のようなものがある．

- 二つの閉鎖音——kŏpt (kept) は短いが kēpen (keep) は長い．
- 閉鎖音＋開子音——dăpthe (depth) と dēpe (deep) を比較せよ．
- 開子音＋閉鎖音——OE sōfte (soft) → ME sŏfte. PE の [sɔːft] という音はさらに後になってからの長化で，結果からいえば，復古である．
- 開子音＋l——gŏsling と雛のほうは短く，親のほうの gōs (goose) は長い．長い ō は ModE で [uː] と規則的に変わり，PE の [guːs] となった．
- l＋開子音——ME filthe (filth) は PE でも短く，ME の動詞形 fīlen

(to defile) は二重母音化して，de*file* の [ai] となった．現在，関係のある対語で母音の長さが異なるもの，たとえば，上記のもののほか，sheep—shepherd, wide—width, out—utmost（＜ME *outemest*, double superlative である），leap—leapt [lept] など多くの語が，上で述べた規則によって説明できる．

### 2.2. OE 短母音の長化

最も重要なのは，2 音節の語において，前と後との音節の間に，ただ 1 個の子音がある場合，前の音節の短母音が長母音になった変化である．OE の nămă, hŏpŭ (hope) は nă-mă, hŏ-pŭ のように音節が分かれていたと考えられる．したがって，前の音節も開音節（open syllable），つまりその音節は母音で終わったことになり，また後の音節は弱く発音され，強勢が前の音節にあるようになった．このような位置にあった短母音は，13 世紀初めごろまでに長くなった．したがって，ME 初期には，弱音節の語尾が -e に単一化されて nāmĕ, hōpĕ のようになったこれらの語は，その後，母音が長くなり，nāme, hōpe, すなわち [naːmə], [hɔːpə] のようになった．15 世紀になってこの [ə] という曖昧母音が脱落し，長母音はそれぞれ二重母音化して PE のごとき音になった．なお，この二重母音化が始まった時期は明らかにされていないが，19 世紀前半にこれら二重母音があった証拠がある（cf. Wyld (1927[3]: 168), Horn (1908: 78, 81)).

[注] 1. このようにして生じた長い ō 音（ē の場合も同様）は，tense ではなく，slack であることは重要である．tense であると ME hōpe は hoop (＜ME hoop, hope) と同様，PE では *[huːp] にならなければならない．なお，tense は narrow ともいい，ǫ と書くことがある．舌が張る，緊張する，の意．slack は wide ともいい，ǫ と書くことがある．舌の筋肉が弛緩している，の意．

2. この長化は ME の ă, ĕ, ŏ に生じたことは学者の意見が一致して

いるが，ĭ, ŭ については異説が多い．

3. OE において，たとえば hol (PE hole) のように子音で終わっていても，ME では hōle と母音が長くなっていることがある．これは OE 斜格の屈折形（これは規則どおりで，長化されるから）に由来しているので，この例も相当に多い．

4. 子音を重ねることが前の母音の短いことを示す一種の記号と化したと同様，語尾の -e は前の母音の長いことを示す記号として用いられるに至る．hōpe のような構造の語の数が非常に多かったこと，また語尾の -e に対する音が脱落しても前の母音はその長さをそのまま保ち，-e もつづり字にはそのまま保たれていたからで，PE においても -e が長母音を示していることは多く（hope と hop を比較），例外的と思われるもの（たとえば，give, love, some, ate, bade 等々）はそれぞれにまた別の根拠がある（pp. 100–101 参照）．

## 2.3. 母音の変化

最も重要なのは，ME 初期（1100 年ごろ）に生じたもので，OE の ā [ɑː] は，南部および中部方言では ō になった．たとえば，OE の hām (home), bān (bone), stān (stone) は ME では hōm, bōn, stōn となった．この変化は 12 世紀半ばごろのつづり字に o や oa が見られることからわかるし，また ME における Norman-French からの借用語，たとえば dāme, fāme, grāve の ā が変化を受けていないことから，この変化が，少なくともノルマン人の侵入（1066 年）より前に始まっていた，といえる（もし，ā → ō の変化がもっと後で生じたことと仮定すれば，dāme なども同じように変化して，*dome [doum] となるはずである）．北部では，ā → ō の変化が生じなかった．北部の ā は æ のごとき音になり，それが後，ɛ̄ となった．hame, bane, stane のようなつづり字はスコットランド方言を写すのに用いられる．hale and hearty（達者で，かくしゃくとして）という alliteration（頭韻）に残っている hale は OE hāl の北部形で，中部・南部では，ME hōl となり，PE では whole となった（w は余計なもので，あとから付けられた）．し

たがって，whole と hale は doublet（二重語）である．

## 3. 文法上の変化

　屈折語尾の消失が北部から始まったこと，しだいに南部へ広がったこと，はすでにふれるところがあった．OE は完全屈折の時代，ME は屈折語尾水平化の時代，ModE は屈折語尾消失の時代とよくいわれ，まことにそのとおりである．が，北部では OE 末期に語尾水平化が行われはじめていたのだから，この屈折語尾による三時期のうまい区分は，南部英語に関してのことである．また，それが北部・中部より南に広がったこと，さらに West Saxon の勢力がまったく衰えて，中部方言の勢力がしだいに増したこと，PE の標準語に跡を残している音変化の多く（上ではその一部分しか扱わなかった）が中部方言のものであること，などを主に考えれば，チョーサーのころまでの英国の言葉は，しだいに Angles 的つまり English 式になり，しだいに Saxon 的でなくなった，といってよい．つまり，English という名前は，事の真実をしだいに多く伝えることになったわけである．

### 3.1. 冠詞

　OE の定冠詞が，単数，複数，男性，女性，中性，さらに格の変化をしたこと，それが 12 世紀ごろ，無変化になった例のあることにはすでに言及した．元来，定冠詞は指示代名詞であったので，主格男性単数が se，女性が sēo，中性が þæt であった．この se が ME 推移期に þe となった．他の形がみな語頭に þ をもっていたのに影響されたのである．この þ (thorn) と y は 14 世紀から区別できなくなり，1400 年以後 þ はますます廃れ，y で代用されることが多くなった．$y^e$，$y^t$（＝$y^{at}$），$y^{ei}$，$y^m$，$y^u$ が

それぞれ the, that, they, them, thou の代わりに 17 世紀, 18 世紀まで, ことに MSS（著者原稿）において用いられたのは，その名残で，yᵉ は手紙を書く折などは，19 世紀まで用いられ，いまでも古風な言い方やふざけた言い方には用いられる．y と書かれても発音はもちろん th の音であったが，yᵉ を [jiː] と発音することも行われる (cf. OED, *s.v.* Y).

　OE の男性与格は for the nonce（さしあたって，当分）にその名残が見られる．ME では for then ōnēs で，then は OE 与格 þǣm にさかのぼる．-n は an egg を a negg と発音するのと同じように，次の語にくっつき，そのまま固着してしまった．

　OE 中性の þæt は t'other（意味は the other）という俗語に生き残った．古い形は the tother で，これは ME thet (= that) other を「誤って」分析したものである．今では the other の略と考えられ，the なしで用いられる．

　不定冠詞は PE では a, an があるが，いずれも，もとは，数詞の OE ān (one) で，強勢のない位置にあった ān は ā → ō (stān → stōn) の変化以前に ăn と短くなった．[2] この n は休止の前，子音の前では ME 期に脱落した．したがって，歴史的には，an のほうが a より古く，-n は母音の前では保たれているが，子音の前では脱落した，と（歴史的には）言うべき性質のものである．ある種の語は，an との結合形から「誤って」（とふつう言う）分析され，語頭に n- をもつに至り，現在では，その「誤った形」が確立されている．newt（いもり）は，an ewt (OE efeta, ME newte, ewte, evete) に由来し，古い形は eft (= newt) に残っている．一方，同様な経過によって n- を脱落させるに至った語もある．an apron は a napron から生じた．[3]

---

　[2] *be*side, *be*cause 等の be- [bi] は by [bai] と同起源でありながら，PE において分化しているのは，ī → ai の変化開始前に，強勢なき位置にあったものが短化されたためである．my lord [milɔ́ːd] など my の weak form（弱形）も参照．

　[3] その他の例については，『新英語学辞典』（研究社）Metanalysis の項，Jespersen (1914: 5.61), COD apron, nickname の項などを参照されたい．

第4章　中英語への推移および中英語　　　　　　　　　　　　　　43

[注]　an＞a のごとき n の消失の及ぼした影響は大きく，これも北部において OE 期に始まり，ME 期に南部に及んだ．また，母音の前に保たれ，子音の前で脱落したといっても，「まったく規則的」であったわけではなく，また，n- のある形か，ない形の，一方が PE に残っているのが通例であるが，a, an のように両方残っているものもある．両方残って用法の分化を生じているものには，no—none, maid—maiden, ope—open, eve—even, my—mine などがある．Ned, Nell, Noll は，(mi)ne＋Ed(ward)，(mi)ne＋Ell(en)，(mi)ne＋Ol(iver) から生じたのであるが，なにゆえ当時 my＋Edward でなかったかといえば，OE mīn が ME mī となったときも，母音の前では mine の形が残っていたからである（エリザベス朝の英語においてもそうである）．

## 3.2.　名詞の屈折

　OE にたくさんあった名詞の屈折の中で，-as という複数主格語尾，-es という単数属格語尾が優勢になった次第はすでに述べた（pp. 30–31 参照）．-as は ME で -es になった．複数主格と複数対格は同形であり，またこの二つの格が最もよく用いられる格であったから，-es は複数標識と考えられ，他の複数の形にもおしひろげられるに至った．この -es の -e- は PE では，s, sh のような歯擦音（sibilant）のあと以外では失われている．[4] 逆に言えば，sibilant で終わる語の複数形語尾における [-iz] という音は，歴史的には，ざっと，500 年の伝統があることになる．
　しかし，複数形が -es に統一された 14 世紀以前に，他の複数形がまったく振るわなかったわけではない．南部では，OE -an の語尾をもった複数形（p. 30 の OE nama の屈折を参照）が栄えた．ME では -en であり，13 世紀ごろまでは，OE で他の変化型であったものが，-en 複数をつくるこ

---

[4] チョーサーではまだ発音されているが，彼の死（1400 年）後まもなく発音されなくなった．なお，複数の -s 伝播にはフランス語の複数の形の影響も，ある程度，あずかっていたかもしれない．

とも行われたが，結局14世紀には-esにおされてしまった．PEの標準語に残っていて，ふつうに用いられる唯一の例がoxenである．brethren, children, kineにもこの-nが含まれているが，いずれも二重複数（p. 27, pp. 37–38参照）で，これこそ不規則変化と呼んでよいものである．man → men, foot → feet のような変母音複数についてはすでに述べた（p. 27）が，これらの語が，たいていは，日常に頻繁に用いられる語であり，例外的といわれても，それらは重要語である．そしてこの重要語であることが，-es, -s語尾の圧倒的勢力に抗してこれらの語を生き残らせるに至った主要因であると考えて差し支えない．

複数形が-es, -sにほとんど確立されると，属格単数の-es, -s[5]とまったく区別がつかなくなり，たとえばhorsesは，形の上からは，単数属格，複数主格，対格，属格のいずれであるか，わからなくなった．が，ofを代用すること，また書く場合にはhorse's, horses'のようにアポストロフィをつけることによって，その欠点は，ある程度，除去されるに至っている．

### 3.3. 人称代名詞

ふつう，人称代名詞の変化として掲げられている表は，じつは，屈折変化によるものと，まったく別の語を用いているものを，便宜上ひとまとめにして並べているものである．一人称についていえば，I（＜ME ic）の屈折形は何も知られていない．me（与格，対格），mine, my（所有格）はIとまったく別の語根にさかのぼる．複数主格のweもIとは語根を異にする．us（＜ME us, ous），および our（＜ME our, oure, ur）という属格形，所有格形もweとは別語根からきており，一人称代名詞は四つの根から補

---

[5] MEにはこのほか-e（＜-en＜OE -an）という属格単数語尾も多少は見られ，チョーサーにも cherche, lady, ladye などの属格形がある（なおp. 30参照）．

われていることになる．her と she, thou と you, その他 they と he, she, it も別語根である．一方，hi-s, hi-m, 'em＜hem, it＜hi-t, he-r はもと he の語根の屈折形に由来するといってよく，また thou, thy, thee, thine も同一の語根によっており，its は it の屈折形である．以上のうち，I, thou, thee, he, we, us 等は，それらが屈折形の問題と関係があるなしにかかわらず，OE 形から順当に変化して ME, PE に至っているものである．

ME において顕著なのは，まず they, their, them で，このうち，主格の they が最初に広まり，他の形は少し遅れる．しかし，ME 末期にはほとんど確立されたといってよい．チョーサーでは，まだ thei, here, hem の形がふつう．つまり，主格以外は OE hira, heora（属格），him, heom（与格）から順当に変化した形を用いていることになる．俗語の 'em は上の hem の略形．いまでは them の th がとれたと考えられやすいが，th 音というのはなかなか落ち難い音である．が，h は落ちやすく，PE の代名詞も h- で始まるものはよく落とされる．it も歴史的には，hit の h が落ちたものである．they, their, them は，OE の指示代名詞に由来するところもあるかもしれないが，すでに述べた（p. 31）ように，スカンジナヴィア語に由来すると考えてよい．

PE の she は 14 世紀半ばごろから広まり，チョーサーにもこのつづりですでに用いられているが，その起源はいまもって明らかにされていない．OE で she に相当する語は hēo であり，指示代名詞は sēo である．she はこれらの変化したものとか，あるいは混合形であろうという説がふつう行われている．ME her は所有格としては，OE の hire の変化したもので，与格，対格としては，OE 与格 hire に由来する．チョーサーではさらに複数所有格（their に相当する）としても用いられ，これは，OE heora からで，現代のドイツ語 ihr によく似ている．

与格，対格の用をなす me, us, thee は OE においてはすでに与格，対格の別を失っているが，要するに与格が勝利を占めたことになり，him

もまた OE の与格に由来する．対格の OE hine は方言形 un に名残をとどめているにすぎない．中性では OE 対格形の hit（主格と同形，与格は男性と同じく him）のほうが勝利を占めた．

　一人称 ic は南部では早くから，舌の前寄りで発音されるようになり，ich となった．したがって，発音は「イック」でも「イッヒ」でもなく「イッチ」[itʃ] である．方言には 19 世紀半ばごろまで残り，シェイクスピアも「リア王」(*King Lear*, IV. vi. 246（判によっては 239））で che という形を用いている．PE の I は ich の語尾子音が脱落して生じたものである（この語尾子音の脱落は北部・中部が先）．初めは弱形で母音も短かったが，その強形ができて長くなり，それが [ai] に変化した．I の形が多くの方言で用いられたのは 15 世紀ごろと考えてよく，またこの一人称代名詞を大文字で書くのは英語国民の自尊心が他国民より高かったからではなく，まったく書く際の便宜から，つまり，紛れなく書き，読むことができるように書かれたことに由来すると考えてよい．

　二人称では，ME you は，もちろん，もと対格，与格の複数形で，主格は ye であった．シェイクスピアのころ，この ye と you はひどく混同されているが，you が ye にとって代わりはじめたのは 1300-1400 年ごろで，1600 年ごろまでには，まったく ye を排し，PE に至ったものである．単数形（thou, thee）の代わりに複数形が用いられるようになったのも 14 世紀で，チョーサーにもその例がある．

### 3.4. 動詞

　He loves における -s 語尾は ME の北部形に由来する．中部，南部では loveth であった．複数形になると，they love のごとく，今日では屈折語尾がないが，これの祖先は ME 中部方言で，もと -en であったから（チョーサーではこれがふつう），ME 末期から ModE 初期にかけ消失したものである．北部では -es で，いまでも北部方言では They goes のように言

う．南部では -eth で，チョーサー，ラングランドなどにも見られる．

　現在分詞の語尾といわれる -ing は，歴史的には，現在分詞の語尾ではなかった．OE の現在分詞語尾は -ende で，ME には -ind(e)（南部），-end(e)（中部），-and(e)（北部）であった．この語尾が ME 期に，-ing によりとって代わられた．この -ing が PE の現在分詞の祖先に当たるわけであるが，元来は動詞から作られた名詞形語尾として用いられたものである．たとえば OE leorn*ung*, leorn*ing* (learning) など．

　動詞の活用においては，OE 時代においてすでに少なかった強変化動詞の数はしだいに減り，弱変化動詞が増えてきた．[6] また，過去形においては，単数と複数が同一になることもあった．といっても，人称，数の別がまったくなくなったわけでもなく，また，ある場合には単数形が勝ち，ある場合には複数形に吸収されたのであり，強変化，弱変化の別も整然たる方式に従って交替したのではなく，それぞれの影響の仕方はじつにまちまちであり，これに過去形，過去分詞形との相互影響をあわせ考えるとき，まことに複雑となってくる．

　ここでは，PE と関係のある二，三の事実をあげるにとどめる．OE における弱変化動詞の規則的な過去形語尾は -ode, -ede で，過去分詞語尾は，それぞれ -od, -ed であった．ME では弱音節の母音は水平化され，この場合は -e- に単一化された．さらに，語尾の -e も消失するに至ったから，上の形はみな -ed になる．この -ed の e がさらに発音の上で消失してできたのが PE loved [lʌvd] の形であり，一方，-d, -t のあとに -ed がきた場合には PE までずっとこの -e- の発音が保たれている．たとえば，wanted [-tid] などがその例である．また，(t を除く) 無声子音のあとでは -d- が無声化されるに至った．たとえば，kissed [kist] などがその例である．feed—fed, hide—hid など過去形において母音が短いのは，すでに述

---

　[6] 強変化，弱変化の分類は PE の規則動詞，不規則動詞とは一致しない．強変化動詞とは，現在形の語根の母音を変え，弱変化動詞とは suffix をつけることによって活用をしたものであるが，それぞれさらに下位区分が必要である．

べた (p. 38) ように，ME 期における二重子音の前の母音短化による．たとえば，feed の OE 不定詞形は fēdan，過去形は fēdde で，これから fĕdde となったので，不定詞形の ē はその後 ī に変化をしたものである．

第 5 章

近代英語

　ロンドンの英語が標準語へのつながりを有し，四囲の方言の影響が相当にみられる，ということを述べた (p. 37) が，しからばそのロンドン方言の構成要素の特徴は，いったい，いかなるものであったろうか．また，それはいかにして標準語としての地位を確立するに至ったのであろうか．
　まず，その構成要素について見てみることにしよう．われわれを納得させてくれる最も手近な方法は，PE の標準語を，ME のたとえば 13 世紀のいろいろな方言と一つひとつ比較してみることである（純度の高い ME 方言で書かれたテクストを読むもよく，また詳しい語源的説明のある辞書で ME にさかのぼってもよい）．われわれは，PE の標準語が最もよく似ているのは East Midland の方言であることを見いだすであろう．しかし，ケント方言の要素も少しは入っているし，南部方言も，また北部の要素も，前章に見たごとくまったくないわけではない．したがって，中部方言が主であるにしても，その一地方のみの純度の高い地域方言であったのではない．
　また，中部方言といってもいろいろの型がある．その中で，14 世紀末ごろから頭を出してきたのが，東中部方言でも南寄りのものであり，これがいわゆるロンドン方言である．このロンドン方言は，その地理的位置か

らして，ある程度，まわりの地域の影響を受けた．その影響を受けているうちに，南部でも中部でもない一つの方言，つまり一個の，かなり独立的性格をもった，ロンドン方言という名で呼んでよい方言ができ上がった，と考えられる．換言すれば，11世紀においては南部，ことに西方南部方言が行われていたロンドン地域に，中部方言の要素がしだいに多くなり，14世紀にはケント方言の特徴が加わり，その中部方言の中でも，エセックス型（Essex or City type）要素と，ミドルセックス型（Middlesex or County type）要素の二つの著しい型，あるいはその中間型が13世紀ロンドンの文献には見られるが，14世紀にこれらが混合し，上で述べたごときロンドン方言となったものである．

　が，このロンドン方言が標準語となったというのは，West Saxon の場合と同様，初めのうちは，標準文語としてであって，標準口語としてではない．標準口語も要するにロンドンの英語がもとにはなっているが，それが標準と認められるようになったのは，比較的遅く，エリザベス朝の間と考えられる．[1] エリザベス朝といっても，初めのうちは，宮廷人および大学の人々の間で認められ，しだいに多くの人々の間に広まったのであり，したがって，ロンドンの英語といわんよりは，ロンドンおよびその周辺におけるある種の階級の人々の英語，つまり一種の階級方言がもとになっているというべきである．（当時すでにロンドンには，その他の階級方言があり，それが PE の Cockney English つまりロンドン子なまりのもとをなしている）．この話し言葉の標準語は現在 Received Standard English（容認標準英語，ふつうただ標準語ということもあり，Good English, Well-bred English, Upper-class English, Public School English などとも言われる）として知られているものに発達した．これは明らかに一つの地域方言ではなく階級方言であり，英国いたる所で，地域方言のなまりなしに聞かれるものである．

---

　[1] 口語の標準が認められた時期を決定するのは非常に困難な問題である．ある型が「正しい」と思われ，またある型は避けられるべきであると人々が考えるようになった時期，を手がかりにすることができる．そしてこれはある程度，文献からわかる．

このようにロンドン方言がしだいに重要性を加えていったのは，ロンドンが政治，商業の中心地として重きをなしていたという平凡な事実によると考えるのが至当であろう．もちろんこのロンドン方言を支え，促進し，広めるのに役立ったと考えられる要素は多く数えられている．コッホ（C. F. Koch, 1813-1872）は，中部方言を用いて聖書を訳した，チョーサーと同時代の人ウィクリフ（John Wycliffe, c.1320-1384）を，テン・ブリンク（ten Brink, 1841-1892）はチョーサーを，またディベリウス（Wilhelm Dibelius, 1876-1931）[2]はオクスフォードの英語を，それぞれ標準語確立への主役を演じたものとしてもりたてている．ある人々はまたキャクストンの印刷術導入を重視し，その英語に標準語の芽生えを見ようとする．これらの要素が標準語確立に関与しなかったということはもちろん言えないであろう．が，その主役を演じた，とは，もはや考えられていない．

ロンドンの方言が，北部の革新，南部の保守という方言変化の両極端をなすものの間にあってそのいずれをも理解しうる便利な立場にあったこと，また中部は当時，英国一の人口稠密にして土地また肥沃な地方であったこと，などもロンドン方言成長の原因として数えあげられる．確かにこれらのこともあずかっていたであろう．しかし，これらのことは，むしろ，ロンドンの首都としての地位確立に役立った要素としてとりあげるべきであるとも考えられる．オクスフォード方言のみが標準語の基底になったという説はすでに定説ではなくなっているが，それがロンドン方言に与えた影響も，その地理的位置からして，どの程度直接的なものであったかということも，決定困難な問題である．

チョーサーも文学語の創始者ではない．いろいろの方言要素をもったことばで書いている（散文より詩のほうが Southern, Kentish の要素多く，つまり古めかしい）が，それらをつぎはぎして新しい文学語を作ったものでも，新しい外来語を採り入れて英語を異質的にしたのでもなく，すでにそ

---

[2] 有名な，イギリス文化に関する研究書 *England*, 1926[4] の著者と同一人物．

の当時そのような状態になっていた，主としてロンドンの，それも宮廷のことばを用いたにすぎない．ただ，チョーサーという天才によって，すでに生まれていた混合方言に，文学語としての栄冠が与えられ，その流行が促進された，ということは間違いのない事実である．

キャクストンにしても，その印刷術による書物の普及は認めても，文学語を創造したわけではなく，Wyld (1936³: 97) は，印刷術渡来の 2, 30 年前，たとえばデヴォン生まれで，デヴォン地方に住んでいた人がその地方のなまりのない英語を用いていたことなどをあげ，たといキャクストンなく，印刷術なくとも，ロンドン方言はやはり生長したであろうと言っている．が，上でも認めてきたごとく，キャクストンも印刷術も，チョーサーも，ウィクリフも，さらに学者，学僧の中心であったオクスフォード，さらに下ってティンダルの聖書 (1525-1531)，15 世紀半ばごろの祈祷書 (Prayer Book) なども，みな，ロンドン標準文語伝播には，あづかって力あるもので，これを否定することは，もちろんできない．

上述のごとき標準語というものが，15 世紀ごろあったことは確かであり，16 世紀になると，宮廷英語あるいはロンドンから 60 マイル以内の地域の英語を用うべし，などと書いている人もあり，文学においても書簡文においても，地域方言がほとんどなくなっていることは確かである．

が，標準語といっても，現代のそれとは，発音はもとより，単語も，また文法においても，同一ではなかった．画一性という点においても，現代ほど高度ではなく，個人的な癖が相当にあった．商人のことばや下品なことばは嫌われたが，地域方言のほうは，宮廷においても，恥ずべきものではなかった．シェイクスピアにその代表をみる柔軟にして奔放なエリザベス朝の英語は，18 世紀，19 世紀と時代を下るにつれ，しだいにその大胆さを減じ，一方では規則性，画一性の度を増してくることになる．が，要するに，エリザベス朝においては，標準というものはあったが，確立はしていなかった，ということで，個人差が相当にあったということは，それぞれのつづり字からもわかる．同一の語が二とおり三とおりにつづられる

をしでかすに至ったことも容易に想像される．

　が，こういうことが，初めは大目で見られ，それが重なり，それを真似する人まで出てくるようになると，ついには一般化してしまうことになるので．事実，ModEの時代に入ってから，ことに17・18世紀においては，発音についても，語彙についても，このような階級方言間の相互影響が，重要な，なお研究されるべき問題をなしている．先に挙げたblood, food, footにおける三様の発音の存在も階級方言の存在を無視してはその説明がつかないと考えられる．伝統的な発音を知らないため，つづり字をもとにつくり出されたいんちき発音——いわゆる，つづり字発音で，これはPEの独占事業ではない——の勃興も，新興階級とおおいに関係があると考えられる．

　が，それはともかくとして，エリザベス朝において，つづり字，発音，文法形式に個人差があるといっても，その変種の数は限られている．同一の語に，ひどく異なった発音の仕方が三つも四つもあるということはほとんどない．それらの音を，曲がりなりにも，とにかく，表そうとしていた当時のつづり字——だからいろいろのつづり字法が存在したのであるが——も，伝統的ローマ字の組み合わせには当然限度があり，数種以上の異つづりは比較的まれである．

　したがって，当時の英語には，uniformityはなかったが，unityはあった，と約言できるように考えられる．つまり，当時の言語現象を扱う際には，仮説的uniformityを頭に描いて論を立てるとうまくゆかない——たとえばシェイクスピアの句読法，あるいは当時の大文字の使用法を調べようとする場合でも，単にリズムとか強調とかの一筋縄では片がつかない．快刀乱麻の説をたてんとすればuniformityという虚構と相撲をとることになるか，あるいはchaotic, arbitraryの極印をおすことで満足することに

---

5 ことに18世紀においては，英語の発音を教えることによって生計を立てることができた．その教えを乞うもの，新興成金，中流市民階級に多かったこと，言をまたない．

ことはきわめてふつうで，時には 10 とおりものつづり方があった．[3]

　発音においても，同一の語に，同一の言語社会において，二とおりの発音が存在したことが，まれではない．PE の clerk, Derby その他の同類の語では -ar- と -er- の両つづり，両音が行われていたし，blood, food, foot の [ʌ]，[uː]，[u] の音分布は，PE のように一語一音ではなく，同一の語に三様の音があったこともある．語の強勢も PE ほど固定していない．文法形態に関しても，三人称の動詞語尾，動詞の活用，文構造，省略法などいろいろの点で，同一の言語条件を持っている人がそれぞれ個人差を示している．

　このような不統一があった原因は何であるかというと，まず，同じ時代に新旧両様の言語層が併存したこと，また地域方言および階級方言が混在したこと，などが考えられる．ME 末期から ModE にかけての言語変化が相当急速であった[4] ことが，異なる言語層の存在に拍車をかけている．地域方言，階級方言の混在は，戦争，内乱，庶民の勃興による社会変動などの影響が考えられる．要するに，田舎者のことばと，ことばの流行を追う成り上がり者のことばが，従来の宮廷中心の階級方言に入ってくるということである．たとえば，庶民──というより，商業，工業で一儲けした町人階級──の勃興であるが，彼らが勢力を得て支配階級を占め，上流社会に侵入するようになれば，その社会の生活様式や趣味の標準が変わり，それとともに言語も変わってくる．彼らはただ上品であろうと念願した．しかし，どういうことが上品で，どういうことが下品であるかは，よくわからなかった．彼らが常時，間違いをすまい，物笑いの種になるまい，「正確」なことば遣いをしようと気をつかうあまり，[5]　かえって「へま」

---

　[3] たとえば，coney には，cony, conny, conye, conie, connie, coni, cuny, cunny, cunnie などのつづりがあった（Baugh (1959[2]: 252)）．

　[4] エリザベス朝の人々にチョーサーがすでに難しかったことは，Speght の 1602 年のチョーサー版に glossary of obscure words があることからも想像される．1542, 1561 年版にはそれがなかった．また，Dryden (1668: 69) は，シェイクスピアのことばは少し古めかしい（Shakespeare's language is ... a little obsolete.）と言っている．

なり，unity を求めんとすれば，二筋，三筋の縄がどうしても必要になってくる．抽象論で，とりとめがないけれど，こういうところにエリザベス朝言語の本質的性格と興味と困難があると考えられる．

一方，16世紀初めごろから（今日に至るまで），純正論者（purists）と名づけられる一群の人々がいる．国語の純化運動というものは，国民意識を昂揚し，自国語の過去に眼が向けられ，それに誇りを感ずるときに生ずるもので，要するに保守勢力である．対外貿易，戦争，古典学の復興などにより，滔々とおしよせる新（造）語，外来語の波にブレーキの役を果たすことになるはずのものである．が，18世紀ごろまでのこれら純正論者の言には，幸か不幸か，一般民衆はあまり耳をかさなかったようである．

だがやはり例外がある．ジョンソン博士の影響これである．人々はこの人の言には耳をかたむけた．ジョンソンに深い学識があったから，ではない．彼の判断が，言語観察の点においても，正確であり，世人を納得せしむる力があったからである．そしてついには，Received Standard は，ジョンソンを大将とする学識者の階級方言によって，変容をこうむるに至る．

ジョンソンは当時の英語発音を，ぞんざいな，だらしのないもの（cursory and colloquial）と，正式な格式あるもの（regular and solemn）とに分けた．[6] ジョンソンを中心とする人々が重んじたのは，法則に従い，格式を尊ぶことであり，後者の発音を理想としたこと，言うまでもない．だらしのない発音というのは，前時代の王政復古（1660年）から17世紀末にかけての期間——この時代，飲めや歌えで日が暮れ，つづり字に発音を合わせようなどという暇はなかったといってよい——を代表しているものといってよい．このゆきあたりばったりの放埒なやり方に対する反動は，当然 regular and solemn style に向かうのであるが，その反動の現れ始めたのは（なお研究の余地あるも）だいたい18世紀の後半，ジョンソン

---

[6] Johnson's *Dictionary*（1755）の初めに収められている grammar の項参照．

の辞書の現れたころであり，しかもそれは中流階級より生じ，この regular and solemn style を好む傾向は，19 世紀前半まで持ち越されたと考えられる．

## 1. 中英語以後の主な音変化

ME 以後においても，母音の長化，短化の問題，母音の変化，子音の変化など多くの問題があり，いろいろの国の学者が，それぞれに見事な業績を残している．そして，ME のどの音が PE のどの音に対応しているかということにはほとんど問題はない．しかし，ME のある音が，いかなる変化の process をへて PE の音になったのであるか，またその変化過程の各段階はどの時代であるか，という二つの点については，よくわかっていないところが相当にある．

また，文献によってある音変化の存在を知ることができても，それはその文献の書かれた時より前にその音変化があったということを示しているだけであること，つまり文献による変化年代と実際の音変化年代の間には常にずれのあること，さらに音変化が生じたというのは，どの地域方言，階級方言において，どの程度の範囲においてであるかということも当然考慮されるべきである．したがって，以下に述べることは，主要な音変化に関する概略にすぎない．

短母音（強勢音節の）では，ME ă [a] は，[æ] になった．ある語，たとえば back は OE では bæc であるから，シェイクスピア時代の [æ] は，この場合，復古である．現代のつづり字だけでは，変化のあったことを知りえない．ME ŭ は，その前身が何であろうと，17 世紀には cut, but の [ʌ] 音になった．some, son, come などが -o- でつづられているのは，ME で sum, sun, cume のように書くと紛らわしかったからで（久保田（2013: 27–29）参照），PE より ME のほうが -o- つづりはずっと多い．PE -o- で

[ʌ] 音の語はチョーサーを読む際は [u] と発音することになる．

　長母音では，ME ā [aː] は Sh. (シェイクスピア) のころの [eː] から [ei] となり (たとえば name, gate)，ME の ẹ̄ [eː] (meed) は Sh. のころは [iː] で，つづりは ee が多い．ME の ę̄ [ɛː] (clean) は Sh. では [eː] で，ee または (ことに PE ではほとんど) ea とつづられ，PE では [iː] になっているものが多いが，Irish では [eː] である．(以下では，ẹ̄ を「狭母音 ē」と表記し，ę̄ を「広母音 ɛ̄」と表記する．) Ch. (チョーサー) では狭母音 ē と広母音 ɛ̄ は韻をふまない．17 世紀ごろまで [eː] であったのが [iː] になったのは階級方言の影響と考えられる．もしこの [eː] → [iː] がふつうの音変化であるなら，Sh. のころ同じく [eː] であった name, gate も同じく [iː] となり，*[niːm]，*[giːt] の PE 音が存在しなければならなくなる．

　ME ī [iː] (wīf) は [ai] (wife) になり，変化過程は，ī → iī (ī は i と e の中間，ふつうは i と書く) → eɪ → ɛɪ → æɪ → aɪ のごときものであり，Sh. のころすでに [aɪ] の段階に入りかけていたと考えられる．ME の ọ̄ [oː] (cōl) は Sh. ですでに [uː] (cool) となっている．(以下では，ọ̄ を「狭母音 ō」と表記する．) 狭母音 ō → ū の変化前に短化されると PE [ɔ] として残る．たとえば gosling [gɔ́zliŋ] など．狭母音 ō → ū の変化後に短化されたものは，その時期により，一つは blood のごとく PE [ʌ] (前掲 ŭ と同型の変化) となり，他は book, good のごとく PE [u] となる．(ŭ → [ʌ] の変化完了後に短化されたからで，比較的新しく，18 世紀ごろのことである．) ME の ǭ [ɔː] (hōm) は Sh. では [oː]，PE では [ou] (home) となっている (p. 40 参照)．(以下では，ǭ を「広母音 ɔ̄」と表記する．) 狭母音 ō と広母音 ɔ̄ も Sh. では韻をふまない．

　以上の長母音変化を母音三角形にあてはめると，だいたい次のようになる．

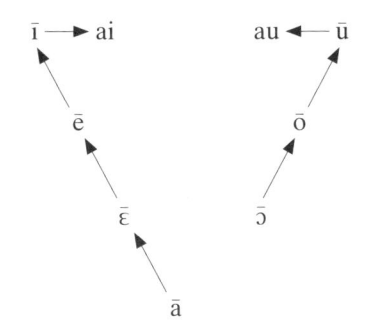

$$\bar{\imath} \to ai \qquad au \leftarrow \bar{u}$$
$$\uparrow \qquad\qquad \uparrow$$
$$\bar{e} \qquad\qquad \bar{o}$$
$$\uparrow \qquad\qquad \uparrow$$
$$\bar{\varepsilon} \qquad\qquad \bar{\mathfrak{o}}$$
$$\uparrow$$
$$\bar{a}$$

つまり，下から上にあがれる（舌の位置が上がり，唇がすぼまる）ものはあがり，あがれない ī, ū は二重母音となったことになる．これを Great Vowel Shift（大母音推移）といっている．しかし，上方から変わったのか下方から変化し始めたのかよくわからない．つまり，ā が広母音 ɛ̄ の方向に変わりだしたから，広母音 ɛ̄ も慌てて（？）狭母音 ē の方向に変わりだしたのか，広母音 ɛ̄ が狭母音 ē に変わりだして広母音 ɛ̄ のところに空席ができたから ā が安心して（？）広母音 ɛ̄ に変わりだしたのかは学者によって説明が異なる．ME の au [au], ai/ei [ai] はどのようになったかというと，前者は 17 世紀ごろ [ɔː] になったが，つづり字は，draw, cause などのごとく，-aw-, -au- が保たれている．ai, ei のほうは 17 世紀に短母音化し，その後は name の母音と同じ変化をした．rain, day のようなつづり字には昔の二重母音のあとが残っている．

## 2.　文法上の変化

　ModE の時代に入ると，屈折語尾消失の影響が現れはじめる．まず単音節語が非常に多くなり，英語の大きな特徴をなすに至っており，また語順の確立ということが目立つ．主語＋動詞＋目的語という語順が 14 世紀ごろ確立するに至ったのはもちろん格語尾消失のみの影響ではない．OE

においても独立節に関するかぎり（ことに長い文においては）PEと同型のものは多く，動詞を文尾に置くのがふつうの関係詞節においても，S＋V＋Oの傾向がみられる．しかし，MEに比して語順が自由であったことは事実で，それが確立するに至ったのには格語尾消失の影響も当然考えられてよい．

ひとたび語順が決定されると，それはまたいろいろな他の要素と結びつき，その及ぼすところは大きかった．非人称構文から人称構文への推移——if you please など，もとは与格の you が主格と感ぜられるようになる——を容易にし，(The kinge（与格）was offered a seat. →) The king（主格）was offered a seat. のごとき英語独特の受身表現が可能になる．

名詞の男性・女性・中性を示していた屈折語尾の消失は，当然，文法的性の消失をもたらし，ある語を受ける代名詞は he, she, it のいずれにするも作者の自由となった．やさしい連想を伴うものを she で，強さを連想させるものを he で受けたり，またギリシャ・ローマ神話により，たとえば Love を男性として扱い，あるいは語源をもとに性を決定したりすることもあった（現代英語では someone を受ける代名詞は，正式な文書などでは he か she であるが，通例は they で受けるのが最もふつうである．a teacher などは性別がはっきりしている場合を除くと，通例，she で受ける）．

品詞間の転換も容易になり，ことに名詞と動詞，名詞と形容詞，形容詞と副詞相互間の転用が目立つ．長い修飾句（phrase）の代わりに名詞をそのまま付加する方法，たとえば birthday congratulations, さらには複合語も同じく loose leaf book manufacturers, a dog-in-the-manger policy（いじわる政策），bull-in-the-china-shop method（瀬戸物屋の暴牛式破壊方策）のように用いる方法は PE にも非常に多く，英語の合成造語能力を著しく高めているが，ME から例があり，品詞転用の傾向と関係があるといってよい．さらに，他の語との文法関係を示すために，of, for, to などの前置詞が頻用せられることに至ったことも見逃せない．

初期近代の英語が総じて現代英語におけるような単一の統一体であるよ

りは，新・旧あるいは標準・方言というような対立を含む言語であり，それが規則化に向かったことはすでに述べたが，規則化には，多様であった表現形式の一つが生き残って画一的になった場合だけでなく，それぞれの形が生き残って，機能を異にする分業が生じたという場合もある．

　ME mīn から生じた PE my, mine はまったく機能を異にするに至り（p. 3, p. 43 参照），flower, flour[7] など，つづり字においても分化，分業の生じたものは多い．属格語尾にしても，-'s はほとんど living suffix 化し，wife のごとき語の属格形も wives でなく，wife's となる（p. 28 参照）．（アポストロフィの使用は，属格単数の場合は 1680 年ごろ，wives', kings' のごとき複数形の場合は 1780 年ごろから行われた）．三人称中性単数の代名詞 it の属格形は ME では his（OE も同様），(h)it であり，男性属格，中性主格と紛らわしかったが，17 世紀ごろから（最初の文献記録は 1596 年）-s をつけた its という便利な形が登場する．形容詞，副詞の比較法形態も -er, -est と more, most によるものは一定してくるようになり，関係代名詞 who, which は 18 世紀ごろまで人にも物にも無差別に用いられ，that との勢力争いもあったが，PE ではそれぞれの縄張りがあるようになった．

　動詞の活用形も，同一の動詞に二つの過去(分詞)形があることはまれになり，dost, doth（助動詞）と doest, doeth（本動詞）の別も，用例自体は 16 世紀にさかのぼれるが，首尾一貫した区別が行われるのは 19 世紀になってからである．また，do＋不定詞形（'do'-form）も PE では確立され，強調，否定，疑問などのだいたい決まった用法があるが，1500-1700 年ごろの用法は，まことに多岐で，ただ一つの原理に従っていないことはもちろん，肯定平叙文の do だけでも，そのあらゆる存在を画然と区別し，説明し尽くすことはほとんど不可能とさえ考えられるほどである．いわゆる二重否定（否定辞を二つ以上用いて否定を表す）もしだいに減

---

[7] Johnson's *Dictionary* (1755) ではまだ区別なく，flower = the finest part of meal とある．PE では，発音においても，flower のほうは 2 音節，flour は単音節と区別する人もいる．

り，shall, will の用法もだいたい規則化し（現代英語では省略形の 'll が未来時制の代表となった），be + ing のいわゆる進行形は 17 世紀に入ってから確立し，be + being + p.p. の形は 1780 年以前にはさかのぼらない．

　以上のほか，さまざまな分詞構文，不定詞構文などの発達，また 15 世紀から例のある群属格 (group-genitive)，ME よりあるが 19 世紀後半から急にふえた分離不定詞 (split infinitive) の用法，仮定法 (subjunctive) の盛衰など，言及すべきことまことに多く，それぞれに重要であるが，以上をもって第 I 部を終わることとする．

# 第Ⅱ部

## 各 論

第 6 章

## つづり字の問題
―つづり字確定の時期について―

　英語のつづり字に関しては，まだ十分に解明されていない問題が多い．本文校訂の仕事とも関係してくるが，16 世紀から 18 世紀ごろに至るまでの印刷所や本屋の果たした役割，ことに著者原稿（MSS）と印刷されたものとの関係なども，さらに精密に実証的研究がなされてしかるべきである．また，当時のいわゆる語源的つづり字なるものも，単に好奇心を満足させるだけの列挙的説明や，いわゆる「えせ語源学者」(would-be etymologists) の愚かさを笑うしたり顔の説明だけでなく，そのようなつづり字が当時いかなる状況のもとに取り入れられ，さらに，なぜ今日まで，相当数の語源的つづり字が生きのびてきたのか省察さるべきである．

　現代英語におけるつづり字と発音の不一致はかなり有名で，その不統一が生ずるに至った原因に関しても，さまざまな歴史的説明が与えられている．が，まだ十分でない点もかなりあると考えられる．ことに，不規則と考えられている現代のつづり字を出発点とし，そのよってきたるところを，便利な形で，説明してくれる書が望まれる．たとえば，Craigie (1927) の Reasons に関する事項を一段と詳細にしたような書である．［このような意図をもって，その後，安井（1955）が執筆された．］

## 第6章 つづり字の問題——つづり字確定の時期について——

　つづり字の問題は発音に関する問題と密接な関係がある．言語の歴史において発音の変化が占める役割は大きい．そしてつづり字は音声を写す単なる記号であるにすぎないことも多い．確かにそうである．しかし，つづり字の存在をまったく無視して言語の歴史を語ることは妥当でない．その最も顕著な例がつづり字発音である．つづり字発音の歴史は比較的新しいと考えられている．これが18・19世紀のころから盛んになり，現代の英語，特にアメリカ英語においていちじるしい特徴の一つをなしていることは事実である．

　しかし，つづり字発音の例は初期近代のころにも見られ，たとえば，シェイクスピアの *Love's Labour's Lost* V. i. 23 以下のところは，doubt, debt, half などの語をつづり字どおりに発音すべきであると考えていた人の存在を思わせる．そして，18世紀になると，つづり字発音の例はきわめて多くなる．また，しばしば古い時代の発音の名残をとどめ，イギリス南部英語より純粋なものであるといわれる北部英語の発音に，実は，むしろ過去におけるつづり字発音が相当の影響を与えているであろう，ということもいなめない．

　このようなつづり字発音を中心に，それがどのような状況下に，いつ，どのような語類に行われてきたかということも，改めて検討を要する問題の一つといえよう．

　細かなことにも問題は多い．エリザベス朝前後における頭文字の使用法などもその一つである．当時の頭文字使用法（capitalization）が相当に自由であり，一見，無秩序とさえ思われるのは事実である．しかし，相当量の調査によって，何らかの規則性を見いだすことは可能であろうし，また，どの時代から今日のような用法が確立されるに至ったかということも，実証的に，調べられてよい．疑問符や感嘆符についても同様である．

　シェイクスピアのころは，あまり，あるいはまったく，区別されていなかったのに，18世紀，19世紀以降，つづり字の分化が生じたという例もいくつかある．「縫う」という意味の語は sow とも sew ともつづられた．

loss は loose ともつづられ，die, dye もつづり字による意味の区別は行われていない．また，flower, flour／metal, mettle／clew, clue などは一種の二重語（doublet）といってよいものであるが，シェイクスピアのころは，意味においてもつづり字においても，今日のような分化は行われていなかった．このように，シェイクスピアのころにはつづり字と意味の対応がはっきりしていなかった語において，A の意味には X というつづり字を，B の意味には Y というつづり字を一貫して用いるという分業の生ずるに至った例はほかにも相当ある．この，いわば分析的傾向の現れといってよいつづり字の分業が，いかなる時期に，いかなる時代思潮の下に，行われたかということも，もっと実証的に，また総合的に，究められてよいであろう．Johnson's *Dictionary* (1755) においても，上例中 flower, flour／clew, clue／sow, sew／die, dye／metal, mettle などの完全な分業は，まだ行われるに至ってはいない．

　つづり字が音声の単なる代用物にすぎないという立場からすれば，このようなつづり字の分化は生じえないはずである．発音が同じである場合には，つづり字はその時代の言語習慣により，その発音をよりよく写しているものが一つだけ生き残ればよいわけであるからである．二重語の場合には，それまで，Paul (1937[5]: Cap. IV) などのいう臨時意味（occasionelle bedeutung）であったものが通常意味（usuelle bedeutung）に昇格し，その結果，従来通常意味を表すのに用いられていた二つのつづり字の中の一つが，新しく通常意味になったものに分かち与えられた，というようなこともあるにちがいない．しかし，この場合でも，書かれた文字は話された音声に対してまったく二次的なものであるにすぎないと考える立場からは，一つのつづり字でこと足りるわけである．

　もっと重要なことは，二重語の場合も，二重語でない場合も，つづり字分化の背後には，つづり字の眼に訴える力が働いているにちがいない，ということである．換言すれば，つづり字の分化は，つづり字が，いわば，表意的になってからのことであるにちがいない．そして，つづり字が表意

的であるためには，つづり字法が固定・確立し，語の(特徴的)形態に眼が慣れていることが必要である．したがって，このようなつづり字の分化は，エリザベス朝に見られるような混乱したつづり字法が一応整理され，安定した後の，しかも明晰を求める傾向のある時代の所産ということができ，また一方，つづり字が音声に対しまったく二次的なものであるという偏見に対する反証の一つとして数えることもできるであろう．

　それなら，英語のつづり字法はいつ確立したかというに，これもいろいろな問題を含んでおり，一見まことに単純なこの問いに答えることは決して容易ではない．いま，少しこの問題に立ち入って考えてみることにしよう．

　われわれは現代のつづり字法が安定し固定していると，ふつう，考えている．実際そうであるが，それはあくまで相対的に考えた際のことであって，あらゆる場合に，同一の語が同一につづられているということは，もちろん，いえない．同一の語が二つのつづり字をもっている場合もかなり多い．caldron, cauldron ／ faggot, fagot ／ fetish, fetich(e) ／ goaler, jailer, jailor ／ gibe, jibe ／ hooping(-cough), whooping(-cough) ／ mat-ins, mattins ／ rase, raze ／ sergeant, serjeant ／ veranda, verandah ／ wagon, waggon などは，1951 年版の COD においてもなお見られる両様つづりの例の一部である．このほか，たとえば connection, connex-ion ／ inquire, enquire に類する語も多く，-ize, -ise の動詞語尾に関しても，まったく画一的にはなっていない．OED, COD, MEU, *Encyclopædia Britannica* それにアメリカ英語においては -ize の形が標準型で，しだいに広まってきていると考えられるが，Treble and Vallins (1936) はあらゆる場合に -ise を用いることをすすめている．しかしまた，advertise は語源的に Gk *-izo* とまったく無関係であるにもかかわらず，advertize という新しい形が用いられ始めており，注目に値する．さらに，blame*a*ble, blamable ／ blu*e*ing, bluing ／ judg*e*ment, judgment など黙音の e を含む語類にあってもつづり字はしばしば不安定である．

印刷術の普及以前に古語・廃語になった語や外来語，あるいは方言形には，ことに不安定なつづり字が多い．

　このように数え上げてゆくと，現代の英語においても，不安定なつづり字の数は驚くほど多い．つまり，同一の語に対してまったく単一なつづり字を用いるに至ったという時期を捜し出そうとするのは無意味であるということになる．が，つづり字全体の組織からいえば，現代英語における変則的異つづりの数はやはり少ないのであって，たとえばこれをエリザベス朝のつづり字と比較するなら，ことは一層明瞭である．1623年のシェイクスピアの第1二つ折版（First Folio）にはvisorがvisard, visor, vizar, vizard, vizorとあり，またadieuはadew, adieu, adiew, adueとつづられている（Lee (1902: Introduction, p. xxiv)を参照）．groanはgroneとつづってもまったく差し支えなかったし，hourはhoure, hower, howreのいずれでもかまわなかった．したがって，問題はこのように多様であったエリザベス朝のつづり字が，いつ，現代のつづり字のように「比較的」統一されたものになったかということである．

　エリザベス朝時代においては，同一の単語が，たとえどのようにいろいろにつづられたにしても，もしもそれらのつづり字が，当時行われていたつづり字慣習や類推にのっとり，その語の発音をかなりよく表しているなら，いずれも正当なつづり字として通用していたといってよい．このような多様な，そして比較的表音的であったつづり字は，しかし，すでに16世紀ごろから統一への機運をはらんでいたといえる．それは，当時すでにつづり字の改良が叫ばれ，いろいろの改良つづり字や組織を提案する人々が次々に現れてきたことからもわかる．Sir John Cheke（1514-1557）をはじめ，1568年にはThomas Smith, *De recta et emendata linguae Anglicae scriptione dialogus*が，その翌年1569年にはJohn Hart, *An Orthographie*が，その翌年に同じく彼の*Methode or comfortable beginning for all unlearned, whereby they may bee taught to read English*が，また1580年にはBullokar, *Booke at Large, for the Amendment of Orthographie for*

*English Speech*，2年後には Richard Mulcaster, *The Elementarie*（1582）があるといった具合で，17世紀になるとさらにその数を増してくる．

これらの試みがすべてうまくいったとはもちろんいえない．が，つづり字固定への機運は，当時のさまざまな条件が重なってますます促進されることになる．その一つは疑いなく印刷物の普及であろう．

William Caxton が英国で最初の印刷本を出版した1477年から1640年までに英国で出版された英語の書物数は20,000以上あり，大陸においては1500年までに出版された書物数は35,000に達するといわれる（cf. Baugh (1959² : 241))．また，シェイクスピアの First Folio (1623) は500部から600部くらいは印刷されたと推定される（cf. McKerrow (1917: 228)）のであるから，印刷物の普及は想像以上に早く，その数も多かったといえよう．印刷物の数が増加したということから次のことが考えられる．すなわち，まず熟練を目指す印刷工はそれぞれの語をそれぞれ単一のつづり字で示そうとしたであろうということ．さらに，これら出版物は，当時相当の数に達していた，本を読むことのできる人々に，つづり字のお手本を示したことになること．（Baugh, loc. cit. によれば，シェイクスピアのころのロンドン（推定人口20万人）では 1/3 〜 1/2 くらいの数の人が読むことができたようである．）

また，お手本ということになれば，Robert Cawdrey, *A Table Alphabeticall* (1604) などに始まる English-English の各種辞書類の果たした役割も，当然，考慮に入れるべきである．1755年の Johnson's *Dictionary* までに16種にのぼる大小の辞典が出ており，はじめて The English Dictionary という書名を用いるに至った Henry Cockeram の辞書はシェイクスピアの第1二つ折版と同年の1623年に初版，30年たたない1650年にはすでに9版を重ねているほどである．このようなつづり字統一への機運は，さらに商業上の取引や社会生活において，書かれたことばの占める重要性が増したこと，また文学作品を生み出そうとする活発な動きがあったこと，などの事情で，しだいに顕著になっていった．

しかしながら，現代英語におけるようなつづり字の統一がみられるようになったのはいつかということは，依然として，やっかいな問題である．W. W. Skeat は 1690 年ごろより以前には，まったく単一の（perfectly uniform）標準つづり字法の行われている書物は見あたらないといい，1695 年版の John Milton, *History of England* を例に，なお多少の動揺のあることを示し，現代のつづり字は実質上（practically）あらゆる重要な点（in all important particulars）において 17 世紀のそれであるといっている（Skeat (1887: §305)）．したがって，Skeat は 1690–1700 年ごろをつづり字確定の年代とみなしていると，一応，いってよいであろう．

Baugh (1959²: 256–257) は，現代のつづり字は，実質上（practically）1650 年ごろまでには確立され，つづり字の問題は 1500–1650 年の間にほとんど（fairly）片づいたという．例として Milton の甥 Edward Phillips, *The New World of English Words* (1658) の序文をあげ，語尾の -e (kinde), -ick (logick), -'d (authoriz'd) などが，なお少数の語に見られると述べている．

W. Franz によれば，現今の英語のつづり字法は，その特質，特にアクセントのある母音および二重母音の記述においては *Tottel's Miscellany* (1557) に示されており，文中に頭文字を使用することを除けば，現代のつづり字はその本質において（in allen wesentlichen）1664 年出版の Chillingworth, *The Religion of Protestants* ですでに到達されており，これより少し前の Thomas Browne, *Pseudodoxia Epidemica* (1650) には古い段階の形，たとえば finde, daies, farre, severall などが見られるという（Franz (1939: §§1, 2)）．

このような三者の不一致が何によって生じたかというと，まず対象として選んだテキストが異なるからである．というのは，つづり字固定の程度は，同一年代においても，作家によって異なり——その教育程度，環境，気質の相違がつづり字の上に，ある程度，示されているといってよい——また印刷所のつづり字習慣もまったく同一という段階には至っていなかっ

## 第6章 つづり字の問題——つづり字確定の時期について——

たからである．もう一つの原因は，Skeat, Baugh, Franz がつづり字確定の標準(段階)として考えているものにくいちがいがあるということである．「実質上」とか「ほとんど」とかいうことが，いったい，何を意味しているかということである．これを具体的にするため，三者が例としてあげているテキストを中心に，手許にある二，三の書と簡単な比較をしてみよう．

まず，年代順にテキストを並べ，便宜上，A, B, C, D, E, F とする．

- A. 1594： R. Wilson, *The Cobblers Prophesie* (52)
- B. 1623： First Folio (10)
- C. 1646： Thomas Browne, *Pseudodoxia Epidemica* (145)
- D. 1658： E. Phillips, *The New World of English Words* (43)
- E. 1688： F. Davidson et al., *Gesta Grayorum* (70)
- F. 1695： John Milton, *History of England* (18)

かっこ内は調査した行数で，B, D, F の行数は少ないが，Skeat, Baugh が示している見本用抜粋文の全部である．A, E は Malone Society Reprints (ed. by W. W. Greg) のもので，それぞれ初めから選んだ．C は Franz のより4年古い版であるが，First Book, Chap. I からとった．

厳密を期するためには，さらに各種各様の書物を対象に，行数も各作品とも同数のしかも同じ語数のものとすべきであるが，一応，次のような統計をとってみた．

現代つづりと異なるものを残らず数え，調査行数との百分比をⅠ欄に示した．これによって，だいたい，1行の中にいくつ現代つづりと異なるものがあるかわかる．が，問題となるつづり字法が繰り返されている場合，つづり字法全体の組織から見れば，これを1回と数えるほうが，つづり字の固定段階を知るのに便利である．このような同一つづり字法の語がいくつあってもその頻度を1として，調査行数との百分比を示したものがⅡ欄

である.たとえば,繰り返し現れる -'d, -ck を含む appear'd, complain'd, unlearn'd (F) や Zodiack, Artick, Antartick (E) は,それぞれ,1 回に数えられている.また,15 世紀後半から 17 世紀前半にことに多い語尾の -e が異つづり総数の中で占める比率は相当に大きく,これだけでもつづり字固定度の標準となりうるほどのものであるので,異つづり総数と -e の百分比を III 欄に,調査行数と -e との百分比を IV 欄に示した.

|    |      | I   | II  | III | IV  |
|----|------|-----|-----|-----|-----|
| A. | 1594 | 110 | 96  | 49  | 54  |
| B. | 1623 | 210 | 190 | 48  | 100 |
| C. | 1646 | 58  | 41  | 69  | 40  |
| D. | 1658 | 33  | 30  | 50  | 16  |
| E. | 1688 | 10  | 7   | 14  | 3   |
| F. | 1695 | 39  | 27  | 14  | 6   |

要するに II, III, IV 欄は I 欄の不備に対する補いのつもりである.なお,この統計には,(faveﾞ (=save) や firﾞt (=first) などのような)語頭や語中にみられる,いわゆる「長い s」(long *s*) と,文中の頭文字は除外してある.これによってみれば,Skeat が例に出している 1695 年以前に,それ (F) より統一されたつづり字習慣の書物は二つ (D, E) あることになり,Baugh が確立年代とする 1658 年 (D) より以後に,それ以上不統一のものは決してないということもいえなくなる.ただ,Skeat, Baugh, Franz のあげている年代がいずれも 1650〜1700 年の間にあること,また上表においても D 以後,統一への速度が急に速くなっていることは,17 世紀後半がつづり字確定への推移において重要な時期を占めていることを物語っているといえよう.

また,上の統計表の中へ入れなかったが,1684 年版 *The Works of Mr Abraham Cowley* ed. by Thomas Sprat にある 'The Preface of the Au-

## 第6章 つづり字の問題——つづり字確定の時期について——　　　73

thor' (pp. xxix-xl) には，現代つづりと異なる語が33語あり，そのうち5語は -ick (*Gigantick, Heroick, publick, Stoick, traffick*)，12語は語尾のいろいろな形 (*easie*, Effigie, Ellegie, Poesie, Theologie, Lyrique, *suppress*, stopt, usurpt, *drest*, wholesom, *Latine*) を含むもの，残りは battel, *benum, chuse*, cloaths (=clothes), despight, fertil, hapned, joyn, Lye, obselete, perswaded, Rhime, souldier, Tryal, *tye*, vertue (virtue のつづりもある) となっており，上図 I, II, III, IV 欄はそれぞれ 9 / 7 / 15 / 1 という数になり，年代的には D, E の間に入ることになる．なお，イタリック体にしたものは，Johnson's *Dictionary* にもみられるもの，その他の語は，Johnson の辞書では現代つづりが用いられているが，Johnson の辞書にも，controul, authour (いずれも Preface の中で)，choak (choke)，sope (soap)，fertily のような形はまだ用いられている．

　これを要するに，調査の資料，方法に不備な点のあることは認めても，つづり字安定への地盤はすでに16世紀半ばごろから見えはじめ，17世紀半ばごろには，確たる標準はなくとも，何か中心的な，つづり字統一への核ともいうべきものが生じはじめており，これが17世紀の末ごろまでにはしだいに純化され固定されて単一化の傾向をたどり，すでに Johnson's *Dictionary* におけるのとあまり違わないつづり字習慣が行われていたといえるであろう．

　換言すれば，Johnson の辞書が他の群小辞書を圧して大なる権威と影響力をもっていたことは十分に認められるが，Johnson は，だいたいにおいて，当時すでに与えられていたつづり字を記したのであって，それ以前に，強勢のある母音のつづり方や，i, j／u, v の区別的使用 (p. 101 参照) も確立し，語尾の -e も 95% は消失し，つづり字安定への基礎はできていたといえよう．したがって，Johnson の辞書が無秩序・無組織の混乱したつづり字を統一したというのは，事の真を表すものではなく，むしろ，Johnson の辞書は固定・確立しかけていたつづり字に強力な「わく」を与える役割を果たしたのである，というべきであろう．

また，つづり字確定年代を特定の年あるいは一作品に求めるのは事の本質上無理であり，誤解を招きやすく，むしろつづり字固定への過程・推移状態が問題であり，この観点から，つづり字確定年代は17世紀後半，さらに細かくは，1660-1680年ごろ，と一応いうことができよう．

第 7 章

# つづり字発音について

　いわゆる「つづり字発音」(spelling pronunciation) が英語全体の中で占める割合は比較的少ない．しかし，過去数世紀にわたって行われた英語の音変化が一応完了した初期近代のころに比べれば比較的安定の状態を保っているといってよい現代英語で，つづり字発音がいちじるしい特徴をなしており，さらに一般化する傾向にあることは否定できない．歴史的にみても，つづり字発音が果たしている役割は決して少なくはない．歴史的にみる，といっても，つづり字発音なるものは，つづり字と発音が離れていなかった時代においては問題となりえないものであるから，英語のつづり字が表音的でなくなってからのことである．しかも，その非表音的つづり字の語をつづり字どおりに発音しようとする試みが行われうるのは，つづり字法が確立して，特定単語が，それぞれきまった一つのつづり字をもち，また相当に多くの人々が印刷物に親しむようになってからのことであるから，年代的には，そう古いことではない．
　つづり字発音は，発生的には，一種の「誤った」発音である．発生的には，「誤った」発音であっても，教養ある多くの人々によって用いられるようになれば，「正しい」発音であることになる．このようなつづり字発

音がどのようにして生ずるに至るか考えてみると，まず，伝統的な発音を知らない人々によって行われはじめる場合があげられるであろう．しかし，伝統的な発音を知っている人々が，伝統的な発音よりすぐれた発音としてつづり字発音をはじめる場合もある．いわば，一種の意識的な気取りから，ということができる．そして，これら二つの素因は，しばしば重なって現れる．伝統的な発音を知らない人々によって行われはじめるつづり字発音は，しばしば，教養の欠如と結びつけられる．しかし，文字を読むことができないほど教育のない人であれば，つづり字から影響を受けることさえできないのであるから，つづり字発音は，社会的な発音スタイルからいえば，まったく無教養の人々によって始められるものではないことになる．

　一方，もっと上品な言い方をしようとして，結果的には，教養ある人々によって一般に用いられている伝統的な発音慣習からはずれた発音を生むに至るという例は，自分の言語的背景に劣等感を持っている人々の場合に多い．発音上の「上品過多語法」(hyper-urbanism) の一種といってよい．このような「過度に正確な」発音様式が，社会的階級の変動によって生ずることは当然予想されるところで，イギリスにおいては18世紀にきわめて盛んとなり，アメリカにおいては現在でも，広範囲に及んでいる．学校教育が普及している現在では，特に，小学校などの先生の影響が大きいといわれる (cf. Bloomfield (1933: 487))．また，一般に，いわゆるあいまい母音を，はっきりした音色の母音に発音する習慣にも，学校の先生や，ラジオのアナウンサーの影響がみられるように思われる．ラジオのアナウンサーなどは，はっきりした発音をしようとするあまり，不自然な発音様式を，知らず知らずのうちに，用いがちなものである．

　つづり字発音の影響を最も受けやすいのは，地名および人名であろう．伝統的な発音に関する知識がないために生ずるつづり字発音の典型例である．一度もその発音を耳にしたことのない地名が，新しく発見された観光地などとして取りあげられるとき，その発音様式は報道関係者や観光業者

によって支配されることが多い．そしてこの新しい観光地に，観光業者や旅行者によるつづり字発音の洪水が押し寄せると，地元の人々までが先祖伝来の発音を捨て，つづり字発音を採用するにいたることもある．英国の地名 Cirencester [sísitə, sísistə] がその土地の人々によってさえも [sáiərənsestə] と発音されるに至っているのは，まさに，このようにしてであった（cf. Wyld（1907: 149-150）．日本語の「月寒」（ツキサム）も参照）．

アメリカの地名も，アメリカ英語自体において，つづり字発音で発音されることが多い．イギリスの地名も，アメリカ英語では，つづり字発音の用いられることが多い．同じ名前の地名がアメリカにもイギリスにもあるという場合，アメリカ英語では，通例，どちらの地名にもつづり字発音を用いるであろう．たとえば，Nottingham はイギリスでの地名で，イギリス英語では [nɔ́tiŋəm] であるが，アメリカ英語では，通例，[nɑ́tiŋhæ̀m] である．Birmingham はイギリスにもアメリカにもある地名であるが，イギリス英語では [bə́ːmiŋəm] で，アメリカ英語では [bə́ːmiŋhæ̀m] である，というように．（アメリカ英語の発音は Kenyon and Knott（1953）によるが，反転母音（retroflex vowel）の記載などは簡略化して示す．）

一方，アメリカの地名がイギリス英語ではどうなっているか，というと，やはりつづり字発音が行われることがある．アメリカの地名 Amherst に Jones の発音辞典は [ǽməst] [ǽmhəːst] の二つを与えている（特に断らないかぎり，Jones（1956[11]）による）が，[ǽmhəːst] のほうはつづり字発音で，アメリカ英語では認められていないものである．[1] 大西洋という地理的障害物の介在が考えられる．しかし，この障害物は，しだいに，障害物でなくなりつつある．そして，アメリカの国家的地位と国家的発言力とが増大するのに伴い，アメリカの地名も，地元の発音が国外においても用いられるに至るであろうと思われる．もしも，Jones の発音辞典が

---

[1] Jones（2011[18]）では Amherst に対するアメリカにおける発音として ['ǽmɚst] だけでなく ['ǽmhɝːst] も挙げている．が，マサチューセッツ州の Amherst は依然として h を発音しない．

事実を記録したものであるとするなら，アメリカの地名 Connecticut [kənétikət] のイギリス英語における発音は奇妙な歴史をもつことになる．

　Jones の発音辞典の 1921 年版（1917 年の初版の翻刻版）は，この語に対し，[kənétikət] のみを与え，1937 年の第 4 版では [kənéktikət] がふつうで，[kənétikət] も併記され，1949 年の第 10 版においても同様であるが，1956 年の第 11 版では，ふたたび 1921 年版と同じく [kənétikət] のみとなっている．ここで，危険な，しかしうがった解釈をするなら，1921 年の [kənétikət] は，少数の知る人ぞ知る伝統的発音，第 4 版から第 10 版にいたるころようやく一般の人の眼にこの地名がふれるようになってつづり字発音を生み，最近は両国間の空間が縮められて，地元の発音がふたたび用いられるようになったのであるかもしれない．[2]

　昔は日常会話語として用いられていたが，その語の示す事物そのものが廃れたため，ことばのほうも廃れ，その語がのちに復活されるようになるとつづり字発音が生まれるという場合もある．シェイクスピアなどによく出てくる falcon はその一例で，この語は folk, walk, stalk などと同じく -l- は発音されなかったのであるが，現代英語では [fɔ́ːlkən] がふつうである．が，現在でも「たか狩」(falconry) を行う人々の間では，なお [fɔ́ːkən] がふつうである，と Jones の発音辞典にも断ってある．[3] なお，soldier, alter, realm, vault, Walter, ribald などにおける -l- の音は，現代英語ではもちろん確立されているが，歴史的には，上品過多症の人々の作になるつづり字発音で，もとは発音されなかったものである（cf. Jespersen (1909: §10.48)）．

　chivalry に対する [ʃívəlri] という発音も時代的な隔たりがもたらした奇

---

　[2] Jones (2011[18]) においても [kənétikət] のみが挙げられている．
　[3] Jones (2011[18]) においてもこの注記は継承されている：" /ˈfɔː-/ is the usual British pronunciation among people who practise the sport of falconry, with /ˈfɔː-/ and /ˈfɔːl-/ most usual among them in the US. The pronunciation with /l/ may be considered a spelling pronunciation."

妙な発音で，Jonesに「古風」(*old-fashioned*)とあるもう一つの発音[tʃ-]のほうが歴史的，伝統的な発音なのである．この語はチョーサーにもしばしば用いられていることからも想像されるように，現代フランス語の[ʃ]音がまだ[tʃ]の段階にあったころ英語に入った語で，たとえばchief, chase等と同じく現代英語では[tʃ]音をもっているべきところである．にもかかわらず，これがchampagne, chandelier等と同じ[ʃ-]音で発音されるのは，中世騎士道の消滅とともに，この語が話しことばから消え，のちこの語が，たとえば中世を背景とする時代小説などにおいて復活したときには，人々が歴史的な発音を用いずに，chevalierなどにおけると同じ発音を用いたからである．つまり，[ʃ-]という発音は，古代フランス語からの借用語を，あたかも現代フランス語からの借用語であるかのように考えたために生じた発音である．換言すれば，現代フランス語型つづり字発音を英語に持ち込んだものともいえるものである．逆の場合がdebauchで，もと[-ʃ]であったものがつづり字の影響で[-tʃ]になった．debaucheeには[-ʃíː]音もみられる．

　つづり字に影響された「過度に上品な」発音が，イギリスでは18世紀にさかんになってきた，と上で述べた．新興中産階級の勢力がしだいに大きくなって支配的階級の成員に変化が生じ，「正しいことばづかい」や「上品な作法」が求められるようになった時代であるから，つづり字発音が多く生まれたのも怪しむにたりない．当時も，上流階級の貴婦人などのほうが，今日なら聞くにたえないような「悪いことば」を用い，中産階級のほうが「お上品なことば」を用いていたらしい．いわば成り上がり者の用いる「お上品な」ことばは，用いられはじめは，下品で笑うべきものとして感じられるが，大目にみられているうちに広がり，結果的には，いわゆる標準語の仲間入りをしてしまうのである（このへんの事情は，Wyld (1936[3]: 18-22)に詳しい）．つづり字発音の場合も同様であろう．

　このようにして生じた多くのつづり字発音は，いろいろに下位区分することができる．単にアルファベット順に並べることもできるし，音の脱

落，添加や同化，異化を中心にして考えることもできる．母音と子音に分けてもよいし，強音節，弱音節に分けて考えることもできる（cf. Ward (1948[4]: §§41-50), Jespersen (1909: §§2.943, 3.25, 3.442), Wyld (1906: 364-366, 377-380))．また，問題となるアメリカ音とイギリス音とを比較することもできる．比較すれば，地名・人名に関するかぎり，アメリカ音のほうに，より多くのつづり字発音がみられるであろう．しかし，普通名詞の場合，それらがまったくのつづり字発音であるのか，あるいはイギリスの古い発音の名残であるのか，区別のむずかしいものもある．

　たとえば，vase に対するアメリカ音 [veːs] を，いきなり，つづり字発音であると決めてしまうのは危険である．この語には，いろいろな発音様式があり，まずイギリスで最もふつうとされている [vɑːz] は，現代フランス語の vase [vɑːz] をまねたものである．[vɔːz] は古風で下品な，あるいは気どった発音で，現在，英米を問わずほとんど用いられないが，この発音は，歴史的には，18世紀のイギリス人がフランス語の発音に最も近いものとして選んだ発音である．[veːz] はアメリカ発音で用いられることがあるが，アメリカ英語で最もふつうな発音は [veːs] であり，歴史的には，この [veːs] が，いわば「正統」なものである．つまり，[vɔːz] や [vɑːz] は，それぞれに「舶来新型発音」であったもので，由来を正せば，[veːs] が最も伝統的な発音であることになるのである．スウィフト（Jonathan Swift）は face と，バイロン（G. G. Lord Byron）は place, grace と，フレノー（Philip Freneau）は face, place, race と，それぞれこの語を押韻させていることからも，ある程度，[veːs] の伝統性が察せられるであろう（cf. Krapp (1925, Vol. II: 43, 46, 123))．

　同様なことが，Durham [də́ːrəm] や hurry [hə́ːri] の [ə́ː]，fertile [fə́ːtl̩]，missle [mísl̩]，sterile [stérəl] など [-ail] でない音，necessary [nésəsèri] や secondary [sékəndèri] などにおける [-èri] などについてもいえる（cf. 安井 (1955: 112, 113; 81; 57))．アメリカはつづり字発音の国，イギリスは伝統発音の国というように割り切ってしまうと，たとえばイギリス発音の

[mísail] が，本来的には，つづり字発音で，アメリカ発音の [mísl] が，歴史的なものであるという事実を見逃しやすくなるであろう.

さらに，h を語頭にもつフランス系借用語の場合，アメリカ音のほうが伝統的・歴史的な発音法を保存しているのに対し，イギリス音のほうはつづり字発音になっていることが多い．herb, hostler, homage, humor, humble などにおいて，アメリカ音は [h-] のない音もあるのに，イギリス音では herb, homage, humble に [h-] なしの発音をすることは行われていない (cf. 安井 (1955: 26))．また，issue, sensual, educate, Christian, virtue などに [ʃ] [dʒ] [tʃ] を，ほとんど常に用いるアメリカ発音は，[sj] [dj] [tj] を，主として，あるいは，常に，用いるイギリス発音より，古い歴史をもった伝統発音なのである．[sj]>[ʃ] の変化は 17 世紀初頭から証拠があるもので，当時はイギリス発音においても一般に行われていたものである（この型の音変化を受けた実に多くの語の例については，Jespersen (1909: §§12. 21-56) を参照）.

アメリカ英語につづり字発音が多いことは，十分に認められるが，イギリス英語に比べてアメリカ英語には，はるかに多くのつづり字発音が行われている，と言えるか，というと，人名・地名などの固有名詞については，確かにそうであろうが，普通名詞については，決定しがたい，ということになるのではないかと思われる.

一般に，つづり字発音という場合には，伝統的な発音との対比が考えられている．つづり字発音が行われはじめた年代においては，そのつづり字発音は伝統的発音と併存していることになる．最も厳格な共時的 (synchronic) な立場に立つとしても，同じ瞬間の，同じ方言のなかに新旧の二つの言語組織が併存することを認めざるをえないことになる（この考えは Roman Jakobson に負うている．cf. Jakobson (1953: 18)）．同一の語に二つの発音様式がある場合，発音のスタイルということが，当然，問題となってくる．どちらの型を選んで用いるかによって聞き手の受ける反応が異なってくる．その異なり方の違いが，スタイルの違いということになる.

若々しい発音，年寄りじみた発音，行儀の悪い発音，きちんとした発音，生意気な発音等々の発音様式があることになり，暦の上で年はとっても気は若いことを示すためには，青年式発音を用いるようにすべきである．が，度を超すと逆効果で，つまるところは，「不自然でなく」ということになる．

　Jones の発音辞典などをよりどころとして，現代英語におけるつづり字発音を調査し，(a) すでに確立しているもの，(b) 確立されかかっているもの，(c) これから，特に若い世代に，広がろうとしているもの，などに分類し，これを音の型によって分け，つづり字発音の将来を推定しようという試みはむだでない．たとえば，combat, comrade, conduit, accomplish, frontier などのように，歴史的には [ʌ] であっても，[ʌ] と [ɔ] とが併存する場合には，[ɔ] がしだいに優勢になり，[ʌ] は消滅への傾向にあると言い切ってよい (cf. 安井 (1955: 97-99))．Jones の発音辞典は 11 版 (1956) においても，constable には [kʌ́nstəbl] しか与えていないが，いずれは [kɔ́nstəbl] を，最もふつうに用いられる発音として，記さなければならない日が来るであろう．[4]

　また，appreciate, forehead に，Jones の発音辞典 (11 版) は [-íːsiet]，[fɔ́ːhed] などを与え「まれに」(*rarely*) と注記しているが，これらの記

---

[4] これらの語に対し Jones (2011[18]) が挙げている母音の順位は以下のとおり (母音が二つ挙げられている場合は左の母音のほうが優勢)．

|  | 英 | 米 |
|---|---|---|
| combat | [ɒ], [ʌ] | [ɑː] |
| comrade | [ɒ], [ʌ] | [ɑː] |
| conduit | [ɒ], [ʌ] | [ɑː] |
| accomplish | [ʌ], [ɒ] | [ɑː], [ʌ] |
| frontier | [ʌ], [ɒ] | [ʌ], [ɑː] |
| constable | [ʌ] | [ɑː], [ʌ] |

ただし，constable に関しては，イギリスでも [ɒ] の発音が広まっていることを注記している ("The pronunciation /ˈkɒntɪ-/ is increasingly widespread in British English, but cannot yet be recommended as representative of the accent being described here.")．

載は，第4版（1937年）にはなかったものである．[5] これらの例も，個々の単語の発音としてではなく，特定の型を単位として調査すれば，将来への推定も，ある程度可能になるであろう．

ただ，発音のスタイルというような問題になると，相当に複雑な人間心理とからんでいることがあり，注意を要する．つづり字発音のほうに焦点を合わせて考えると，まず，つづり字発音を用いる人々のなかには，つづり字を知っていることを示す意図を持っている人がある．この場合，伝統的な発音を知らない人と，伝統的な発音を知ってはいるが，つづり字を知らない人物だと思われてはしゃくだからつづり字発音を用いるという人もいるにちがいない．が，さらに，きわめて教養のある人で，伝統的発音はもちろんのこと，つづり字も，つづり字発音も，みんな承知しており，つづり字を知らない人物だと人から思われることがないことまで承知している──けれども，伝統的発音を用いると「きざである」と思われることを承知しているので，いわば，わざわざつづり字発音を用いるということがある．これは，アメリカの大学教授が学生に対する場合などに，事実，みうけられる現象である．

広義につづり字発音を解するなら，UNESCO [juːnéskou]（= *United Nations Educational, Scientific and Cultural Organization*），NATO [néitou]（= *North Atlantic Treaty Organization*）や a.m. [éi ém]，USA [jùː es éi] のような，いわゆる頭文字語（initial word）はつづり字発音の最たるもので，これらは，まったく書記法上の工夫が新奇な発音形を生むに至った最も

---

[5] appreciate に関して，Jones (2011[18]) では「まれに」の注記は削られ，[-ʃi-] を第一の発音として，[-si-] を第二の発音として記載している．アメリカ英語の発音としては [-ʃi-] のみが挙げられている．forehead に関しては「まれに」の注記がないだけではなく，イギリス発音として [ˈfɔː.hed] [ˈfɒr.ɪd] の順に挙げ，アメリカ発音として [ˈfɔːr.ed] [ˈfɔːr.hed] の順に挙げている．そしてこれらのつづり字発音が伝統的な [ˈfɒr.ɪd] という発音にとって代わっていると述べている（"The traditional pronunciation of this word is /ˈfɒr.ɪd/, but the spelling pronunciations /ˈfɔː.hed/ /ˈfɔːr.ed/ have supplanted it."）．

強力な証拠である (cf. Bloomfield (1933: 488)).「ナニワ（浪華）商業学校」（現（大阪体育大学）浪商高等学校）が「ナミ（浪）商」となるのに似ている．また，Canadian, Baconian, criticize が，それぞれ，[kənéidjən] [beikóunjən, bəkóunjən] [krítisaiz] であって，[kǽnədjən] [béikənjən] [krítikaiz] でないのも，発生的にはつづり字の影響によって生じた発音であるが，これらは今後，形態音素論（morphophonemics）の問題として料理されるに至るであろう．

第8章

# つづり字改良について

　英語のつづり字を改良しようとする試みは古くから行われてきた．それらは，いずれも，改革のための改革というよりは，なんらかの意図をもって行われたものであり，しかもその意図は，英語の不規則なつづり字を規則的にし，つづり字と発音の隔たりをできるだけ少なくしようとすることにあった．

　しかしながら，Orm（13世紀初頭）を先駆者とする英語のつづり字改良は現在まで，一度も成功しなかった，といってよい．成功しなかったというのは，一般の作家や読者によって，広く採用されるまでに，至らなかったということである．この点においては，16世紀の諸学者，たとえばSir John Cheke, Sir Thomas Smith, J. Hart, W. Bullokar や，17世紀の諸学者，たとえばAlexander Gill, Bishop Wilkins 等の主張はもとより，19世紀以降のGlossic（A. Ellis），Romic（H. Sweet），Anglic（R. E. Zachrisson）なども同様で，英語のつづり字改良の歴史は，要するに，失敗の歴史であったことになる．

　英語のつづり字改良が，多くの失敗にもかかわらず，繰り返し行われてきた，ということは，英語のつづり字があまりにも不規則であり，した

がって，なんらかの改変がなされなければならない，と考えられてきたからである．また一方，それらの試みが，常に不成功に終わったということは，一般の人々が，いかなる改良にもせよ，つづり字上の「変化」というものを常に好まなかった，という証拠となる．

　つづり字改良が行われるためには，それが英語国民全部によって，受け入れられることを大前提としなければならない．そのためには，二つの非常に困難な課題に直面しなければならない．第一は，あらゆる面において，伝統的つづり字法にまさる新つづり字法を編みだすこと．このような新つづり字法は，習慣，偏見，あるいは，単に，どのような変化でも変化は嫌だという習性，などにもとづく反対論をすべて沈黙させるに足るほどに旧つづり字法にまさるものでなければならない．第二に，その施行と同時に，英語国民全体が，その全領域において，新つづり字法を採用するという保証が，はじめから，予定されていなければならない．

　そして，これら二つの困難な条件が，十分に，満たされないかぎり，つづり字改良運動は，きまって，個人的な，あるいは，限られた少数の同調者の間における，物好きな試みとして終わるであろう．従来のつづり字改良論者が，これらの条件を十分に自覚していたかどうかは，きわめて疑わしい．いま，その困難のよってきたるところを，少し詳しく，考えてみよう．

　あらゆる点において，旧来のつづり字法にまさる新つづり字法を編みだすということは，想像以上に困難である．自然言語（natural language）は，それぞれに歴史をもっているが，英語のように複雑な歴史をもっている言語にあっては，いかなる種類の新つづり字法にもせよ，新旧両つづり字法の利害，得失は，にわかに断じがたい．不規則性は，たしかに，有利な条件ではない．しかし，だからといって，規則性が有利である，というわけにはゆかない．たとえば，いままで区別されていた2語が，同じようにつづられ，その語を見ただけでは意味の区別がわからなくなる，というのは，あまり歓迎すべきことではない．ある言語が表音的つづり字法を

もつに至っているのであれば，たしかに，それは好ましいことである．が，それと性格や歴史を異にする他の言語，たとえば英語も，それと同じ原理で，表音的つづり字にすべきである，ということにはならないのである．

　つづり字改良論者も言語学者も，英語つづり字のもっている表意性という点に関しては，しばしば，過小評価という誤りをおかしている．英語のつづり字は，英語の発音を写したものにすぎず，「書かれた言語」は「話される言語」に対して二次的なものであるにすぎない，というのは，いわば言語学の常識でもある．しかし，ふつうに読み書きのできるほどの人なら，本を読むとき，いちいち書かれた文字を音声に還元したりはしないであろう．

　このことは，数字や数学の記号あるいは a.m., M.A. などの略語を考えてみれば容易にうなずけるであろう．たとえば，$2.25 と書かれているのを見れば，two dollars and twenty-five cents と書かれている場合より理解が早い．また，$2.25 は，two and a quarter あるいは two twenty-five などに相当する「音声」を表すかもしれないが，この場合，小数点はいかなる「音声」に相当するというのであろうか．また，'cents' に相当する記号はどこに見られるというのであろうか．こういうようなことになると，書記言語のもつ視覚的な面を軽視するのは妥当でないことが明らかであろう（cf. Edgerton (1941)）．

　声を出して読むときには，たしかに，音声が問題となる．が，この場合にも，一字一字の文字（letter）が問題とされることはほとんどない．本を読むとき，われわれが認めるのは，語（word）であって，一つひとつの字（letter）ではない．語を全体として認め，それを発音しているにすぎない．語頭に [k] 音をもつ character という語のはじめが car- あるいは k- とつづられていないからといって，これを語頭に [tʃ] 音をもつ charity とうまく区別できないということはない．

　つまり，ある一群の文字がある語と結びつくような習慣ができ上がって

さえおれば，その人の母国語が表音的につづられていようといまいと，たいしたことではないのである．したがって，delight, scissors, island, debt, scent などが，まちがって生じたつづり字であろうと，えせ語源論者の衒学によって生じたものであろうと，そのような成立過程は，現在，これらのつづり字を改変しなければならない，という直接の論拠とはなりえない．

　表音つづり字の場合にも，それが確立されてしまえば，そのような文字と音声との連合習慣は成立するであろうというかもしれない．もちろん，そうである．しかし，つづり字改良という仕事の真の困難は，新つづり字法がなかなか確立されないというところにあるのである．この困難は日本語をローマ字でつづろうとする運動などにも共通である．広まってしまえば文句はなくなるのであるが，問題は広まらないというところにあるといえるのである．

　表音式つづり字は，ほとんどすべてが現代英語の発音をただ一つの基準とする．したがって，古い時代の，旧来のつづり字が用いられている書物は，そのままでは読めなくなる．また，イギリス英語とアメリカ英語，あるいはさらに，それぞれの国における地域方言の書記法が問題となってくる．たとえば，hole という語を [oil] とシェフィールド（Sheffield）の人が発音していたら，新しいつづり字法で，彼はどのように，この語を記すことになるであろうか．また，schedule という語の発音に関し，イギリスとアメリカを妥協させようとするのは，おそろしく困難な仕事である．

　表音つづりは英語の学習を容易にする，としばしば改良論者は言う．はたしてそうであろうか．あらゆる場合にそうとは限らない．ある種の文法的事項は，表音つづりの採用により，かえって複雑になる．たとえば，cat, dog, horse の複数形が cats, dogs, horses であるということは比較的簡単に覚えられるが，cats, dogz, horsez のように書くとなると，どの場合に -s を，どの場合に -z を用いるべきか，子ども心には，かえっ

てむずかしくなるであろう．これは動詞の三人称単数現在形の場合も同様である．jumps, hops／runz, standz／passez, rushez など．動詞の過去形，過去分詞形の場合も [t], [d], [id] を区別しなければならなくなる．landed, printed／turned, seemed／hopped, jumped などは，それぞれ landed, printed／turnd, seemd／hopt, jumpt のように，三とおりの区別をせまられる[1]（いずれも母音の表記法は不問にし，語尾のみを問題として）．kept, left, lent, meant などの形がすでにあるではないか，といってみてもはじまらない．これらはいわゆる不規則動詞として覚えられるものであり，また t は無声子音のあとに用いられるということの証明にもならないのであるから．

　外国人が英語を習う場合，表音式がよいとばかりはいえない．われわれ日本人などには，たしかに，表音式のほうが便利であろう．けれども，フランス人，スペイン人，イタリア人などの場合は，現状どおりのつづり字のほうが，はるかに便利であろう．いろいろな語の派生（derivation）関係がわかりにくくなるということは，英語国民にとっても，外国人にとっても，けっして有利なことではない．execute : executive／sign : signal／paradigm : paradigmatic／critic : criticize／Canada : Canadian 等々は，どのような種類の表音つづりを用いても，関係のうすれた別語とならざるをえない．[2]

　以上のような点を考慮にいれるとき，表音的なつづり字が，表音的であるという理由だけで，旧来のつづり字法にまさるものであると考えることは，非常に困難となってくる．しかも，表音つづりを採用するとなれば，どのような記号を用いるべきかが，すぐ問題になってくる．1字1音とい

---

　[1] 別の観点からいうと，英語には，音素的形態（phonemic make-up）がどれほどちがっても形態素の書記素形態（graphemic make-up）はできるだけ変えずにおく強い傾向がある，ということである．*vari*-ous, *vari*-ety [véəri-əs, vəráɪ-əti]; *comfort*, *comfort*able [kʌ́mfət, kʌ́mft-əbl] なども参照．Cf. Vachek (1945–1949: 93).

　[2] これらの派生関係は，形態音素論（morphophonemics）で，ある程度，組織的に扱うことができる．たとえば，Hill (1958: 134) を参照．

えば，表音記号として理想的であるが，それは必然的に新しい記号（または新しい記号結合）の導入を意味する．英語のつづり字には，[ʒ] 音だけを示す文字も，あるいは [θ] 音, [ð] 音のみを示す文字もないからである．しかし，新しい記号（結合）の導入は，事のはじめにおいて，失敗を予定しているようなものである．

　感情論的反対もばかにはできない．いくら感情論の非を説いたところで，それが実在するかぎり，それを勘定にいれないというのは賢いやり方ではない．すでに旧来のつづり字法を習い覚えてしまっている人たちは，ふたたび新しいつづり字法を覚えようとは，なかなか，しないものである．頻度の多い日常語，たとえば数詞，人称代名詞などに不規則つづりが多いことも，改良つづり字をしてがまんのならぬものとさせる有力な原因となっている．wun, too, fore, ait (*or* ate) ／ ei (*or* y *or* ie) [＝I], yoo ／ hoo, hooz, hoom などのつづり字が頻出することは，たいていの人からいやがられるであろう．イギリス人なら，Queen という 1 語のためだけでも，qu- を cw- または kw- とつづり直すことに反対するむきが多いであろうといわれている．また，Knt.（＝Knight）の称号を持つ人たちも，新しい表音つづりには，なかなか承服しないであろうといわれる．

　要するに，伝統的つづり字法にとって代わるべき真に満足すべき新つづり字法がないということ，また英語国民の住む地球上の全地域に，特定の改良つづり字法を施行させうる強権の発動が望まれないということ——この二つの点につづり字改良の根本的な困難がある，といえるであろう．この世の中には人々がその常識，論理，理性の命に従うことを拒絶する問題があり，つづり字問題もその一つであることを思うとき，英語のつづり字改良が広く世に受け入れられるような成功をおさめることは，あまり期待できないように思われる．

　強権の発動を困難にしている原因の一つに経済的な要素のあることも見逃せない．これは，たとえば OED や *Encyclopædia Britannica* などを，改良つづり字で組み直す仕事を考えるだけでも十分に，うなずけるであろ

う．改良つづり字で組み直すということは，一つひとつの単語のつづり字を組み直すという仕事だけでなく，たとえば know, deign, write, who などの項目が組み入れられるべき場所を組みかえるという仕事をも伴うものであることを忘れてはならない．まさに，「真の困難は，経済的・政治的のものである」(The real difficulty is economic and political.)（Bloomfield（1933: 502））．

　少しずつつづり字を変えてゆくことも考えられるが，これも，英語のように不規則つづりの多いつづり字法にあっては，いやがうえにも混乱を引き起こすことになりかねない（Bloomfield（1933: 503））．最後に残された道の一つは，小学校の子どもたちに新つづり字を教え，彼らが成人になるのを待つ，という気の長い方法である．が，この場合にも，子どもたちは，まず，新旧両様のつづり字を知らなければ，世の中に出ることができなくなる．一般世間のほうも，特に新聞・出版などの関係者が，新つづり字法に協調的である必要がある．子どもたち自身も，新しいつづり字法が古いつづり字法にまったくとって代わってしまうまで，新しいつづり字を保持することができなくてはならない——というように考えてゆくと，どうも悲観的な答えしか出てこないようである．

　つづり字改良の問題点を扱ったものとしては，Craigie（1944）がよくまとまっており，本章もこれに負うところが大きい．

　一般に，つづり字改良において，「表音的つづり字」を主張する際，われわれは，これが「音声をよく写しているつづり字」であると誤解してはならない．音声学的に厳密なつづり字ということになれば，現在のアルファベットでは，とても，間に合わない．take, bottle, stay, Etna, cat, writer における [t] は，いずれも，発音の様式が異なるが，これらの違いをつづり字に写し出すことを主張するつづり字改良論者は一人もいないであろう．アルファベットによるつづり字というのは，概略的には，音素的表記（phonemic writing）である．ただ1音素1記号の基準がややゆ

るやかであるというだけのことである．つづり字を見て言語音の連続体に還元できるということが，アルファベットつづりの音素的であることの何よりの証拠である．言語音声の連続体を，一つひとつの非連続要素（discrete elements）で表すということこそ，まさに音素的表記なのであるから．

したがって，つづり字改良という仕事は，要するに，「もっと音素的表記への改良」ということに，ほかならない．が，最も純粋に音素的である書記法が，あらゆる点で最良のものであるかというと，この場合も，それが一概によいともいえないのである．特に，書記言語を音声言語と対等な一次的言語の一つと考える立場からすれば，書記言語は言語音声をよく表していなければならないということさえいえなくなってくる（cf. Vechek (1945-1949: 90)）．いままで文字をもったことのない言語の書記法を定めるとき，1字1音素という音素表記が，いくつかの制限を受けなければならないことを実際問題として扱っているものには Nida (1954) がある（この論文の大要は，『英文法研究』(1957年8月 - 10月) に郡司利男氏の訳注（郡司 (1978) に再録）がある）．英語にせよ，日本語にせよ，音素的表記でさえあれば，ただちに最良の表記法であるという考えは修正されるべきである．

第 9 章

# First Folio における -e について

　エリザベス朝の作品を読んですぐ気づくつづり字上の特徴の中で，最も特異なものの一つは，語尾の -e であろう．この -e が英語のつづり字の歴史の中で占める位置は比較的大きく，その有無をもって，英語のつづり字確立の年代とすることも可能である（本書第 6 章を参照）．また，少し誇張した言い方をすれば，-e によって，OE, ME, ModE の語形が標識づけられているともいえるのである．たとえば，OE の mōna, sunu, bindan は，それぞれ，ME では moone, sune, binde となり，ModE では，moon, sun, bind となっている．以下本章においては，エリザベス朝の英語における -e のよってきたるところを概観し，次いで 1623 年の第 1 二つ折版 (First Folio) を中心に，頻用される -e が，どのような用いられ方をしているか，ということを，主としてつづり字の歴史という観点から，略述してみたいと思う．

　ME の -e の消失，すなわち語尾の -e が発音されなくなったのは，けっしてイギリス全土にそして一時に行われた音変化ではない．年代的にも地域的にも，ずれがある．また，あらゆる語類に同時に生じたものでもない．それは南部においてよりも，北部において早く，強勢のある語より，

強勢のない語において早かった．さらに，形容詞においてよりは，名詞・動詞において早く，形容詞にあっては，強変化のもののほうが弱変化のものより早かった．語尾の -e 消失の正確な年代を決定することはいろいろな困難を伴うが，スコットランドおよび北部方言においては，13世紀半ばまでには，あらゆる -e が発音されなくなり，中部方言は，これに約1世紀遅れ，南部方言では，さらに半世紀遅れた14世紀後半のことであった，と一応言えるであろう (Wright and Wright (1928[2]: §§139-141), Mossé (1952: §36))．

このような -e の消失に対する原因を求めるなら，それは，直接的には，弱母音を不鮮明に続けて発音しようとする一般的傾向があったということになろう．しかし，このことはさらに，それが文の意味理解に支障をきたさなかったからである，と考える（たとえば Jespersen (1909: §6.11)）のは妥当でない．音変化によって重要な意味の差が失われた例はいくらでもあるし (cf. Bloomfied (1933: 387))，また -e 消失の場合，それが意味現象に影響を及ぼさなかったとしても，それは結果的にみてそうであるにすぎず，それを -e 消失の究極原因と考えるのは誤りである．

弱音節または強勢のまったくない音節における母音を短化したり，落としたりする傾向は，あらゆるゲルマン語族に共通であり，英語の歴史においても，しばしば繰り返されている現象である．このような傾向の原因は，けっきょく，ゲルマン語族に共通の強さアクセント (stress accent)，ことに強い語強勢 (word-stress) の存在に求めなければならないのであろう (cf. Bloomfield (1933: 382), Wyld (1927[3]: §272), Wright and Wright (1925[3]: §9))．そしてまた，なぜ英語などには強い語強勢があるのか，という問いに対しては，それが英語であるという答えしかないであろう．

要するに，-e は14世紀の終わりごろには発音されなくなっており，しかも，多くの場合，つづり字の上ではなお保たれていたのである．これを発音の面から考えれば，ある語の発音は，その語が語尾に -e をもってい

るかどうかを示さなくなったことであり，またこれをつづり字の面から考えれば，人々は多くの語において，いわゆる「よけいな -e」(superfluous -e)，すなわちすでに発音されなくなった -e を文字の上で見，またみずから書く習慣が生ずることになった，ということである．このような状態に到達したとき，本来的にはあるべきでないところに -e がつけられたり，また本来あるべきところに落とされたりしたことは当然である．もちろん，このすでに発音されなくなった -e の脱落あるは添加という現象は，けっして首尾一貫した統一的原理によって行われたものではなく，これが無秩序，無組織という印象を与えるのは怪しむに足りない．

　チョーサーにおいて，すでに，-e のある形とない形は混用されており，語源的に根拠のない「非歴史的 -e」(unhistoric -e) も少しはある．しかし，これは例外的であるといってよく，多くは ME 時代にまだ用いられていた屈折語尾であるか，OE の -e にさかのぼる語源的なものであり，それぞれに存在理由をもっている．このような，文法的機能，あるいは語源的理由で説明される多くの -e に，少数の説明不能な（おそらくはある種の類推によると考えられる）-e がまじっていることになるのであるが，注意すべきは，つづり字に -e があっても，それらがすべて発音されていたわけではないということである．写字生がかってに添加した -e は，もちろん，けっして発音されなかったが，屈折語尾や語源的な -e は発音されることも，されないこともあった．当時は両様の発音が存在していたと考えてよい．そして，15 世紀に入ると，これらは発音されないほうに統一されることになる．

　チョーサーで発音されたり，されなかったりするのは，韻律と関係があり，-e が発音されない例は elision, apocopation, syncopation などの名前で呼ばれる現象にこれを見ることができる．たとえば，'Prologue' 最初の 11 行についていえば，Aprille / droghte / every / veyne / foweles / nature における斜字体の -e, -e- は発音されない．なお，行末で韻をふんでいる語の -e は，諸学者の論議をかもした問題であるが，ほとんど例外

なく発音されたといってよい (cf. Moore and Marckwardt(1951: §§29-50)).

　語尾の -e は，15 世紀後半からしだいに多くなり，17 世紀半ばごろからは急激に減少していくのであるが (cf. Wright and Wright (1924: §17) および本書第 6 章参照)，その用いられ方はチョーサーのころとは性質を異にしている．たとえば，シェイクスピアの First Folio (以下，いずれも Lee (1902) による．詩篇の場合は Lee (1905) による) におけるはじめの部分をとってみると，*Tempest* I. i は 79 行からなり，その中に -e は 44 個が数えられ，同じく IV. i の最初の 100 行には 70 個の多きを数えることができる．いずれも現在のつづり字からは消滅している -e である．これらの -e は，区別しようと思えば，もちろん，いわゆる「歴史的 -e」と「非歴史的 -e」とに二大別することが可能である．ME の対応形における -e の有無，およびその性格を吟味すればよいのである．たとえば，Jespersen (1909: §6.27) は，First Folio における *Merchant of Venice* 第 1 ページに「黙字の -e」(mute -*e*) の例が 53 あり，そのうち 10 個は母音のあと，残り 43 個は子音のあとに用いられ，そのうち 15 個は不定詞，3 個は現在形で，ME の動詞屈折形の発音された -e を表している (... thus representing a sounded -*e* of ME verbal inflexion) と言っている．

　しかしながら，First Folio などにおける -e について，それが ME の屈折形に対応するとか，しないとか言うのはあまり意味がない．チョーサーの死後，非歴史的 -e がしだいに増加し，16 世紀になって非常に多くなっているというのは，すでに当時の言語意識では，歴史的 -e と非歴史的 -e との区別がつかなくなっていた何よりの証拠であり，したがって，-e をしいて二分したところで，頻用される -e の説明に資するところはあまりない．また歴史的にみても，ME の一人称単数現在形に -e があり，First Folio にも同様の例があるという場合，前者の -e が後者の -e に対応している，とすぐ言い切ってしまうことはできない．それは偶然の一致であるかもしれない．

　初期近代の -e は ME における -e の単なる化石ではない．それはたしか

## 第9章 First Folio における -e について

に無統制に用いられていることもあるが，ME の -e とはまったく異なる特定の機能をもつものとして，意図的に用いられていることもある．つまり，ME の -e が発音されなくなり，つづり字からも消失したところへ，別の，内容的に異なる -e が，改めて，添加されたと考えてよい場合が十分にありうるのである．それなら，シェイクスピアなどにおける -e の多用は，いかにして生じ，いかなる存在理由をもっているのであろうか．

まず，不規則な -e の使用を助長しているものとして，エリザベス朝印刷術の技術的な面をあげることができる．現今の印刷工は厚みの異なる3種類の「もじしきり」(space) をもっているのがふつうであるが，エリザベス朝の印刷工は2種類の「もじしきり」しか用いなかったらしい (cf. McKerrow (1927: 10-11))．したがって，各行の行末をそろえるという点では，現在より自由がきかなかった．が，彼らは「もじしきり」の種類の限定されているという不便を補う他の方法をもっていた．-e の活用がこれである．すなわち，エリザベス朝の植字工は，植字をする際，1行の余白を常に考慮にいれ，文字がはみ出しそうになるときは -e のない形を，空白が生じそうなときは -e のある形を用いたと考えられる．このような -e の利用は，-e が歴史的に根拠のないところに用いられるに至っていること（たとえば，winde, life, base など）が前提条件になっているけれども，一方このような -e の利用法が，循環的に，-e の多用を産む原因の一つになっていることはいなめない．

このような植字上の便宜は，-e の場合にかぎらず，いろいろな句読点の有無の原因をもなし，また同一語の多用な異つづりの中から，ある特定形を選ばしめる理由ともなっている．たとえば，howre と hour, thogh と though, その他，$y^e$, $y^t$, $y^{at}$, $y^{ei}$, $y^m$ (= the, that, they, them) や mẽ (= men), frõ (= from) のような短縮形などがその例である．この現象が最もいちじるしいのは，完全行，すなわちベタ組みの散文の部分，における行末，あるいは比較的「わく」の小さい *Venus and Adonis* など，四つ折版 (Quarto) である．行の初めや中ごろにおいては，あとの余白をまだ

気にする必要もなく，また気にするのは非能率的であるので，行末に至り，いわば，せっぱつまったときに，特定形の利用度が増すのは当然である．行末に publiquely, straunge, wil などの形があり，すぐ前か後の，行末でないところにおいて，publikely, strange, will という形が，しばしば繰り返されて用いられているとき，行末の形が余白の有無を考えての形であることは疑いない（cf. Franz (1939: §§7, 8)）．[1]

Marschall (1927) が *Venus and Adonis* および *Lucrece* について調査した結果も参考になる．すなわち，これらの作品においては，二行連句 (couplet) の2行は，他の行より長いため行頭の「字下がり」(indentation) の距離をせばめていること，また *Lucrece* には shee の形がおよそ100個あり，she の形は18個で，その18の中の半数は余白のないためであり，その残りは植字工の誤植と考えられることなどを含め，Marschall は多くの例をあげている．なお，このような，つづり字の慣習上からみても発音上においても，特別な存在価値をもたない語尾の -e (keepe, steele, houre, finde, wincke, milke) は，ほとんど例外なく，Third Folio (1664) においては消滅している（cf. Franz (1939: §3)）．

語尾の -e 頻用の原因として次に考えられるのは，発音されない -e によって，その前にある母音の長いことを示すいちじるしい特徴である．この現象は，13世紀前半に完成した音変化に，その根拠をもっている．すなわち，母音 a, e, o のいずれかが2音節の語にあって，その母音のあとに子音が一つだけある場合（たとえば hope），その子音は第2音節に属し，したがって第1音節の母音は，子音に終わらぬ音節すなわち開音節にあることになり，この開音節における母音は長音化された．OE で短母音を含む ălu, mĕte, hŏpa から PE の ale, meat, hope が生ずるに至ったのはこの変化による．開音節における ĭ, ŭ の長音化については異説が

---

[1] なお，これらの例は First Folio, p. 73$_2$, *Wiv.* IV. ii. 235–237; p. 76$_1$, *Wiv.* V. i. 29–33; p. 65$_1$, *Wiv.* II. ii. 291–294 よりとったものである．

第9章　First Folio における -e について

あるが，どのみちĭ，ŭ の場合は例が少ない．

　が，それはともかく，ale，hope に類する構造をもった語の数はかなり多く，またこれら語幹の母音の長いものは，語尾の -e が発音されなくなってからも，つづり字の上では保たれていたので，[2] -e は前の母音の長いことを示す記号と考えられるようになり，-e が長音標示符号として用いられるに至る（長母音が二重母音化などの音変化をしても -e はそのままである）．それは 14 世紀末ごろからであり，スコットランドが早かった（cf. Franz (1939: §13))．-e が最初に発音されなくなった地方ということである．home，stone，life，wife，wine などは，ME 初期には -e をもっていなかった語である．

　長母音が a または i のつづり字で示されるときには，このような -e を利用するほかに手段がなかった．すなわち，hate，write などは，このようにつづるよりほかにつづりようがなかった．[3] つづり字が確立されかかっていたころ，aa，ii のように文字を重ねることが a，i の場合には許されなかったからである．その他の母音字の場合には，-e によらないで長音を示す方法が別にあった．たとえば，つづり字 o によって示される長音は oo または oa とつづり，長い e は ee または ea とつづることができた．したがって，これらの方法により，すでにその母音の長いことが示されている語にあっては，語尾の -e は不要ということになる．が，実際は，First Folio においても，そのほかのエリザベス朝作家にあっても，し

---

　[2] bite (OE bīte)，sone (OE sunu) のように語幹が短母音の語にあっても，はじめは -e がつづり字に残っていたが，ME 後期からは結局消失し，bit，son となった．なお，-e の黙音化は，これら短母音語のほうが長母音語より早かった．Cf. Wright and Wright (1928[2]: §141)．

　[3] つづり字 i が長母音を示す場合がもう一つある．すなわち -gh- で，たとえば flight，night，right など．シェイクスピアには spright (=sprite)，quight (=quite)，spight (=spite) などの例がある．が，この語類は比較的例が少なく，また ME で -gh- をもっていないのに，シェイクスピアで -gh- とつづられる語は，delight<ME delit の場合を除き，ほとんどが -gh- をすでにもっている語と韻をふませるためである．Cf. Kökeritz (1953: 218)，Bradley (1916b: 545)．

ばしば -e が付け加えられている.

　もちろん，であるからといって，-e の長音標識性がうすくなるものではない．むしろ，その長音標識性のために，長母音は語尾に -e をもつものであると考えられ，すでに長音であることが示されているにもかかわらず，さらに -e が付け加えられたのである，と考えられる．

　しかし，なんといっても，-e がなくてもすでに長音であることが明らかである以上，この -e は，それぞれの作家の好みに応じ，それぞれの場合に応じて，付け加えることも，加えないことも自由であった．bone, boan, boane ／ meet, meete ／ break, breake などの形が，行末においても行中においても，自由に用いられた理由はこのように考えるべきであろう．First Folio, *Tempest* IV. i からの例を示す：againe, disdaine, sheepe, broome, Queene, breake, keepe, wheate, weede, heede, oates など．なお，このように長母音であることが，母音字によって示されているのに -e が添加され，それがそのまま固定して PE にまで残っているというものもある．語尾子音が [s] [z] [ð] の場合で，たとえば，house, breeze, sheathe などである．

　give, live, sieve, above, love, one, come, some は，現在，短母音で発音されるが，以前は長音の発音も行われていた．gone, shone, ate, bade のような動詞の活用形の場合も同様であるが，これらの語にあっては，現在でも長母音または二重母音による発音が可能である．もっとも，アメリカとイギリスとでは発音様式に差があり，一概には言えない．shone, ate はイギリスでは [ʃɔn], [et] と短く，アメリカでは [ʃoun], [eit] と長いのがふつうである．が，奇妙なことに，bade の場合には，二重母音の [beid] はイギリスにふつうで，アメリカには [bæd] があるのみのようである．[4]

---

　[4] アメリカ英語で bade と韻をふむ語として次のようなものがある：ad, add, bad, brad, cad, chad, Chad, clad, dad, fad, gad, Gad, glad, grad, lad, mad, pad, plaid, rad, sad, scad, shad, tad, trad. いずれも [-æd] である．

## 第9章　First Folio における -e について

　しかしながら，-ve で終わる語に関しては，もう一つの考慮が必要である．give, live などに長音の発音があったと述べたが，シェイクスピアのころは短母音発音もあったからである．つまり，これらの -e は長母音標示符号とは別の機能をもっていた．すなわち，v と u との機能の分化（v を子音に u を母音に用いるというつづり字慣習）がまだ行われていなかった時代に，u が子音価をもつことを示す手段として，これらの -e は用いられたのである．u は，その前と後に母音字があれば，子音価をもっていた．逆にいえば，二つの母音字の間にある u は，母音価をもちえなかったということで，母音価をもたせるときには，u の代わりに w を用いることになった．たとえば，couer（＝cover），Douer（＝Dover）に対する coward, dower など．

　この -e は，u と v の分化が確立したのちもつづり字に残されたため，PE では，Slav のような外来語や，spiv のような新語を別にすれば，-v で終わる語がないことになった．また，-ve の前にある母音の長短は，つづり字からだけでは，不明になった．たとえば，live と alive．また，navvy, spivvish（＝of or like a spiv）などの例外は別として，v を二重字にすることが許されないため，lever [líːvə] と ever [évə] における発音の違いも，つづり字からは判断できなくなった．euuer あるいは eueuer とつづれば短母音価を示しえたのであるが，あまりに奇妙であると思われたのであろう（cf. Skeat (1887: 317fn.)）．

　語尾の -e は，しばしば重子音字のあとにもみられる．たとえば sonne（＝son），limme（＝limb），shippe（＝ship）など．これらの語の母音はいずれも短いのであるが，-e の使用自体は，すでに述べた -e の長母音標示符号としての役割と関係がある．すなわち，歴史的にみれば，これらは短母音であったのに，語尾に発音されなくなった -e があったため（ME sone ＜OE sunu），前にある短母音が長母音と誤られる可能性が生じ，この発音上のあいまい性を避けるために，-e の前にある子音字を重ねたと考えられるからである．この現象は，一般に，子音字を重ねることによって，そ

の前の母音の短いことを示すつづり字習慣の確立にその根拠をもっている．また，この重子音字の短母音標示符号としての役割は，ME における重子音字のもつ音価とそれを含む語の音韻構造などと関係があり，これはさらに稿を改めて考察すべき問題を含んでいる．

が，とにかく sonne, shippe のようなつづり字が 15・16 世紀にいちじるしく多いという現象は，このように考えることにより一応理解されると思う．First Folio よりの例をあげると，hippes, plotte, redde, grasse, stuffe など．そのほか Franz（1939: §§14, 15）に多くの例があげられている．

しかしながら，これは歴史的にみた場合のことであって，このようなつづり字習慣がすでにできあがっていたシェイクスピアの時代だけから考えるなら，母音価のあいまい化をきたさない場合，自由につけられたり，つけられなかったりした -e の用法の下位区分と考えるべきであろう．つまり，meet でも meete でもかまわなかったのと同様に，wit でも witte でも witt でもかまわなかったのである，という言い方ができることになる (cf. Bradley（1916b: 548））．

これまで述べてきた以外にも考慮すべき事柄はたくさんある．able, table／acre, sabre などにあっては，-e が発音されなくなってから，成節的になった l, r が問題であり，mice, defence／bridge, age などにあっては，-e はその前の子音価に関係がある．-ce, -ge なら [s] [dʒ] で，-c, -g なら [k] [g] となるので，-e は子音価の種類を弁別する標識となっている．-e があると，それが屈折形でないことを示すのに役立っている場合もある．curse, curs（pl.）／nose, noes（pl.）／tease, teas（pl.）などのように -se である場合が対象になる．s [s, z], z の前に子音字があるときも -e を用いる．たとえば，purse, pulse, corpse, sense, bronze, furze など．また，doe（＝do）, goe（＝go）などの形は，Folio にはもちろん，当時一般に多かったつづり方で，ここにも -e の長母音標示符としての性格が見られるといってよいであろうが，PE にまで残っている 3 文

字語，たとえば，die, lie, toe, doe, foe, due 等々においては，あまりに短いつづり字（-e がないと 2 文字語になってしまう）を避けたいという気持ちもまたあずかっているのではないかと考えられる．[5]

　以上，語尾の発音されない -e について，その存在理由をできるだけ説明しようとしたのであるが，これらによって，-e に関するすべての現象が説明しつくされたわけではない．数項目に分けて述べたのは便宜上のことであり，いろいろな原因が重なって -e の存在，非存在が決定されている場合が多いことは，すでに例証的説明を要しないであろう．ある語に二つ以上のつづり字がある場合，そのいずれを選ぶかという決定は，印刷上の便宜のほか，脚韻上の考慮によってなされることもある．donne (=done) と韻をふむときは sonne の形を，nuns と韻をふませるときは suns の形を用いている (*Venus and Adonis* 749, 750; 752, 754 (cf. Marschall (1927: 309))，その他例多し)．このようなことは，-e の場合に限らない（上述 p. 99 脚注 3 を参照）．

　また，子音字のあとと母音字のあとを比べると，子音字のあとに用いられる -e のほうがはるかに多く，First Folio, *Tempest* I. i. では 86％，同じく IV. i. 1–100 では 77％ を占め，ほとんどあらゆる子音字のあとに用いられている．しかし，それらの子音字の中でも，ある子音字は -e の添加を特に好んでいるように思われる．たとえば k, l, m, r で，前の母音価を考慮に入れなくても，これらのあとには -e のない形は，ある形に比べ，はるかに少ない．*Tempest* I. ii. 1–100 の場合であれば，cheeke, nocke, suncke, plucke, wracke, sinke, thinke, marke : magick ／ soule, medle, spectacle, fowle, girle : vessell, direfull, liberall ／ seeme, harme, informe, dreame, abisme : them, from ／ deere, poore, hayre, eare,

---

[5] 1 文字あるいは 2 文字の短い語は，頻度の高い，いわゆる「文法語」に多く (a, I, am, an, on, at, he, me, do, go, no など)，その他の場合は，ebb, add のように子音字を重ねるか，-e を加えるのが，つづり字が固定しかけていたころの規則であった．Cf. Jespersen (1909: §4.96).

yeere, fowre, heire: father, your となっている．さらに，一つひとつの単語についてみても，-e を特に好むものがある．たとえば，owne, crowne, drowne, browne などは，ほとんど常にこの形で用いられ，crown というような形はほとんどない．こういったことはすでに述べた説明を全部考慮に入れてもなお，残る問題である．

　したがって，うまく説明できない最終的剰余物に対しては，依然として，あまりにも重宝な「気まぐれ」という説明を用いざるをえないであろう．しかし，無組織，無目的と考えられがちな -e についても，相当な程度まで説明が可能であるということが証明されたと思う．たとえば，Sidney Lee は In the first issue of *Venus and Adonis* chaos [in spelling] reigns supreme. (p. 49) と言って，kis (207), kisse (209) ／ sun (193), sonne (750) ／ spite (173), spight (1133) などをあげているが，kis は行末形であり，sonne, spight は眼においても韻をふませるためのつづり字であると説明できること，またこういうことは本文を見ないでもある程度までは察しのつくことであることなどが判明したであろう．また，Marckwardt (1942: 214–216) は，これらの -e が品詞別に関係があるかないかということ，発音に関係があるかないかということ，文法的な機能に関係があるかないかということ，などを調査したあとで，「この文字［語尾の -e］の添加には，一貫性も型もほとんどないように思われる」(...very likely there was little consistency or pattern in the addition of this letter.) と述べているが，この結論は -e をつづり字上の問題として考えようとしなかったという点で，十分に正当であるとは認められない．

第 10 章

アメリカ英語音 [ɑ] の背景

　一般に，アメリカ英語発音の特徴とされている音を，英語の過去における発音の中に見いだすことはさほど困難ではない．たとえば，grass, fast, path などにおける [æ] の音，course, pork の [o]，あるいは change, rate, rote に対する [tʃendʒ], [ret], [rot][1] という発音がイギリスの 17・18 世紀に存在したこと，またこれらが現代英語の方言，特に北部の英語にみられることは Wyld (1936³), Krapp (1925, Vol. II), あるいは Wright (1905) などによって明らかである．アメリカ英語の特色とされる鼻声（nasal twang）でさえ，アメリカ英語特有のものではない（たとえば Mencken (1936⁴: 333) 参照）．military, necessary などにおけるアメリカ英語の第 2 強勢もかつてはイギリス英語においてもめずらしくなかった（cf. Jespersen (1909: §5.63)）．そして，いまここで問題にしようとしている hot, top, stock などにおけるアメリカ英語音 [ɑ] も，かつての英語音に存在したと考えられる．

　しかし，現代アメリカ英語にみられる以上のような音が，はたしてイギ

---

[1] 特に示さないかぎりアメリカ英語の発音は Kenyon and Knott (1944) に基づく．

リス古音の伝承によるものであるか,それとも一種の並行現象すなわち偶然の一致によるものであるか,ということになると問題は簡単ではない.いくらアメリカに地域方言が少ないといっても,まずその国土の広大さを考えないわけにはゆかない.また,移民の回数やその成員の人数およびそれぞれの出身地の言語的背景は一律に論じがたい.イギリス人以外の多くの国籍の人々が移住している.そのイギリス人にしても,いわゆる英国南部方言を話していた人々ばかりではない.さらに,アメリカにおいては,たいていの人が一生涯一つの土地に居住するということはなく,またたとい同じ所にいたとしても,他の人々がどんどん移住してくるから,その人々との言語的接触をまぬかれることはできない状態にある(Krapp (1919: Preface)).

このようなことを考慮に入れると,アメリカ英語とイギリスの初期近代のころの英語に同じ音があるというだけで,前者は後者の伝承であるといきなり断定するわけにはゆかない.最初の植民以来およそ300年の間に,アメリカ本土において,イギリスの音変化とは別個に確立されるに至った音がまったくないという断定はできないし,また,イギリスにおいては変化し,アメリカにおいては変化しなかった音があるなら,それはどのような条件においてであったか考察されてしかるべきである.たとえば,以前はイギリスにもあった [nésəsèri] あるいはその類似音が現在のアメリカ英語に確立されているのは単なる古音の墨守ではなく,これに対しては,アメリカの乾燥した気候や温度の急変による[2]と説明される単調な発音様式(levelness of tone)や一つひとつの音節をイギリスより注意深く発音するという一般的傾向,あるいはつづり字発音の影響,さらには Wyld (1936[3]: 18ff) のいう「正確な発音」への努力などが考慮に入れられなければならないであろう.

---

[2] この因果関係は証明が困難である.全面的に否定することも困難である.Mencken (1936[4]: 324) も Krapp (1919: 49) もこの影響を否定してはいない.

## 第10章　アメリカ英語音 [ɑ] の背景

[ɑ] 音については，これがイギリス初期近代に存在したかどうかということさえ問題になる．[ɑ] と [ɒ] は調音部が接近しており，さらに [ɑ] と [æ]，[ɒ] と [ɔ]，という二対も互いに移動しやすい音で，これらの区別を過去の音の中に確然と見いだすことは非常に困難であるからである．[ɔ] と [o] の区別がこれに加わると問題はさらに困難になる．

まず，cot, rot などにおける o の ME 音は Wyld (1927³: §244) によれば，mid-back-slack-round [ŏ] である．Jespersen (1909: §§3.5, 15.81) は /o/ と記している．いずれも Kenyon-Knott の [o] か，[o] と [ɔ] の間の [o] に近い音である．が，[o] から [ɔ] または [ɒ] に調音点の下がった時期については，Wyld は不明とし，Jespersen はまったくふれていない．決め手がないのである．

Wyld (1936³: 240ff) は，この ME [o] が非円唇化 (unround) され，15世紀から18世紀にかけて，[ɑ] またはそれに近い音が存在したことの証明に，まず Machyn や Queen Elizabeth I などから o に対する a のいわゆる「まちがいつづり」(occasional spelling) を集め，また脚韻──たとえば Spencer の storms : harmes, armes, *F.Q.*, 68, 74；Shakespeare の dally : folly, *Lucr.* 554-556；Dryden の noddle : addle, Prol. to *Don Sebasti.*, 44-45 など──を援用している．もちろん，これだけでは，不十分で，これが [æ] 音を示しているのではない，という断定を下すため Wyld はさらに Bellot (1580) および Mauger (1679) というフランス人で英語の発音を論じた二人の言を引用し，Gill や Cooper の説にも言及している．

Horn (1908: §55) も，つづりや Jones (1701), Bellot の名をあげて，o の「もっと開いた発音」(eine noch offenere Aussprache) の存在を認めている．Jespersen は何も述べていない．が，ともかく Wyld の所説は一応これを信用してよいと考える．つまり，現代アメリカ英語にある [ɑ] に近い音が ME ŏ に対して存在したと考えてよいであろう．もちろん，このように言ったからといって，ME ŏ をもっていたすべての語が，

すべての人々によって，[ɑ] に近い音で発音された，と考えなければならない理由はない．[ɑ] は起源的にはイギリス南西部の地域方言に由来するものであるらしく，また十分に円唇化を伴った古い発音型を保持していた人々もたくさんいたはずである．そして，18 世紀の標準英語において，現代英語の hot, stop などにみられるような音に近い円唇化を伴った母音が復活したのは，[ɑ] がふたたび逆に円唇化を生じた結果である，と考えるよりは，これら保守的な発音をしていた人々の影響，さらには「正確な発音」や「つづり字発音」の結果であると考えるほうが妥当である (Wyld (1936[3]: 78, 136, 240, 242))．

このような [ɑ] が，アメリカ英語の [ɑ] と単なる偶然の一致ではなくて，貸借の関係にあるという想定を実証することは，さきにも触れたように，一見容易にみえて，その実なかなかそうではない．が，この場合，テストの一つとして両国に存在する [ɑ] の頻度とその生じうる環境 (environment) とを綿密に比較してみることができる．利用できる資料はアメリカ音のほうが圧倒的に多いから，イギリスの初期近代に存在したというなんらかの証明のある音を基準とし，それをアメリカのほうと比較するよりしかたがない．

といっても，なんらかの証明がある語の数は相当なものである．そこで，イギリスのほうの資料とアメリカのほうの資料とを比べ，一致する単語の量が「偶然の一致」という網の目に入りきるものであるかどうかを調べてみる．この場合，しかしながら，一つひとつの単語を比べるよりは，[ɑ] の生じうる環境で比べるほうが，また環境は個々の音で比べるよりは，音の型 (type) によって比べるほうが，法則性・規則性を導きやすいことに注意すべきであろう．このような考えに立ち，アメリカ側の資料とイギリス側の資料とを比較し，[ɑ] の生ずる環境がほぼ等しく，またその量が相当に多いのであれば，もはや「偶然の一致」と考えることは，むしろ，困難になるであろう．

いま Wyld の書を中心に，Horn (1908) や Krapp (1925: Vol. II, 144)

から補い，つづり字がoで発音が[ɑ]と思われるイギリスのほうの例を集めると合計42となる．この数字はstarme（=storm），hars（=horse）のように[r]の次に子音のある語を省いたものであり，また同じ語，たとえばstapをQueen ElizabethとLord Foppington（Vanbrughがこの人物の口から話させているaの音は当時のしゃれ男に対する風刺であるが，実際に存在した音と考えてよい）というように，二人以上の人が用いているという場合は，1語と計算したものである．これを[ɑ]の生ずる場所によって分けると，無声閉鎖音（voiceless stop）の前が14（cha*p*, a cla*k*e = o'clock, na*t*など），有声閉鎖音（voiced stop）の前が3（Ga*d*など），いろいろな継続音（continuant）の前が25（ma*rr*ow, la*s*t = lost, ca*ff*en = coffin, ana*n*, fa*l*y = folly, Ta*m*, pa*s*itivelyなど）となっており，いずれもKrapp（1919: §§110ff）のアメリカ音[ɑ]の分類と一致している．

　もう一つのテストはアメリカにおける古い記録をWyldがイギリスのそれについて行ったのと同じ方法で調べてみることである．が，その結果はKrappの研究から借りることができる．Krapp（1925: Vol. II, 142-146）は1634年より1896年にわたる期間に書かれ，あるいは出版された4種類の文法書，4種類の文学作品，6種の記録あるいは公文書を調査し，[ɑ]の存在を証明しており，その結果は信頼してよいものであると思われる．対象となった文書は，世紀別にみると17世紀が四つ，18世紀が六つ，19世紀が四つ，となっており，その期間内においては，[ɑ]音に消滅のなかったこともわかる．このように見てくるとき，アメリカ英語の[ɑ]がイギリス初期近代に存在した音の子孫であるということは，もはや疑うことができなくなる．

　[ɑ]音に消滅がなかった，と述べたが，この音に盛衰がなかったということではない．現代のアメリカ英語を東部，南部，中西部と分けるとき，東部と南部，ことに東部において[ɒ]の音が復活し，むしろ[ɑ]より好まれているということは，このことを考えさせるに十分である．ニュー・イングランド東部地方にかつて[ɑ]音が相当にあったことは，Krappの資料

で明らかであるし，またこの地方と南部海岸地方 (the Tidewater region) は主としてイギリス南部地方 (London, Devon, Dorset をも含む)，つまり，[ɑ] 音の盛んであった地方，から植民されたのである (Mencken (1946[4]: 357))．これは [ɑ] 音が最も多い地方であることが予想される地方に，[ɑ] が最も少ないということで，[ɑ] に変動のあったことは事実と考えられる．

　一方，現在 [ɑ] が圧倒的に好まれる中西部の植民はイギリスの北部英語を話していた人々によって行われたものであり，この北部英語の流れは西ニュー・イングランドおよび中部大西洋地域からはじまり，ニューヨーク州，アパラチア山脈を経て，アメリカ中部および西部全域に広がっていったものと考えられている (Mencken (1946[4]: 358))．とすれば，現在のアメリカ英語における [ɑ] の存在は，Noah Webster のいうように，イギリスの北部英語の影響によるものではないかとも考えられる (Krapp (1925: Vol. II, 144))．しかも，Wright (1905: §§81-85) には，北部方言における [ɑ] の例が多くみられるのである．しかしながら，Wright によれば，この [ɑ] は南部方言，特にデヴォンシャー，ドーセットシャーの方言にも存在し，数量的にはこのほうが多いくらいである．これに，Wyld の研究結果を加えて考えると，北部英語の影響は，これを考慮に入れる必要があるとしても，アメリカ英語における [ɑ] は，起源的には，イギリス南部方言が先祖であると考えて差し支えないであろう (cf. Krapp (1925: Vol. II, 146))．

　東部では [ɒ] が復活し，中西部では [ɑ] が保持されている原因としては，東部，ことにボストンの周辺が文学の中心であったこと，イギリスと地理的に近く，イギリスの文物に対するあこがれをもち，イギリスと同じものをもつことに誇りをもっていたことがまず考えられる．しかし，中西部ではむしろ逆に，イギリスのパブリック・スクールの英語に反感をもち (Mencken (1946[4]: 329))，独立戦争を契機として，アメリカ人はアメリカ英語の優越性を強調し，これがアメリカ英語のわずかな差をも強調，助長することになった (cf. Mathews (1931: 9))．これを裏返せば，かつてのア

メリカ人の劣等感とも考えられるが，ともかくこういったことがその因の一部をなしていたのではないかと思われる．

以上は，[ɑ] 音を ME ŏ に限って考察したが，[w] 音の次に ME ă のくるときも当然考えられなければならない．たとえば wash [wɑʃ, wɔʃ, wɒʃ]，quality [kwɑ́ləti, kwɒ́l-]．この場合，17・18 世紀には [æ] の音の存在したことが確実であるので，ME wă の rounding についても，これが直接 [ɒ] に近い音に変わった場合と，調音点が前に移って [æ] になった場合が考えられ，この経路についても問題があり，さらに当時これらに対して [ɑ] 音の存在したことは，いずれの書も触れていない．つづりが wa- または qua- であるため，この a が [ɑ] と発音されても，「まちがいつづり」（occasional spelling）が存在しえないことも一因である．[ɒ] と [ɑ] がまぎらわしい音であったことも原因していよう．しかし年代的に，ă が直接 [ɒ] に近い音に変化したのは 15 世紀ごろ（Wyld (1936³: 201)）であるから，ME ŏ の音に追いついており，cot の母音を非円唇化して発音した人は，quality の第 1 母音も同じように発音し，あとは同じ道順でアメリカに残ったと考えることができる．[æ] 音を含んだ語類に関してはいろいろな想像が許されるが，いずれも推量の範囲を出ない．

なお，現在アメリカ英語における [ɑ] [ɒ] [ɔ] のあらゆる語類における変動も問題であるが，Linguistic Atlas あるいは綿密な統計資料のないかぎり，信頼できる結論は得られない．³

本章の執筆以来，三つの重要な研究書が出版された．Kökeritz (1953)，Dobson (1957)，Horn and Lehnert (1954) である．Kökeritz (1953: 222-227) は，多くの Wyld にない資料を提供しているが，大綱において，Wyld の説に従っている．すなわち，ME ŏ に対し，17 世紀に非円唇化した [ɑ] の存在したことを認め，またこれがアメリカ英語の [ɑ] として生き

---

³ 安井（1955: 87-96）は，アメリカ英語における [ɑ] [ɒ] [ɔ(ː)] の変動を，Kenyon-Knott の発音辞典を資料とし，イギリス発音との対応を考えながら，ある程度組織的に考察したものである．

残っていることに言及している．しかし，ME ŏ に対しては，[ɒ] が最も優勢で，[ɑ] は気どった流行音の域を脱しなかった音であることに注意している．

　Dobson (1957: Vol. II, 576-578) は，このような非円唇化された [ɑ] 音の存在をまったく認めていない．しかし，Wyld の説への言及や批判はみられず，また Kökeritz の書は，二人の著書の印刷時期が重なっていたため，参照していない．アメリカ英語音 [ɑ] への言及もみられない．

　Horn und Lehnert (1954: §§77-79) は，中部および南西部の一部に [ɒ] (Horn und Lehnert では [ɔ]) の非円唇化音 [ɑ] がみられ，アメリカ英語にみられる [ɑ] は，このような歴史的な，古い時代の [ɑ] を示しているものである旨を述べている．

第 11 章

# Food, Hood, Blood

　これら三つの語の母音は，現在，異なる．しかし，いずれも -oo- というつづり字をもっているので，過去の英語においては，同一の音をもっていたのではないかという期待をいだかせる．概略的な言い方をするなら，現代英語におけるつづり字は，現代英語の発音よりは，ME，たとえばチョーサーのころの発音にむしろ忠実なものである，という一見奇妙なしかし事実に基づく前提に立って考えるとき，このような期待の生ずることは当然である．そして，この期待の正当性は，少し音韻書をひもとけば，ただちに判明するはずであろう．

　おそらく -oo- が ME において「狭い ō」(close ō *or* tense ǭ) つまり [oː] という音価をもっていたであろう，という点に関しては，学者の間でも，ほとんど問題はない．しかしながら，どういう経路で，現在のように，[uː] [u] [ʌ] という三とおりの発音が確立されるに至ったか，またこれらにからむそれぞれの音変化の年代はいつであったか，ということになると，問題はそれほど簡単ではない．

　この ME [oː] が ME 初期のころに短化されたものは，そのまま現在まで [ɔ] である．gospel と good + spell, gosling と goose + ling をそれぞれ

比較して考えれば想像がつく．したがって，[uː] [u] [ʌ] の音に関しては，ME 初期に短化されなかった [oː] のみが問題となる．

　ME 初期に短化されなかった [oː] のうち，まず，しだいに [uː] 音に変わっていった音があるであろうということは，現代英語の food, bloom, cool, fool, moon など一連の語に [uː] 音が存在することから，一応想像される．[oː]＞[uː] の変化は，[oː] が非常に「狭い」（close）音で，[ɔː] と [uː] の中間くらいの音であったろうということ，また [oː]＞[uː] は，音声学的には，調音点がさらに上がり，円唇化がこれに加わったものであろうということ，も十分に想像される．この [oː]＞[uː] の変化は，大母音推移（Great Vowel Shift）の名で呼ばれているものの一環をなすものであり，比較的よく知られている．が，その年代については明らかでない．一般に，古い時代の音の変化については，どの音がどの音に変化したか，という点が問題であるよりは，音変化の経路と年代，つまり，どの音がどのような過程をへ，いつ，どの音になったか，という点が問題であることのほうが多い．

　いま問題にしている [oː]＞[uː] の変化年代について，諸学者の説を調べてみよう．Kaluza（1906f.[2]: §367）は，16 世紀すでに [uː] に変わったと言い，Horn（1908: §101）は Dibelius（1901）を参照して，ME 後期に [uː] に移ったと言う．Jespersen（1909: §8.3）は 16 世紀前半（1500–1550）くらいと考えているらしいが，例によって，音変化の推定年代を，みずから下すことを避けている．Sweet（1888: §§83ff）は，だいたい，1600〜1700 を変化年代と考えている．以上，Horn 以外は 16・17 世紀と考えていることになるが，Horn のいう ME 後期というのは（Dibelius の）15 世紀のことである．一方，Wyld（1936[3]: 234ff）は，主としてつづり字をもとに，14 世紀を変化年代と考えている．Wyld と，多くの場合，接近した結論を出す Zachrisson（1929: 30）は，やはり，その年代を 14 世紀後半としている．

　以上，多くの学者の中から数人を選んで [oː]＞[uː] の変化年代を調べた

のであるが，Wyld，Zachrisson は 14 世紀，Dibelius は 15 世紀，その他の学者は 16・17 世紀と考えていることになる．が，これらの中では Wyld，Zachrisson の説が信頼度最も高く，1500 年までには [uː] となっていたと考えてよい (cf. Kökeritz (1953: 235), Dobson (1957: Vol. II, §156))．

少なくとも，シェイクスピアのころに [uː] であったことは，まちがいようがない．だから，シェイクスピアにおける地口や脚韻に -oo- のつづりをもった語があっても，それは [oː] であることはない．地口には，たとえば，Rome と Roome (=room) があるけれども，room は [roːm] ではありえないのであるから，[roːm] 以外の音で地口をなしていたと考えなければならない．結論的にいえば両方とも [ruːm] と読むことになる．Rome と doome (=doom)，groome (=groom) との脚韻も [uː] を含む．Rome が [ruːm] という発音であったことは，当時のいわゆる正音学者の記述からじきにわかることである．

シェイクスピアには，しかし，Rome と Roame (=roam) との地口や，Rome と home の脚韻があり，Rome, roame は [roːm] で home は [hoːm] であるように，一見，思われるが，roam には [ruːm] の発音があったことが確かめられるので，やはり Rome は [ruːm] と考えるほうがよいことになる．home が [huːm] の発音をもっていたとは考えられない．つまり home は [hoːm] であったろうと思われる．が，home は [hoːm] で，しかも home : Rome である．ゆえに，Rome は [roːm] であるというような推論を行うのは無理である．もちろん，home は [hoːm] で Rome は [ruːm] というだけでも，脚韻については無理が伴う．しかし，この場合，二つの無理を比べれば，Rome を [roːm] とすることによって生ずる無理のほうが，結局のところ，ずっと大きなものになることが当然予想される．つまり，どちらも無理なら，無理の少ないほうで，がまんすることにならざるをえない，ということになるのである．

とにかく，ME の [oː] から生じた新しい [uː] 音が，そのまま現代英語まで残っていたのであれば，問題は簡単であるが，事実は [uː] [u] [ʌ] と

三様の発展をしている．そして，短い [u] が [u:] の短化されたものであり，[ʌ] は，cut の [u] が [ʌ] になったように，短い [u] から変化したのであろう，ということは，素朴な考え方をしてもわかる．つまり，blood の [ʌ] は，[o:]>[u:]>[u]>[ʌ] という過程を経てきた，と考えられるのである．また一方，foot などの [u] 音は，[o:]>[u:]>[u] の変化をたどったと考えられる．が，これら二つの系列の中の [u] 音の存在は，年代的には，別の時期に属すると考えなければならない．もしも同時期のものであったとするなら，現在いずれも [ʌ] となっているか，それとも，[u] となっていなければならないのに，現代英語には二様の語群がある理由の説明が不可能となるからである．

換言すれば，blood の古い [u] 音は，cut の母音が [u]>[ʌ] の変化をする以前に，[u:] から短化されたのであり，foot の [u] 音は [u]>[ʌ] の変化が完了したのちに [u:] から短化され，したがって，[u]>[ʌ] というコースのバスに乗り遅れ，[u]>[ʌ] の変化を受けなかったのである，と考えるのが論理的矛盾の最も少ない考え方である．そして，これら二つの短化の年代は，[u]>[ʌ] の変化年代をいつと考えるかによっても左右されるが，また ME [o:]>[u:] の変化年代をいつと考えるかによって，学者の間に相当のひらきが生じてくる．詳論を避け，Wyld の達した結論に従えば，初期の [u:]>[u] という短化は 1425 年までには行われており，後期の [u:]>[u] という短化は 17 世紀末か 18 世紀はじめということになる．

しかしながら，はじめに短化された語が，cut と同じ過程をたどって，現代英語ではすべて [ʌ] 音として確立され，後期の短化はすべて [u] として現代英語に残っている，というわけではない．たしかに，音変化の順序としては，15 世紀にはただ一つの型，すなわち [u:] のみがあり，のちに [u:] と（[u:] の第 1 回目の短化によって生じた）[u] の 2 型が存在し，次の段階では [u:] と（[u] から変化した）[ʌ] の 2 型の時期がしばらくあり，さらに次の段階では [u:] と [ʌ] と（新しく [u:] から第 2 回目の短化によって生じた）[u] の 3 型となった．

## 第11章　Food, Hood, Blood

ME [oː] の時代における短化をも含め，念のため，図示すると，次のようになる．

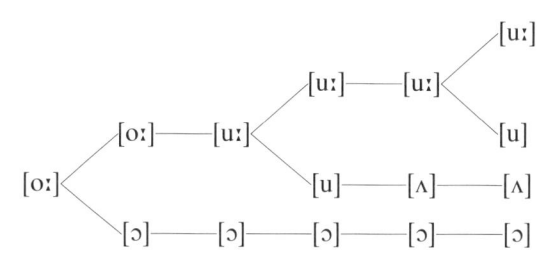

```
                              ┌─[uː]
                   ┌[uː]──[uː]┤
         ┌[oː]──[uː]┤         └─[u]
   [oː]──┤          │
         │          └─[u]──[ʌ]──[ʌ]
         └[ɔ]──[ɔ]──[ɔ]──[ɔ]──[ɔ]
```

原則的には，このような推移を認めないわけにはゆかないように思われる．しかしながら，現代英語における [uː] [u] [ʌ] の分布と，16・17世紀ごろにおける [uː] [u] [ʌ] の分布状況とは相当に違っており，問題はむしろ分布の相違にある．

Wyld や Jespersen の提供している材料によって判断すれば，単に分布が違っていただけでなく，同一の語が，二つあるいは三つの型の音を，いっしょに，もっていたことが明らかである．たとえば，good は Price (1668) によれば cut の [ʌ] を，Jones (1701) によれば，[ʌ], [u] の両音をもっていた．foot は Price に従えば長母音を，Cooper (1685) では，短い [u] と [ʌ] 音をもっていた．この [ʌ] のほうが，彼が「品が悪い」(barbarous) と呼んでいる発音である．[uː] [u] [ʌ] のいずれか二つ以上をもつ語，あるいは現代英語と異なる型の発音の語を相当な数になるまで集めてみると，これらの正音学者（orthoepists）があげている短い [u] は，初期の短化によるものか，後期の短化によるものか，判断がむずかしくなってくる．正音学者が「短い ŭ」(short ŭ) といっているものが [u] を示しているのか [ʌ] を示しているのか，わからないことも多い．

しかし，もしもこれらの語に [ʌ] 音の存在したことが，どこかで確かめられるならば，[u] は初期の短化によるものであることになる．初期の短化を受けたものでなければ，その後 [ʌ] に変化することはできないことになっているのであるからである．一方，もしも，それらの語に，[ʌ] 音の

存在した証明が行われないときには，初期の短化による [u] 音であるか，後期の短化による [u] 音であるか不明である．が，後期に短化されたことが証明できる語が [u:] の段階にある時期に，もしも [u] 音が存在するなら，この [u] 音は初期の短化によるものであることになる．後期の短化が生ずる以前に短化しているなら，初期の短化を受けたにちがいないのであるからである．

また，一方，初期に短化されたことが，なんらかの方法で，確かめられている [u] 音が，[ʌ] 音と共存している場合がある．[ʌ] 音は，原則的には，初期短化による [u] より生じたものであるから，初期短化の [u] と [ʌ] とが共存している現象は，方言の混交を考えないと，説明できない．つまり，このような状態は，A という方言で，初期短化による [u] が規則的に [ʌ] への変化を完了したのちに，この A 方言の中へ，[u]＞[ʌ] の変化をせずに初期短化の [u] 音をそのまま保持していた B 方言の [u] が入りこんできた結果，生じたものである，というように考えてゆかないと説明がつかなくなる．

この A，B という方言が，地域的なものであるか，階級的なものであるかということを，的確につきとめることはきわめてむずかしい．また，なぜ，ある種の語に短化が生じ，他の語に生じなかったのかということは，結局のところ，わからない．つまりこの問題は困難な問題を含んでおり，わからないことが多いが，とにかく，階級的あるは地域的な方言の接触ということを考えに入れる必要があり，また異なる方言の接触によって生ずる変化というものは，ふつう，音声史で「音変化」と呼んでいるものとは異なり，特定語の発音型における流行の変動である，という点に注意すべきであろう．

本章は H. C. Wyld の研究方法や結果に負うところが大きいが，これからの研究は，個々の単音を考察の対象とせず，各時代の音韻組織の解明ということにおもむくべきである．アメリカ英語音 [ɑ] の背景とか，ME 音

[oː] の発達経路についてというような題目は，少なくとも，奨励されるべきものではない．言語音は，言語構造の本質からいって，単独には存在しえず，必ず，他の音との相対的な関係においてのみ存在しうるものであるからである．このような観点からすれば，Wyld も Kökeritz も Dobson も Lehnert もみな同断であるが，これら諸学者の研究は音韻論的な解釈の基礎的資料を提供してくれるものであり，価値がなくなるというものではない．

第 12 章

# Myself その他

いわゆる再帰代名詞 (reflexive pronoun) は，単数では myself, yourself (thyself), himself, herself, itself, 複数では ourselves, yourselves, themselves がそれぞれ現代英語における形である．そして現代の語感からすれば，複合語の感じはあまりないと思われるが，過去においては複合語であったろうと推定することは容易であり，また事実そうであった．人称代名詞と self の複合である．その複合の仕方をみると，myself, yourself (thyself), ourselves, yourselves においては人称代名詞が所有格をとっており，himself, themselves にあっては目的格がもとになっている．これはまことに奇妙な現象である．

一方，herself, itself はどうかというと，これはわからない．われわれの素朴な語感からすれば，両方とも所有格であると感ずるが，同じ三人称に himself, themselves という形があるので，所有格であって目的格ではないといいきれないのである．itself のほうは 17・18 世紀のころしばしば its + self と考えられていたが (OED s.v. Its)，its という形自身が 16 世紀終わりになってできた語であるから，少なくともそれ以前においては，itself の中の代名詞が所有格であるとは，一般に，考えられていなかった

といってよい．が，herself の場合はちがう．her という語は OE にさかのぼっても hire で，これは属格，与格に共通の形である．

　いわば歴史的にみても，herself の her が所有格とも目的格とも考えられうるという事実は重要である．つまり，herself は，「目的格＋-self」の系列と「所有格＋-self」の系列の間にあって，この奇妙な現象を解くかぎの一つになっている．そして，これら再帰代名詞中において「所有格＋-self」の型が占める数の上の優勢さ，あるいは上で言及した素朴な語感からして，herself は所有格がもとで，その her が目的格と誤解され，その結果 himself, themselves が生じたのであるという推定も成立する．しかし一方，元来目的格であった her が所有格と誤解されて，myself, ourselves 等々の形ができたという推定も，また同様に，成立しうる．つまり，現代英語だけからは，そのいずれが真なりとも判定することはできない．また，OE までさかのぼっても，herself だけを考えているかぎり，やはりその判定は困難である．

　しかしながら，ME において，me self, us selven, eow selve(n), you self という形があって「所有格＋-self」の型より古いこと，また himself, themselves に対する hisself, theirselves という形があっても，それらは，「目的格＋-self」の型よりいずれも新しいという事実，さらに itself の場合においても，「所有格＋-self」という分析は ME 時代には不可能であったという事実——これらの事実のわくの中において考えるとき，herself の her が，もと目的格であったということは動かしがたくなる．

　とすれば，myself その他の形は，元来目的格であった herself の her が所有格と誤解されたために生じたのであると考えられる．が，こういいきってしまわれるとまた疑問がわく．いったい，herself だけの圧力で，myself, ourselves, yourself (thyself), yourselves が生じたのであろうか．同じ三人称の himself, themselves はどうして，一人称，二人称なみに hisself, theirselves となっていないのであろうか．また，myself, ourselves, yourself (thyself), yourselves という形は，同じ経過によっ

て同じ時代に作られたものであろうか．これらはやっかいな問題であり，十分には究明されがたい．が，まったくわからなくもない．

まず，ourselves, yourselves それに themselves も同様であるが，-selves という複数形はいずれも 16 世紀になってはじめて現れたのであり，その直前は ourself, yourself, themself であった．そして ourself を例にとれば，それは ourself → our(e) selfe → oure selve → our(e) selven とさかのぼり，この所有格を含んだ形が 14 世紀に ME の us selven にとって代わったことになっている（それぞれの形と年代は，すべて，OED によっている）．これらの事実から，ourself, yourself, themself という古い複数形が -self → -selves という変化をしたのは 16 世紀になってからであり，それ以前は，これらの形における self が名詞としての語感を十分にもっていなかったということ，換言すれば，-self → -selves の変化が生じたのは -self が名詞としての語感を十分にもつに至っていたからである，ということがいえるであろう．

名詞的語感といえば，ourself, yourself という -selves 以前の形においても，これらを，us selven, eow selve(n), you self と比較すれば，ourself, yourself のほうが名詞的語感が大きいといえるであろう．つまり，OE においては名詞としての機能をもっていなかった self という語は，ME からしだいに名詞的機能をもつに至り，その名詞的語感の増大とともに，たとえば us selven は ourself に，ourself は ourselves に変わっていったのであろう．

単数の myself, thyself はどうかといえば，これらはまたその複数形 ourself, yourself より古くからある．すなわち miself, þiself が 13 世紀においてもみられるのに反し，ourself, yourself は 14 世紀以後にならないと現れない．つまり，myself, thyself が一般的になったのちにおいて，ourself, yourself は生じたのであって，上で述べた self の名詞的語感は myself, thyself においてすでに問題となるのである．

要するに，myself, thyself の self に名詞的語感のあることは明白であ

るといってよいであろうが、self に名詞的語感があったから myself という形ができたのか、あるいは myself という形ができたから self という語に名詞的語感が発達したのか、ということになると、問題は微妙である。

が、語感というようなやっかいなことは別としても、me self が myself に変わった原因としては、さきに述べた herself の影響のほかに、発音上の変化が考えられる。すなわち、me のような人称代名詞に文強勢がないことは、古い時代の英語においても、頻繁にあったにちがいない。そして、このような場合 me の母音が短化され、あいまいな音になり、強勢のない場合の my の母音と混同されるに至ったことは十分に予想される。つまり、mē-self → mĕself → miself という音変化が起こり、この miself の mi- は my の弱形と区別がつかないため、[1] miself が強勢のある形にいわば還元されたとき、myself という形となり self が名詞と考えられるに至った、ということは十分ありうることである。thē self → thyself もまったく同じ経過である。このように、ME 初期における myself, thyself の出現とともに、self の名詞的用法は始まるのであるが、この語が名詞と考えられはじめた萌芽は、すでに OE にある。

たとえば、OE の男性・中性属格形である形容詞 selfes は中性名詞の属格と同形であり、また所有代名詞のあとに self の属格がくると、self の屈折変化に所有代名詞の屈折変化が同化されて、文法的機能の上に混乱が生じたりしたことが考えられる（cf. OED *s.v.* SELF C. I.）。

以上、再帰代名詞の形態に限って考察したが、再帰代名詞中の人称代名詞の格の混乱は、主として herself, myself, thyself が源であるといえると思う。himself, themselves が、どうして標準語に残ったかということはいろいろに考えられもするが、結局単なる推量の域を出ない。

---

[1] Cf. my lord [milɔ́ːd], because [bikɔ́z] ＜ (weak form of) *by* + cause.

第 13 章

# Its の年代

　英語の歴史を扱った本はたいてい its が最初に記録に現れた年代を 1598 年としている．たとえば，Bradley (1904: 56) や Brunner (1951: 103) などがそうである．

　この its という形がはじめて用いられたことになっている本は，John Florio の手になる *A Worlde of Wordes* という「伊英 (Italian-English) 辞書」で，出版されたのが，1598 年．its はその spontaneamente という項目の中に用いられている．そして，これらの年代および出所は，いずれも OED (s.v. Its) に記されているところと同一であり，おそらくは，上記 2 書も OED によっているのであろうと考えられる．

　ところが，Moore and Marckwardt (1951: 152) には「いままでのところ発見された its の最初の例は 1596 年である」(The earliest example of *its* that has so far been discovered is dated 1596.) としている．が，何によったかという出典はあげていない．筆者の知る限りでは，単行本で 1596 年という年代を与えているのは，現在までのところ，この本だけである．しかし，単行本でなければ，この本以前にも，1596 年という年代をあげているものがある．

それは，*Modern Philology*, Vol. XLVII, No. 2, November 1949, p. 135 である．ここで，当時シカゴ大学にあった James Sledd が Vera E. Smalley, *The Sources of "A Dictionarie of the French and English Tongues" by Randle Cotgrave* (*London, 1611*), Baltimore, Johns Hopkins Press, 1948 という本の書評をしているが (Sledd (1949))，その書評の中で its の年代に触れているのである．いわく，「しかしながら，Florio は，Starnes 教授が発見したように，Thomas Thomas の羅英 (Latin-English) 辞書 *Dictionarium linguae Latinae et Anglicanae* から，その英語をとったもので，この辞書の 1596 年版に，"of his owne accorde and will, for its owne sake" (s.v. Sponte) という項目がある．この項目は，また，1592 年版の同項目 (for *it* owne sake) から変化したもので，これは，さらに，あまり知られていない 1583 年版の別の辞書にさかのぼる．」これら一連の注解は，けっきょく，たとえば，Thomas Cooper の *Thesaurus linguae Romanae et Britannicae* (1565) (*sua sponte* および *suapte natura* をそれぞれ of his owne motion, of hys own nature と記している) などにさかのぼる．

「したがって，少なくともある種の辞書においては，1580 年代には his は it にとって代わられ，1590 年代には its がこれに代わっている．1590 年代に its が口語用法としてきわめてふつうであったのでないのなら，この年代の教科書［フロリオの辞書を指す］に its という形を用いていることの説明が不可能となる．」つまり，its が最初に記録された年代は，現在までのところ，1596 年で，それは，Thomas Thomas の *Dictionarium linguae Latinae et Anglicanae* という辞書においてである，ということが，これでわかったことになる．また，Baugh (1959$^2$: 295) は，its は 16 世紀の末になっても，まだふつうではなかった，と言っているが，1590 年代の口語用法としては，きわめてふつうであったといってよいこともわかる．[1]

---

[1] ちなみに，Baugh and Cable (2002$^5$: 228) は Nicholas Yonge (1597) *The Sec-*

しかし，Starnes 教授の発見は，いかにして行われ，Sledd 教授はいかにして，その発見を知るに至ったかということは，依然として，わからなかった．が，いろいろ調べた結果，次のことがわかった．[2] まず，Sledd 教授はずっと以前からエリザベス朝の辞書を研究しており，エリザベス朝の辞書における注解は，それ以前の辞書における注解を無断借用する例の非常に多いことを知っていた．そして，its の用例が載っている Florio の辞書も，おそらく，その例にもれないであろうと推量した．そこで，当時ちょうど大英博物館 (British Museum) に研究員として滞在していた Starnes 教授に調査を依頼し，「Starnes 教授の発見」となったのであった．つまり，「Starnes 教授に発見してもらった」のである．が，奥ゆかしい Sledd 教授は，あくまで，「発見したのは Starnes 教授である」と言って，ほほえんでいた．

　また，Moore and Marckwardt の書の 1596 年は，Sledd 教授が，同書改訂の折，資料を提供された結果である由，も判明した．OED における最初の年代がしばしば不備であることは周知の事実である．が，its のような重要ないわゆる機能語 (function word) の年代に不備があるのはめずらしいことである．

---

*ond Booke of Madrigalles* を引用して，its の初出年を 1597 年としているが，参考文献に Moore and Marckwardt (1951) や Sledd (1949) は含まれていないようである．
　[2] 以下の事柄は，直接 Sledd 教授の口からうかがったことが基になっている．

第 14 章

# 三人称現在複数の -s について

　シェイクスピアの英語には，直説法現在三人称複数の動詞語尾としてしばしば -s が用いられている．が，複数の主語といっても，いろいろの種類があるので，一律に論ずることは妥当でない．たとえば，まず，主語が名詞の場合と代名詞の場合は，すでに条件が違っている．名詞の場合にかぎっても，複数形の主語が一つの場合と，二つ以上の単数形の名詞が and によって結ばれて主語になっている場合も別に考慮されなければならない．後者の場合，シェイクスピアにあっては，たとい and によって結ばれている名詞がいくつあろうと，その動詞が単数形であることは通例になっている．そして，この場合，動詞が単数形であることは，それぞれの例に応じていろいろな説明が考えられる．
　ある場合には，二つの名詞が概念的統一体を表しているからであるとして説明できる．このような場合には，本来別々な二つのものを一つと考えるという場合と，本来一つであるものが二つに表現されているのであるとして説明する場合とがある．もちろん画然たる区別のできないときもあるが，相似概念が二つあるときなどは前者に属し，二詞一意 (hendiadys) などは後者のいちじるしいもの，と考えられる．しかし，概念的統一体と

いう原理をあまり安易に用いることは注意しなければならない.

たとえば, *My mistress and her sister stays* for you (*Err.* I. ii. 76), Thou know'st that *Banquo, and his Fleance, lives* (*Macb.* III. ii. 37) 等々の例をいきなり, 概念的統一体として説明し去ろうとすることは無理である (cf. Franz (1939: §673)). これらに対する Franz 自身の説明は, 口語の影響ということであるが, これもまた少し気が早すぎると思われる. 口語の影響がないというのではない. しかし, その前に, 細江逸記博士が *Macb.* の注釈 (細江 (1937: 216)) でちょっと触れており, Smith (1896: 372) も認めているように, もう一つの解釈がなされてよい. すなわち, これらの例においては, 二つの主語が, ひとまとめにではなく, 別々に考えられている, と解釈するのである. あるいはまた, 動詞に最も近い名詞と一致しているのであるという解釈も不可能ではない. この解釈は, *Thou and I am* one (*A.Y.L.* I. iii. 99) のような場合は特に必要である.

さらに, 複数主語が関係代名詞の場合がある. つまり, 先行詞が複数であるのに, 関係節の動詞は単数形であるという場合で, たとえば ... *winds, / That shakes* not, though they blow perpetually (*Shr.* II. i. 142, $F_2$, *Globe* shake) がそれである. So are those crisped, snaky, golden *locks / Which makes* such wanton gambols with the wind (*Mer. V.* III. ii. 93, *Globe* make)(同様に, あの風に吹かれてなまめかしくたわむれる, あの蛇のようにうねりくねった金髪の毛も ...) も同様である. これらは, 複数の概念が, that や which を通過してゆかねばならないので, 関係節に達するまでに弱められてしまうからである, と Smith (1896: 373) は言う. もちろんそうであろうが, 関係代名詞に単複両形の区別のないことも, 考慮に入れられるべきであろう. Franz (1939: §678) には, 先行詞が一人称・二人称で関係節の動詞が三人称単数形になっている例がたくさんあげられている.

さらに, there is, here is のような単数動詞を含む表現が文頭にあるとき, 複数主語があとに用いられる場合がしばしばある. これらは, 一つには思考速度が言語表現速度に遅れるためで, また一つには, there is の形

が無色の，通常の形であるからである．また，いわゆる牽引（attraction）によって複数主語に単数動詞が続くこともある．たとえば，*The venom clamours of a jealous woman / Poinsons* more deadly than a mad dog's tooth（*Err.* V. i. 69）（ねたみぶかい女の毒舌は狂犬の毒牙よりもっとひどい毒がある）というようなものがその例である．

　以上は，要するに，一見「複数主語＋単数動詞」のように思われても，なんらかの説明原理，たとえば概念的把握の相違または外形・語順の影響等，によって説明できる場合である．複数形と考えられる主語が，ともかくなんとか単数概念としてとらえられうる場合には，単数「形」の動詞は，単数主語に呼応し，いわば単数としての「機能」を果たしているのである．しかし，以上のような説明がまったく不可能な場合が二つ折版（Folio）や四つ折版（Quarto）には出てくる．形は単数でも，複数の機能を果たしている場合があるのである．*Ill deeds is* doubled with an evil word（*Err.* III. ii. 20, $F_2$, *Globe* are），As *the events stamps* them（*Ado.* I. ii. 7, $f_2$, *Globe* As the event stamps them）のようなものがその例である．

　Wyld（$1936^3$: 340-341）は，われわれが上で考察してきたようないろいろな場合を一律に，ごちゃまぜにして並べている．が，なお複数現在語尾としての -s の紛れもない例が Queen Elizabeth I や Verney Papers にみられ，16世紀半ばに多く，19世紀に至るまでりっぱな口語慣用法であったことが証明されている．問題は，いかにして，この -s の存在を証明するかにある．Abbot（1869: §333）をはじめ，シェイクスピアの注釈家の間では，北部英語の影響として説明されるのが常であった．しかし，北部英語からの借用であると論ずるのは，まちがいなく借用であるからそう論ずる，というのではなくて，ほかに適当な説明のしようがなかったから，借用である，としていたにすぎないようである．借用であるなら，いかにして，またどのような方法によって，その影響が南部に広がったか説明されなければならない．

　スコットランドの James VI がイングランド王も兼ねるようになってか

ら急に広まったとでもいうなら，宮廷英語の流行ということもできようが，それ以前からあるのであり，また北部説は is や was が複数主語とともに用いられる場合の説明にも困ることになる．複数現在語尾の -s は現代英語の俗語にも多くみられるのであって，ロンドン子や南部の無教養の人々が北部英語の影響をうけて -s 形を用いているとはだれも考えない．単なる三人称単数の類推にすぎない．16世紀においても同じ類推の法則が働いていたと考えることは少しも不当ではない．そして，この類推を -s の説明原理とすることにおいて，Wyld, Franz, Smith はほとんど一致しているのである．この複数における -s は三人称単数の -s 語尾——この起源もおおいに問題であるが——が相当に広まったあとにおいて現れているということもこの類推説の裏づけとなる．[1]

複数の -s が現在の標準語に残っていないということは，なんら，類推説の妥当性を弱めるものではない．古い時代には広く行われていたが，現代英語には残っていないという例はほかにいくらもあるのである．ただ，この類推原理がどうして当時強かったのか，ということは問題になる．類推作用が逆の方向，つまり複数無語尾のほうへどうして働かなかったのか，ということである．これは，本来三人称単数の構文が数の上で多かったにちがいないこと，また上で述べたようないろいろの一見複数と考えられる主語が単数動詞構文をとりえたこと，さらに，単数構文と複数構文とを比較すると，単数構文のほうがいわば無色であり，数に対する中立度が高いと考えられること，などに求められるであろう．シェイクスピアのテクストに，たとい印刷工に由来する誤りが数多くあるにしても，これら複数の -s をすべてシェイクスピアのものとは認めないという態度は妥当でない．印刷者とシェイクスピアの距離が最も少ない詩篇に，たとい脚韻のためにもせよ，-s の形のあることは十分に考慮されてよい．

---

[1] Cf. Wyld (1936³: 340). なお，三人称単数現在の語尾 -s は，一般に，北部英語の影響であるといわれているが，Wyld は頻用された is が原因であると考えている（Wyld (1936³: 336)）．このことについては，Brunner (1951: II, 175) を参照．

第 15 章

# Must の過去用法

　現代英語に関するかぎり，must という助動詞は，現在形も過去形も同じ形である．が，この must という形は，歴史的には，OE mōste すなわち，mōtan という現代英語では消滅してしまっている語の三人称単数過去形に由来する．[1] mōste の複数形は mōston で仮定法の形は mōsten であるが，ME では mōst に単一化される．母音 ō は ū の段階をとおり，ŭ に短化され，それから [ʌ] になったと考えられる．また，ū→ŭ の短化は強勢のない位置に用いられたいわゆる弱形（weak form）に始まったと考えられる．

　一方，この mōst は古い mōtan の二人称現在の形でもあった．が，15世紀初期以後になると，たとい二人称現在形に mōst があっても，それはすでに古い mōtan の二人称現在の形であるかどうか疑わしい．そのころまでには，mōtan の過去形が現在時制に用いられ，それとこれとの形態上の区別ができなくなっているからである．

---

　[1] OE における mōtan (＝be permitted) の三人称単数現在 mōt, 複数現在 mōton 自体も，本来は，古い強変化の過去形であったものである．must が二重の過去現在動詞（preterite present verb）と呼ばれることのあるのは，このためである．

本来は過去形であった must が現在時制として用いられるに至った原因としては mōtan の二人称現在形の存在もその一つに考えられないことはないが，直説法現在の代わりに仮定法過去の形が用いられたのは，主として，叙述をやわらかにし，慎重にし，また遠慮がちなていねいな言い方にするためで，could, might, should, would の次のような用法と趣を同じくしている．*Could* you tell me the right name?／*Would* you tell me the time, please? など．いずれも，Jespersen (1932: §9.1; 1933: §24.2) のいう想像の過去 (preterit of imagination) であり，現在のことに関して用いられる過去形である．古い mote, mot という動詞は，mought とつづられることもあったが，16 世紀ではまだ，「正しく」現在形として用いられた．他方，Edmund Spenser (1552 ca.–1599) などが擬古体として用いた場合，それらはしばしば過去形として用いられている（たとえば *The Faerie Queene* においてなど）．もちろん，伝統的な成句的表現においては別である．が，シェイクスピア以前に廃れていたことは確かである．

　つまり，must という過去形が現在のことを表すのに用いられはじめたのは ME で，この用法は近代英語の時代に入ると確立され，一方古い現在形 mote は近代英語の時代に入るころには，一般に，用いられなくなったと考えられる．逆に言えば，元来 mote の過去形であった must が mote の過去形として用いられたのは，だいたい，近代英語以前に限られているということになる．ちなみに，OED MUST 1. The past tense of MOTE v. *Obs*. の項における最後の年代の例をみると，可能あるいは許可（これが mote の原意）を意味する mote の過去形としては，直説法の場合 (＝might, was able or permitted to, could) も，仮定法の場合 (＝might, should, might be permitted to) も c. 1400 で，必然，義務を表す mote の過去形としては，直説法の場合 (＝had to, was obliged to, it was necessary that ... should) は 1471 で Caxton からの例，仮定法の場合 (＝should or would be obliged to ..., would of necessity ...) は，c. 1386 で Chaucer からの例となっている．ついでに，must という形が過去形として用いられている例を OED でみ

ると，最初のものは，(前にも触れたが) 14 世紀から 15 世紀初めにわたる年代のものが多い．

　ここで次のことが問題になる．いずれも近代英語の時代に入ってからのことで，しかも must についてである．mote は廃用となるから，近代英語ではすでに問題にならない．まず，近代英語に must の過去用法があるかないかということ，次に，あるとすれば，それは OE 時代の名残であるかないかということ，またいかなる場合に用いられているかということ，である．これらの点に関しては異論も多く，決定的な断定をくだすことはもとより困難である．そしてその異論は，多くの場合，同一の言語現象に関する異なった解釈に起因し，また must のもついろいろな意味，用法を一律に論じようとすることにも起因していると考えられる．

　まず，概略的にいって，must の過去用法は近代英語にもある，ということには諸家の意見が一致している．直説法においては，間接話法の被伝達部にみられる．つまり，must を含んでいる部分が，過去形の伝達動詞と結合されている場合である．たとえば，She said she must be back by seven.／She said that she must see the manager. などがその例である．しかし，このような典型的間接話法にかぎらず，過去時制の動詞に従属している節における must も同様で，いずれも過去用法である．たとえば，He knew that he must die.／I thought it must kill him. などがその例である．

　しかし，これらの例における must は，これを形態の上から，過去であると断ずることはできない．must の現在形と過去形が外形上区別できないということもあるが，それだけではない．must の過去用法が，このような間接話法以外にほとんどみられないからである．したがって，Jespersen (1932: §11.6 (1)) が暗示しているように，この must は現在時制の must で，時制の照応をしていないものであると考えることも，十分に可能である．しかし，仮にこの must が現在形であるといっても，間接話法におけるほかの現在時制用法とは，明らかに異なるといわなければなら

ない. たとえば, He had no idea what twice two *is*. ／ I asked the guard what time the train usually *starts*. のような例と比較してみればわかる.

したがって, 過去動詞に接続する従属節にみられるこれらの must は, 現在形と考えるよりは, むしろ He said that he *was* glad to see me. (＜I *am* glad to see you.) におけるふつうの, いわゆる過去に転移された現在 (back-shifted present), と言い切って悪ければ, 過去に転移された現在の役をしていると考えるべきであろう. このような過去としての用法が must に可能であるということ, つまり過去動詞のあとに用いられるとき, その形を変えないということ, の理由を, たとえば Curme (1931: 413, 418) のように, must がかつては仮定法過去の形であったということに求め, またかつてそのように用いられた勢いが現代にも残っているからであると考えることは妥当でない. 過去動詞の次の must が, たとい mote の過去形の用法と一致していてもそれは偶然であるという Bradley の意見 (OED s.v. MUST, II) に賛成したいと思う.

英語において, She said that she must see the manager. という形が広く用いられるのは, いわば, must と言うよりしかたがないからである. musted という形があれば当然それを用いるところであるが, それがないから must で間に合わせているのである. had to を使えばよいとも考えられるが, 直接話法の must を間接話法で had to に変えるほど, ふつうの談話の際における人間の頭の働きは勤勉なものではない. また must と have (had) to は等価ではない. 概して, must のほうがしつこく, 主観的で, そして固いやや文語的表現で強意的といえる. また, must に古い過去形としての語感が残っているとすれば, 間接話法でない場合にも, まぎれもない must の過去用法がもっとふつうに見いだされなくてはならないことになるのではないか. なお, 間接話法におけるこのような must の過去用法の最初の例は OED (s.v. MUST, 3.d, 6.b) では, 義務を示している場合が 1781 年で, 必然の推定を示している場合が 1726 年である.

上で, しばしば must の過去としての用法 (直説法における) は, 間接話法

のほかにはほとんどない,という言い方をしてきたが,実は,これも問題なのである.直説法における must の過去用法はないと考えている人々には,Curme, Onions (1904: §214), Bradley (OED s.v. MUST; 1899: 151) があり,あると考える人々には,Stoffel (1900: 294ff), Jespersen (1932: §1.6 (3)) などがある.ないと主張している人々は,英語を母国語としている人々であり,あると主張する人々が外国人であることは,まことに興味深い.[2]

まず,一見独立文,つまり直接的,直格の叙述の中に過去の must が用いられているように思われる場合,そうは見えても,その実,そうではなく,よく考えてみると,間接的,斜格の叙述であることがある.たとえば,OED (s.v. MUST, 3.d) に義務を表す過去用法の最初の用例として挙げられている次の (1) のような例がそれである.

(1) 1691 Shadwell *Scowrers* i.i.3 In those days a man could not go from the Rose Tavern to the Piazza once, but he must venture his life twice.

著者あるいは読者が,過去のあるときにおいて,考えられたこと,言われたこと,さらに考えられたかもしれないこと,言われたかもしれないこと,について筆をすすめているとき,言語に顕現された文法形態が独立的であっても,事実上は,斜格なのである.つまり,斜格であることを顕現的に示す文法形態はなくとも,must の使用は,明らかに過去を指し示しているほかの語によって形づくられる枠に支えられており,したがって斜格の叙述の中で用いられていることになるのである.

次の (2) の用例もみておくことにしよう.

---

[2] Must に関する諸問題,諸家の意見などについては,Ono (1958) を参照されたい.

(2) There he lay in the dungeon.　Yet a few hours more, and he *must* die a shameful death.
 [He thought: 'A few hours more, and I *must* die a shameful death.']

　この用例とかっこの中の説明文とは Onions のものであるが，このような説明が可能なのは，There he lay という文があって枠をつくっているからである．
　また，次の (3) の用例もみておくことにしよう．

(3) His parents treat him like a child. Last night he *must* go early to bed; then this morning he *must* ask leave to go for a walk; ...

　この例においては，had to を用いることもできる．しかし had to では，作者の，いわば，客観的叙述になるのに対し，must は「彼の両親が言ったかもしれないこと」を表して，had to より強意的になる．したがって，must を含むこの文は，事実上は，斜格の話法であり，must の使用も是認される．しかし，このような文脈を離れて，たとえば，Last night he must go early to bed. / He must die a month ago. のようにいうことは許されない．このような文は──Bradley 流にいうなら──「まったくこっけい」(absolutely comic) である．[3]
　しかし，この事実上の斜格話法 (oblique narration) というのは，どっちつかずの場合になると，微妙な語感の問題となってくるのであって，斜格であるかないかの判定はしばしば困難となる．事実，Bradley は，外国人

---

[3] OED (s.v. MUST, 3.d) に記されている次の解説も参照：To say 'I must go to London yesterday' would now be a ludicrous blunder.

にはしばしば直格叙述であると感じられても，英国人には斜格と感じられることがある，とも言っている．したがって，直格叙述の文に must の過去用法があるかないかという論争は，Bradley 一派が，母国語に対する語感という強力なよりどころから，いわば演繹的態度をとるのに対し，Jespersen, Stoffel 一派は広く読みあさって集めた手持ちの材料——しかも，文法家が集める材料というものは，多くの場合，なんらかの意味で，規則的でないものに集中されやすい——をよりどころに，いわば，帰納的態度をとっているところに起因しているともいえよう．

ここで Jespersen, Stoffel の挙げている例が問題になるのであるが，仮定法の過去として用いられる must (cf. Jespersen (1932: §9.5 (8)) を除外すれば，Stoffel の挙げているのは要するに，must が強意的で，感情要素を含んでいる場合である．これは must needs (= of necessity, necessarily) という表現に多く，must だけのときには must に強勢が置かれる．*Macbeth* IV. iii. 212 の And I must be from thence!（それなのに，わたくしはそこ［Fife の城］からどうしても離れていなければならない運命だったとは！）はこの例と考えられる．

このような，過去のあいにくの出来事を，怒って，また嘲笑的に述べる際の must は現代でもときどき口語体として用いられる．たとえば，Just when I was busiest, that bore C. must come in and waste three hours.（よりによっていちばん忙しいときに，うんざりする C のやつがやってきて 3 時間もつぶしていった）などの must である．この用法は，Bradley (OED s.v. MUST 3.e) も過去あるいは史的現在時制 (past or historical present tense) として認めている．（なお，must needs の must は，古い mote の過去としての用法をもち続けてきたと考えられる．）

Jespersen もこのような must (needs) の例をあげ，斜格でない文における must の過去用法としているが，そのかぎりでは，Bradley に対する有効な反論とはならない．が，要するに，これらは必然，義務を示しているのではなく，したがって had to では代用できないものである．一方，

had to, was obliged to で置き換えられる例をみると，これらは作者が修辞的意図から had to などを避けたのだと考えられる．たとえば，She worked when she could, and starved when must. ／ We submitted because we must. などがその例である．また語感の問題に立ち入るのは危険であるが，Jespersen の例の中には，事実上の斜格話法がやはり相当に含まれているといえるように思われる．

　これを要するに，現代英語の直説法に関するかぎり，必然，義務を表す must の過去用法は，まず，事実上の直格叙述にはないのが通則であるといってよい．また，直格叙述における must の過去用法は，修辞的効果を意図している場合を除けば，義務以外の意味に限られているといってよい．Jespersen の例には二人称を主語にしたものが一つもないということ，またほとんど全部 19 世紀以前の例であることも注意されてよい．Bradley のいう語感は 20 世紀のもので，19 世紀以前の作家の例とはすでに多少のずれがあるのであるかもしれない．

# 第Ⅲ部

## 関連項目

第 16 章

# 英語史に関連するキーワード

## 1. Accusative Case（対格）

　印欧諸語の格の一つ．現代の英語においては，特にこの格を明示している語形は存在しない．したがって，目的語の格を云々する場合にも，いずれが対格であり，いずれが与格であるかを，現代英語の語形だけからは，決定することができない．単一目的語は，通例，対格であり，二つの目的語がある場合は，直接目的語が対格，間接目的語が与格であることが多い，とわれわれはふつう言うが，それは，OE あるいはその同属言語においてそうなのであり，われわれはその analogy によって，そう言うにすぎない．つまり，このようなとき，われわれは格形態よりも，名詞あるいはその相当語によって示される「関係」について考えているのである．

　対格の本来的機能が何であるかについては二，三の説がある．ただ，確かなのは，対格機能は単一ではなく，たとえば，直接目的語の意味，あるいはある地点までの運動，さらには時間的・空間的広がり，などの意味を含んでいた，ということである．OE においては，ラテン語，ギリシャ語，ドイツ語におけるのと同様，目的語は，対格のみならず属格，与格に

よっても示された．同様に，時間，空間，様態などの関係を示す副詞的用法も，対格に限らなかった．前置詞の目的語も属格，与格，対格など多くの格が用いられた．しかし，これら動詞，前置詞の目的語としても，また副詞的用法としても，元来対格が，他の格に比して，多かったか，あるいはしだいに多く用いられるに至ったため，さらに格語尾消失の結果，（たとえば，与格と対格の区別ができなくなったため）これらの用法における格は対格と考えられるに至ったといえる．

対格の主な用法は次のとおりである．

**A．他動詞の目的語として**

現代英語における目的格は昔の対格がその主体である．しかし，屈折語尾の失われている現在，形態のうえから対格を認定することは不可能である．したがって，その認定は文中における機能，語順によっている．その結果，歴史的には与格目的語であっても，現在では対格目的語と感ぜられるものもある．He thanked *his friends*. ／ The teacher helps *the beginners*.

**B．時間，空間，尺度などを表す副詞的用法**

いわゆる「副詞的対格」(adverbial accusative) で，OE の名詞の対格が副詞的に用いられたことに由来するが，現在では，たいがいの場合，前置詞を用いて書き換えることができる．He came *full speed*（＝at full speed）. ／ The lake is *three miles* long. ／ The snow is *ankle* deep. ／ The box is *six inches* wide. ／ *Nothing* daunted, he began again. ／ I have met him *many times*. ／ I paid him *the following morning*. ／ Bind him *hand and foot*. ／ *Months* ago he told me that very thing. ／ I am *ten years* your senior（＝I am your senior *by ten years*）. など例は多い．They went *home*. などにおける home は現在では純然たる副詞として扱われるが，歴史的には OE の対格にさかのぼるといえる．副詞的に用いられる a great deal や something（＝somewhat）も同様で，否定の副詞 not も語源的には OE nāwiht（＝nothing）の対格である．

C. いわゆる「記述の対格」(accusative of description)

年齢，大小，形状，色彩，価格，職業，気質などを表すときに多く，記述補語として用いられる．

**1. 主格補語：** My eldest girl is *the same age* as yours. ／ She was a good inch taller than either of the Twins, who, indeed, were exactly *the same height*. ／ A narrow shady little walk, which ran parallel with the broad green path, but was not half *its breadth*. ／ Her dresses were neither *the right width* or *length*, nor even of the right material. ／ His cheek was *the colour* of ashes. ／ That animal is *as sweet a temper* as you'd wish to have in a horse. ／ *What profession* are you going to be? ／ *What business* do you think that Mr. Charles is? ／ It's *no use* talking to him. ／ It is *no good* going any closer to it than that. ／ I felt inclined to ask who Mr. Mannion was and *what consequence* it could possibly be to me that he had come back.

**2. 目的格補語：** *What colour* shall I paint your door? ／ I always thought her rather *a cold temperament*.

**3. 名詞（代名詞）のあとに付きこれを修飾する場合：** She leaned on the arm of a gentleman, *double her age*. ／ ... an old lady, *the shape of an egg*, so short and stout was she. ／ These are models of various extinct animals, *the size of life*（実物大の）. ／ There was a large tank filled with water *the colour of pea-soup*.

このような表現はしばしば of 句を用いて書き換えることもできる．The two boys are (*of*) *the same size, age, temperament*. ／ He is a boy (who is *of*) *the same age* as my boy. したがって，ある場合には，この of が脱落して生じた構文であるといえる．しかし，この構文の成立過程

は単一ではなく，たとえば This is *sailor fashion*. のような言い方は，We do it *sailor fashion*. のような副詞的対格の用法がもとになっていると考えられる．また，この構文は ME にはみられず，ModE に入ってから生じたもので，19 世紀以降より急に多くなっている．したがって，記述の対格といっても，OE の対格にさかのぼるわけでなく，対格という命名は消極的な意味しかもちえない．むしろ通格（common case）の叙述用法（predicative use）とでもいうべきであろう．

なお，記述の対格の成立過程に関する新しい分析視点については，安井（2004 : 194-198）を参照．


## 2. Activo-Passive（能動受動態）

能動態の形で受動態の意味を表す動詞の態．最近では「中間構文」（middle construction）ともいわれることがある．This book *sells* well.（この本はよく売れる）／This business *pays* well.（この商売は儲かる）／This novel *reads* well.（この小説はおもしろく読める）／This material *washes* well.（この生地は洗いがきく）などがその例である．

これらの文に用いられている動詞はいずれも本来他動詞であるのに非他動詞的に用いられている．本来他動詞であるということは，これらの動詞が能動者，受動者という相関概念を喚起するということである．しかも，これらの文における主語では受動者が意味されるべきであるのに，具体的な言語形式は能動態である．能動態が用いられていると，これらの文における主語は能動者としての期待をいだかせる．つまり，これらの文の主語は単なる受動者としてのみ考えられているのではなく，積極的な性質をもつものとして考えられている．たとえば，This book *sells* well. という場合には，ある程度まで，本自体を売れる原因と考え，本を売る人の活動をあまり考えない．すなわち，この種の文は主語の特徴と感ぜられる何もの

かを叙述しているのであり，したがって，一般にその動詞はその主語の特徴を述べる何らかの叙述形容詞または副詞を必要とする．たとえば，The meat *cuts tough*. (この肉は硬くて容易に切れない) ／ This scientific paper *reads like a novel*. (この科学論文は小説のように読める) ／ The first consignment *sold out in a week*. (最初の委託品は1週間で売れ尽くした) ／ Ripe oranges *peel easily*. (熟したオレンジはすぐ皮がむける) とはいえるが，This house was sold yesterday. の代わりに This house sold yesterday. ということはできない．

この種の構文は PE に多く見られるが，初期近代のころ，たとえばシェイクスピアにもすでに見られる．発生的には，She *dressed* with care. ／ The room *filled* rapidly. ／ My hat *blew* off. ／ The door *opened*. などの言い方と密接な関係があり，おそらくこのような用法がもとになって，sell その他の動詞にも拡張されたのであろう．The door *opened*. における open を自動詞と認めるのと同じように，This book *sells* well. の sell も自動詞の機能をもつに至っている，と言うことは不可能ではないであろうが，やはりすでに述べたごとく，他動詞的意味がなお顕著であることは否定できない．この点，The stone rolled. と The book sells well. とをまったく同じ意味構造をもつものとして一律に論ずることは，かえって言語事実を誤るものといえるであろう．

なお，英語における The book sells well. のような言い方は，他の言語にあっては，受身形や再帰形が用いられるところである．たとえば，ラテン語では *venditur* (passive)，フランス語では *se vend* (reflexive)，ドイツ語では *wird verkauft* (passive) という形を用いる．一方，The oranges *peel* very easily. ／ This rule *reads* both ways. (この規則は両様に解釈される) ／ This material *washes* well. などにおける動詞は，'to admit of being -ed'，'to turn out (well *or* ill) in the process of -ing' という，いわば，疑似受動の意味構造であるといえよう．英語にはまた，The book is a *good seller*. ／ The book is one of the *best-sellers*. などという名詞形も発達し

ている．

## 3. Case（格）

　格の由来や定義は困難な問題を含んでいるが，OED (s.v. CASE 9.a.) の 'one of the varied forms of a substantive, adjective, or pronoun, which express the varied relations in which it may stand to some other word in the sentence' という格の定義は，最も妥当な言い回しの一つである．たとえば，二つの名詞を King crown のように，ただ，並べただけでは，何の関係も示されない．しかし，最初の名詞を屈折させて，King's crown のようにいえば，2語の関係はただちに示される．この場合は，所有関係を示し，King's は所有格という．the crown of the King といっても意味は同じである．

　現代の英語においては，名詞に関するかぎり，特別の格語尾を加えることによって区別される格は，所有格のみであり，したがって形態によりある語の他の語に対する関係が示されるのは，このような所有およびそれと関連のある関係のみである．形容詞は，現代の英語においては，もはや，なんらの格変化ももっていない．the Almighty's intentions / a black's skull（黒人の頭蓋骨）のように，一見形容詞の格変化と思われる語形があっても，それはむしろ，形容詞が機能変化を生じ，名詞として機能している証拠の一つとして数えられるべきものである．

　しかしながら，所有関係以外の関係が英語にないということはもちろんありえない．たとえば，Peter gives Paul's son a book. においては，所有関係以外に，主語，間接目的語，直接目的語といった関係概念が含まれている．ある言語，たとえばギリシャ語やラテン語においては，これらの関係を示すのに特別の格語尾をもっている．上の例も，ラテン語なら，Petrus filio Pauli librum dat. となるところである．そして，Petrus のご

く主語を表すものを nominative（主格），filio のごとく間接目的語を表しているものを dative（与格），Pauli を genitive（属格），librum のごとく直接目的語を示すものは accusative（対格）と呼んでいる．以上のほか，ラテン語には ablative（奪格），vocative（呼格）があり，印欧祖語には，さらに locative（処格），instrumental（具格）が認められている．現代の英語には，このようないろいろの関係は存在しても，前述の所有格（属格）以外の関係を言語的に表現する格語尾はなく，それらの関係を表すには，語順，前置詞の使用などによらなければならない．

　要するに，現代の英語における名詞の格は，所有格とそれ以外の格関係を表す格の二つしかないということになる．所有関係以外の関係，すなわち subjective, objective, instrumental, locative, dative などの格関係を表す格形態を common case（通格）と言おうと，non-genitive，あるいはその他の名称を用いようと，それは論者の自由であろう．が，英語の名詞について，objective case とか dative case, accusative case とかを云々することは，それらを示す明確な言語形態がない以上，無駄である．

　ただ，上でも述べたように，ある語の他の語に対する格関係ということは，当然いずれの言語においても表現されなければならないものであって，そのような格関係の存在を否定することはできない．そして，ModE において，格の数をいくつ認めるかということに関する議論の多くは，このような特殊な言語形態をもつ本来的な格と，意味の観点に立つ際に認められる格関係とを混同するところに生じているといえる．

　一方，代名詞に関しては，主格，所有格，目的格（objective）の三つを認めてよい．代名詞に三つの格を認める以上，名詞にも三つの格を認めるべきであるという議論は妥当でない．代名詞は名詞にみられない多くの特徴をもっており，したがって代名詞という語類に認められる文法現象を名詞という他の語類にそのまま移し，適用することはできないからである．

　しかし，一方，上で述べたような議論はともかくとして，現代英語の文

法を論ずる際，名詞の主格，与格，対格ということがしばしば口にされることも事実である．これらは，ModE を歴史的に，たとえば完全屈折の時代といわれる OE にまでさかのぼって，解明するときには避けられないし，また十分に正しい．しかし，まったく現代の英語に関する叙述において，主格，与格，対格という語を用いるのは，要するに術語の便宜的用法であって，その名詞が OE の対応形においては，そのような格語尾のある形をとったであろうということ，あるいはその名詞の他の語に対する関係は，ラテン語などの屈折語にあっては，そのような格の機能に対応するものであるということを意味して言うにすぎないのである．

## 4. Clause（節）

文の一部で，しかもそれ自体の中に主語と述語とを有するもの．名詞節，形容詞節，副詞節の3種がある．文構造上，それぞれ名詞，形容詞，副詞という語類と同じ機能をもつので，かく呼ばれる．これらはいずれも従属節 (subordinate clause; dependent clause) と呼ばれることがある．そして，このような従属節を含む文から従属節を除いた際，残る部分を，主節 (principal clause; independent clause) と呼ぶことがある．たとえば，*The house* in which I live *is new*. で，斜字体の部分が主節，残りが従属節といわれる．*I shall go to London* if I can. においては斜字体の部分が主節である．が，*I shall go to London* in that case. においては主節という名称を用いない．しかも if I can と in that case がそれぞれの文で果たしている機能は同一である．したがって，主節という名称は従属節という名称に対するものであり，従属節のない文においては主節はないということになる．が，従属節のあるところ，必ず主節があるかというに，そうでない場合がある．What surprises me *is* that he should get married.／That he was ill *was apparent*. など，従属節を除くときは，前者では主語

と補語を，後者では主語を欠くことになり，*is* あるいは *was apparent* を主節と呼ぶことはできない．したがって，主節という単位は文構造上認めないという立場も十分に根拠のあることであり，またたとい認めるとしても，それが文構造のうえで占める重要性は，従属節の占めるそれに遠く及ばないといわなければならない．以下述べる分類，用法はいずれも従属節に関するものである．

**A. 名詞節**

**1.** 接続詞 that の導くもの： *That he is dead* is tolerably certain. では主語として，I believe *that he is dead.* では動詞の目的語として，She knew nothing except *that people now stopped in Cambridge.* では前置詞の目的語として用いられている．ただし，that のない例もある．I think *he is dead.* のように．歴史的には that のあるものもないものも，二つの独立した文の並置から生じたものであり，that のない場合を，that が省略されていると説くのは正しくない．すなわち，I think he is dead. は I think: he is dead. から，また I think that he is dead. は I think that: he is dead. からそれぞれ発達したものである．

このような that の有無は構文によってだいたい一定していることもあり，個人的な好みによって決定されることもある．一般的にいって，that がない構文は，that がなくても意味の不明瞭をきたさないもので，会話や軽い調子の散文などに多い．短い文，ことに say, think, believe, suppose, imagine, see, remember, know などの動詞のあとでは，that のない構文がことに頻繁である．ある動詞，たとえば maintain, suggest, assume などでは that のある構文がふつうであるので注意を要する．

一方，あいまいを嫌う科学，哲学など，その他一般に論文風の著述や重いスタイルの文などでは that のある構文が好まれ，また次のような型の文においては that が常用される．*That time is money* has never been realized in the East. [主語として文頭にある] ／ That it should come to this! [驚きを示す．述部がない] ／ My suggestion *that he was mad* was not accepted by everybody. [belief, conviction, idea, fact などに that 節が連結される場合も同様で，この場合，that 節は前の名詞と同格であるというのがよいと考えられる] ／ *It* seems certain *that he is dead.* ／ Is *it* certain *that he is dead?* ／ I take *it* that he gives his consent. [以上3例とも，it は that 節を代表しているといえる．このように that の前に it を必要とする動詞には take のほか，owe，will have などあるが，その数は限られている．また，She took *it* for granted *Ann Veronica wore stays.* のごとく，that のない例も会話体にはみられることがある] ／ *It* is to be regretted *that he should have committed this foolish act.* Cf. *It* is true *he did not mention it.* ／ *It* is under such circumstances *that one recognizes one's true friends.* [強調形式] ／ He would find his ceilings were too low, *and that his casements admitted too much wind.* [二つの節があるとき，構文を明瞭にするため，あとの節では that を用いるのがふつう]

　なお，名詞の目的語をとることはできても，that 節を目的語とすることはできない動詞があるので注意を要する．This caused *his discovery* (or *his being discovered*, or *him to be discovered*). とは言えるが，*This caused that he was discovered. とは ModE では言えない．同様に *I wanted that he should come. ／ *I like that he comes. とは言えない．それぞれ I wanted him to come. ／ I like him to come. のように言うべきである．

　**2.**　疑問詞の導くものまたは間接疑問：　主語として，また動詞，前置詞の目的語等として用いられる．*Why she should come here at all* puzzles me. ／ *Who can have done it* is a riddle to me. [主語の例は比較的少ない] ／ *It* does not interest me in the least *who will be Prime Minister in fifty years.* [主語で文頭に立たないときは，it で代表させる] ／ *Whether this was the true explanation* did not concern him. [この場合，if を用いない] ／ I should like to know *what he did,* and *why and how he did it.* ／ They were at their wits' end *what to do*. ／ She was at a loss *what to do*. 〔最後の 2 例はそれぞれ not to know の意の語群の目的語として用いられている〕／ I went into Mr. Gigner's shop and inquired *was anything the matter*. ／ She asked her next door neighbour *if he knew Lady Mickleham by sight*, and *had he seen her lately?* 〔以上 2 例のように疑問詞のない言い方は 19 世紀後半からしだいに多くなった．文尾の疑問符はあることもあり，ないこともあり，直接疑問文のときほど上昇調をとらない〕／ I have not the most distant notion of *what is the matter*. ／ Look at *what education has done for the Indians*. Cf. In future I am going to be careful *what I do*. 〔of がない〕／ They quarrelled violently which pieces they would have. 〔about がない〕前置詞を節の前に置くのはぎこちない感じを与えるので，避けようとする傾向がある．He was questioned *about* what he was musing *on*. ／ It is only a question *of* with whom I shall do so. など前置詞が二つ重なることもあるが，はじめの前置詞は文全体を支配し，あとの前置詞は疑問詞のみにかかる．本来なら as to to whom のように言うべきところを to を一つですませることもある．Bindle's glance left no doubt in Mr. Winch's mind as *to* whom he referred.

　疑問詞によって導かれる名詞節における語順は「主語＋述語」がふつうである．I never discovered who this person was. ／ I want to know what he is eating. しかし，Who is the author? や What was the reason? に対応する節には I don't know who the author is. ／ I don't know what the reason was. のほか，I don't know who is the author. ／ I don't know what was the reason. という語順も行われる．I don't know what the matter was. の形はもちろんあるが，今ではむしろ what was the matter のほうがふつうである．これらの場合，いずれも，who, what を主語と考えることもできるところに，語順変動の原因があるといえよう．

　また，What's the matter? における the matter が，There's *something the matter* with my eyes.（cf. There's *something wrong* with my eyes.）

のように，形容詞と変わらない挙動を示すことも一因として加えることができよう．したがって，この語順は疑問詞節の動詞が be であるときに多いが，いずれが主語であるか明白である場合には語順も確定している．I don't know what the man was | ... who killed the soldier | ... who(m) the soldier killed | ... who was ill. など．しかし疑問詞節の主語が長いときなどは，「V + S」の語順をとり，また口調で決定されることもある．

**3.** 関係詞の導くもの：

[主語として] *Whoever says so* is a liar. ／ *What money I have* is at your disposal. ／ *What I like* is sprouts. [この場合 are は誤用とされる]

[動詞の目的語として] You may marry *whom you choose*. ／ He will take *whatever comes his ways*.

[前置詞の目的語として] He will shoot at *whoever comes near him*. ／ He will be thankful for *what help you can offer him*.

いずれも関係詞節全体で名詞の役割を果たしているのであって，関係詞自体がその節の中で果たしている機能とは関係がない．上掲最後の例においては，名詞節は for の目的語の位置を占めるが，関係詞 what 自体は help に対し形容詞的（secondary）な役目を果たしている．whoever の場合は，したがって，関係詞がその節で果たす機能が主格であれば主格を，目的格であれば目的格を用い，関係詞節がその文全体の中で果たす機能は関係しない．たとえば，[節は目的格．関係詞は主格] He was angry with *whoever crossed his path*. ／ [ともに目的格] With Martin and Leora, or with *whomever he could persuade to come* ／ [節は主格，関係詞は目的格] *Whom the gods love* die young. 同じように，次例における関係詞が関係副詞であることは，節自体が名詞の機能を果たすことを少しも妨げない．This is *where we saw him last*. ／ This is *why he never laughs*. ／ He's changed a good deal from *when I used to know him*.

**B.** 形容詞節

　通常，which, who, that, where, when 等の関係詞によって導かれ，先行詞と呼ばれる名詞(相当語)に対し形容詞の役を果たす．This is the magazine *which I spoke of the other day.* ／ I know an artist *who lives in this neighbourhood.* ／ That was all *that I could do.* ／ I know a farmhouse *where we can spend the night.* ／ The day *when I was to sail* arrived at last. ／ This is one of the few books *that have been written this year.*［先行詞は books で one ではない．したがって have で has ではない］

　内容上からは，制限用法節（restrictive clause）と非制限用法節（non-restrictive clause）との二つに分けられる．制限用法節は，一般に，先行詞を制限あるいは限定するといわれているが，そうではない．制限用法節は，先行詞が定名詞句の場合は，その内容の一部を旧情報として再度繰り返すものであり，先行詞が不定名詞句の場合は，その内容に新たに情報を加えるという機能をもつのである（安井（2004：第6章）参照）．通常，関係詞の前にコンマなく，また関係詞はしばしば，ないことがある．ことに口語においては the book that I am reading という形より the book I am reading の形のほうが好まれる．関係詞のない形は，接触節（contact clause）とも呼ばれ，関係代名詞を補うならば目的語となる場合に最もふつうで，主語となる場合は there is, it is などのあとに生ずることが多い．There was a woman *called this afternoon.* ／ It is an apple *he wants*, not a pear．次例においては制限用法節が2個みられるが，第二の節は第一の節によって修飾された先行詞を修飾しているものである．There is no one *who knows him* that does not like him. ／ There is no one *that I know of*, who deserves to love you.

　非制限用法節は，すでに何らかの限定をもつ先行詞に，いわば後追い的，挿入的，付加的情報を与えるもので，節の前に休止があり，コンマなどを置くのがふつう．また，音調は下降調で前の陳述が完結したことを示す．A brother of his, *who has a candle factory*, is rolling in riches. ／

I gave him a dollar, *which was all I had with me*. これらの場合，who (whom)，which などで導かれ，that を用いることは，まれ．関係詞を省くことはできない．通常，関係詞は「接続詞＋代名詞」，たとえば who = and (*or* but) he, she など； which = and (*or* but) it, that などで置き換えることができる．事実，会話体の文章ではこのような場合 and he/she/it の形が好まれるので，非制限用法節の使用は制限用法節の使用に比し，著しく少ない．

　書かれた文章においては，非制限用法と制限用法で意味の相異をきたすことがあるので注意を要する．In two of the instances, *which* have come under my notice, the system has worked well. ／ In two of the instances *that* have come under my notice, the system has worked well. 前の例においては that を代用することは不可能であるが，後者においては which を用いることも可能．意味はそれぞれ Two of the instances that have come under my notice; in those instances the system has worked well. ／ Instances have come under my notice; in two of these the system has worked well.

**C.　副詞節**

**1.**　時を表すもの： when; whenever; while; after; before; until; till; since; as (as soon *as*; as long *as*; so long *as*); immediately; directly; now; once (that) 等によって導かれる．以下注意すべき用法のみを挙げる．

　SINCE: It's not a full year ago *since* I was a school girl. (H. G. Wells) のように since の前に ago を用いるのは誤用とされる．He died 20 years ago. ［節なし］／ It is 20 years *since* he died. ［ago なし］／ It was 20 years ago *that* he died. ［since でない］等の形がよい．

　UNTIL, TILL: 格式ある散文・詩においては till より until のほうが好まれる．が，Hardy (Thomas Hardy, 1840-1928) のように till ばかりを用いる作家もある．

ONCE, DIRECTLY, IMMEDIATELY: once の接続詞用法(例 *Once* you are married, there is nothing left for you, not even suicide, but to be good.) は 18 世紀後半から，directly; immediately (例 *Directly* he had gone, Bathsheba burst into great sobs.) は 18 世紀末からある.

WHILE: *While* there is life, there is hope. では接続詞であるが，Laura has been present to my thoughts all the *while* I have been writing these lines. の while は名詞である．同様に the moment; the minute (例 I hurried off, *the minute* school was over.) も名詞.

WHEN: *When* I was 10 years old, my father died. と I was 10 years old *when* my father died. とは同じ事柄を表すが，含意は異なる．前者においては What happened when you were 10 years old? 後者においては How old were you when your father died? のごとき質問を予想させる. My father's death が前者の場合は相手に未知であるのに，後者では既知である．後者は，付帯事項を付け加える継続用法の when (= and then) に類似しているといえる．(例 It was his custom to sit close by the fire until twelve, *when* he would go soberly to bed.)

NO SOONER: *No sooner* had he left us *than* we burst into laugher. は As soon as he had left us we burst into laugher. と同義であるが，節の転倒が必要. no sooner ... but はシェイクスピアのころの形.

**2. 場所を表すもの**: where, wherever 等で導かれる．We must camp *where* we can get water. ／ I am going to London, *where* (= and there) *I* shall stay for a month. ／ *Wherever* he goes, he is sure to get friends.

**3. 比較を表すもの**: Do *as* you are told. ／ Everything happened *as we expected*. ／ Perhaps she is not so culpable *as I thought her*. 接続詞として as の代わりに like を用い Do *like I do*. のように言うのは正しくないとされる．少なくともくだけた会話体の言い方である．しかし，アメリカ英語においては，小説，ラジオなどで頻繁に用いられ，20 世紀なかばごろにはしだいに広がりをみせている．起源的には like as の as が落ち

たもので，as にはいろいろの意味があるのに対し，like のほうは的確で強意的であるという強みをもっている．

**4.** 譲歩を示すもの： *Though he is poor*, he is not unhappy. ／ *Although it is elaborately made*, it is not good for practical purpose. [although のほうが余計に formal で，ふつうの文では though のほうが好まれる．荘重体の文でも，音調，リズムの関係で though が好まれることがある] ／ *Young as he is*, he is already recognized as a great scientist. ／ *Soldier as he was*, he turned away from the scene. ／ *Much as I hated him*, I could not help sympathizing with him in his recent disaster. [いずれも though で書き換えることができる] ／ *Whatever you may do* (or *you do*), do it thoroughly. ／ *Whichever way he goes*, you follow him. ／ *However rich he may be* (or *he is*), he is not a gentleman. ／ *No matter what you may do*, do it thoroughly. ／ He is not a gentleman, *no matter how rich he may be* (or *he is*). など．

**5.** 条件を示すもの

［未来の時に関係している］*If he comes tomorrow*, we will tell him everything. [If he *will* come ... とすれば意志を示すことになる] ／ *If he came tomorrow*, we will tell him everything. [*If he comes* ... と言った場合，可能性が最も大きく，*If he should come* ...; *If he were to come* ... という言い方は可能性の少ないことを示す]

［現在の時に関する事柄］*If he were in town*, he would call. [現在，彼は町にいない] ／ *If he is in town*, he will call. [現在，町にいるとも，いないともわからない]

［形は条件節であるが，内容は条件を示しているのではない］*If I was a bad carpenter*, I was a worse taylor. (＝I really was bad as a carpenter, but worse as a taylor.) ／ She's on the wrong side of thirty, *if* (*she's*) *a day*. [「少なくとも」の意の強め表現] ／ *If he hasn't married*, it is because he was crossed in love in his youth. [if 節は事実を示している] ／ Here is my address, *in case you forget it*. ／ He waited in his study, not leaving it for a moment *in case just then Rose should come*. ［in case は「将来起こるかもしれない事態に備えて」の意を含む点で if と異なる］／ *Supposing* (or *Suppose*) *they are not satisfied*, what will you do then?／I will do it *on condition that I am paid*. ／ I will not go *unless I hear from him*. など.

**6.** 原因を示すもの： 原因は as, because, since, that などによって導かれる. *As he was not there*, I spoke to his brother. ［このような as の用法はシェイクスピアにはないといわれている］／ They respected him the more *that he was their Rector*. ／ a consuming longing—which was not the less *because each had to hide it from the other*. ［以上 2 例においては, that 節, because 節は,「the＋比較級」によって示されている量に対する理由を示す］／ I'm glad *that you've come*. ／ I am pained to my innermost heart *that you are ill*. ［that 節は主として, ある心的状態に対する心理的理由・動機を説明する］／ It must have rained, *since the ground is wet*. ［since は結果から原因を推測する時に用いられる. この場合, because は使えない. Cf. The ground is wet, because it has rained.］

as, since は文頭に生ずるのがきわめてふつうであるが, because はそれほど多くない. 三者とも主文のあとにくることはあるが, 理由を示す as を後置する際は, その理由となる事実が話し手, 聞き手の両方にすでにわかっている場合に限るのがよいとされる. すなわち, I need not translate, *as* you know German. はよいが, I gave it up, *as* he only laughed at my arguments. は避けられるべき言い方.

**7.** 目的を示すもの： 目的節は that, so that, in order that, lest などで導かれる. Write to him at once *that* (or *so that*; *in order that*) *he may know it in time*. ／ Why should I be made to look a fool just *so as he can impress the Bishop*? ［この言い方は教養ある人々も用いる］

**8.** 結果を示すもの： 結果節は so that, such that などに導かれる. A great storm arose *so that the ships were wrecked*. ／ It was *so* far off that I could not see it. ／ It is *such* a tiny thing *that we cannot see it with the naked eye*.

## 5. Comparison（比較変化）

**A. 級（Degree（of Comparison））**

　形容詞，副詞の比較変化の段階．これには，原級(positive degree)，比較級(comparative degree)，最上級(superlative degree)の三つがある．原級は，形容詞，副詞の原形のまま，比較級は「原級＋er」または「more＋原級」，最上級は「原級＋est」または「most＋原級」の形をとるのがふつうである．厳密にいえば，原級は，顕現的な比較を含まないから，比較の級とはいいがたい．むしろ，無比較(uncompared あるいは negative of comparison)というべきものである．が，比較級，最上級に対し，これを原級と呼ぶのは，便利であり，また差し支えない．

　ふつう，A, B 二つのものを，ある一点についてその程度を比較する場合には，比較級を用いる．You are *cleverer* than I am. ／ These cows are *whiter* than those. しかし，ある性質の程度を異にする三つ以上のもの，あるいは三つ以上の群を比較する際には，比較級ではなく，最上級を用いる．Monday was the *finest* day last week. というとき，われわれは「月曜日」をそれ以外の6日間と比較して考えており，先週のうちでは月曜日が，天気のよいという点で，最も程度の高かったことを表している．

　しかしながら，比較級によって修飾される語が，対象として考えられたあらゆるものの中で，ある性質を最も高度にもっているという場合もある．たとえば，The rose is *lovelier* than any other flower in the garden. このような場合，比較級が用いられるのは，the rose を一方に，any other flower を他方において比較している．つまり，ただ二つの概念を比較しているからである．が，the rose と比較されている any other flower in the garden という概念には the rose 以外のあらゆる花が含まれている．したがって，この any other という表現が lovelier という比較級に最上級と同じ意味・内容を与えることになる．もちろんこの場合，The rose is the loveliest flower in the garden. ともいいうる．これは the loveliest of all the flowers in the garden ということである．方式的な言い方をすれば，A を B, C, D (any other flower) との関連において考えれば比較級を，A を all (A, B, C) との関連において考えれば最上級を用いる，ということになる．いずれの場合においても，A と B, C, D との比較があることは同じであるが，比較の観点が異なるのである．両構文の混交 (blending) である the loveliest of all others という形——古い作家にはことに多い——が用いられることがあるのも，要するに，両構文の意味が等価であるためである．

一方，二つのものや人を比較するとき，最上級を用い，たとえば I know both John and William, but I think William's the nicest boy of the two. のようにいうのは正しくないとふつういわれている．もちろん，厳密にいえば，the nicer boy of the two のような言い方をすべきである．が，最上級をこのようなときに用いるのはきわめてふつうであり，会話体では，教養ある人々もしばしば用いている．ことに I think William's the nicest. のように of the two がない形は，「誤り」も目立たず，頻繁に用いられる．これは言語的事実である．が，また一方，書く場合には，このような論理的でない言い方は避けられるべきであり，また事実，注意して物を書く人々は避けている．

**B.** 規則比較変化 (Regular Comparison)

原級に語尾 -er, -est を加える場合と，原級の前に more, most を加える場合の二つがあり，前者は屈折比較変化 (inflectional *or* terminational comparison)，後者は迂言比較変化 (periphrastic comparison) といわれる．前者は OE -ra, -ost, -est に対応し，ゲルマン諸語に共通．more, most

のほうは，分詞形とともに用いられたのが始まりで，13世紀ごろから現れ，しだいに広まったと考えられる．PEでは -er, -est によるものと，more, most によるものとは，相当にはっきりした区別が守られているが，古くは，現在なら more, most を用いるべきところに，-er, -est を用いている例がかなり多い．たとえば，woefullest (Shak.), powerfullest (Milton) など．

**1. 屈折比較変化：** たとえば strong, stron*ger*, strong*est*. OE においてはすべてこのような変化をしたが，PE では単音節語，および多くの二音節語，ことに -er, -le, -y, -ow, -some で終わる語 (たとえば tender, bitter, able, idle, holy, narrow, handsome) に限られている．absurd, remote のように終わりの音節にアクセントのある語もこの変化をする．そのほか，規則としてまとめがたいものでは pleasant, cruel, quiet など．しかし，例外もあり，eager, proper, docile, fertile, hostile, content, abject, adverse などは more, most をとる．

帰属的用法 (attributive use) では -er, -est をとる形容詞でも，叙述的用法 (predicative use) の場合は more, most をとることがある．There never was a *kinder* and *juster* man.〔帰属的用法〕／There never was a man *more kind* and *just*.〔叙述的用法〕 また，名詞の前にくる最上級は，たといそれが most を通常とる形容詞でも，強意的な場合，興奮した言い方の場合には，しばしば -est をとる．the confoundest, brazenest, ingeniousest piece of fraud (Twain) これが most に比して強意的となるのは，ふつうの言い方でないからである．一方，このようなふつうでない言い方は，しばしば vulgar となることもある．the peaceablest, patientest, best temperedest soul (Dickens)

なぜ，exquisite, delicious, practicable などの語に -er, -est を用いないかという問いに対する答えとしては「慣用，語感による」という以外にはない．なぜ，慣用，語感によって exquisiter, deliciousest などの形が，まったく「文法的」であるにもかかわらず，「正しくない」とされるかと

いえば，それらがふつうでないからであり，ふつうに用いられるようにならなかったのは，それらが長く，発音しがたく，語呂が悪く，すっきりしないからである．が，このような要素はある程度，個人差があるものであり，したがって，-er を用いるか more を用いるかにある程度変動のあることもまた避けがたく，学校文典の規則がそのまま守られているわけではない．また，最上級が -est の形で用いられても，-er の形の比較級は比較的少ないというもの（correct, absurd, stupid など）もあり，また bitter-er, more bitter／intensest, most intense のように両方の変化形の用いられているものもある．

**2.** 迂言比較変化： たとえば，beautiful, more beautiful, most beautiful．3音節以上の語，2音節の多くの語，ことに，-ful, -ish, -ed, -ing で終わる語（たとえば useful, childish, strained, charming）はこの変化をする．形容詞，分詞以外で，形容詞のように用いられているものは，常に more, most をとる．John is *more in debt* than I am.／Though the youngest among them, she was *more woman* than they.／Charles was *more of a gentleman* than a king and *more of a wit* than a gentleman.

しかし，単音節語でも，たとえば strange, free, right, just などの語は，-er, -est をとる可能性はあっても，more, most の例のほうが多く，また God の意味では the Highest (Carlyle) より the Most High の形のほうがふつうである．

-er, -est に強勢を置くことはできないが，more, most の場合には，これらに強勢を置くことも，次の形容詞に強勢を置くことも，可能である．したがって，more, most による分析的表現は，形容詞の意味あるいは比較の級（degree）のいずれか一方を，それぞれの場合に応じて，強調できるという利点を有する．She is much more pleásant than her sister.／She is indeed pleásant, but her sister is still móre pleasant. 細かな表現力という点においては，more, most による比較のほうがすぐれて

いるということになる．一方，inferiority を示す比較には，*less* dangerous than, *less* good than ／ wise, *less* wise, *least* wise のような迂言比較変化のみである．が，less による比較は，実際には，あまり用いられず，less dangerous than の代わりには not as dangerous as (*or* not so dangerous as) という表現を用い，反対の意味の形容詞，たとえば strong に対する weak がある場合には，less strong than より weaker than のほうがしばしば用いられる．

なお，more, most を用いる注意すべき現象を列挙すれば以下のとおりである．

(a) 形容詞が次の語と密接に結びついているとき，more, most が好まれる．たとえば be able to ～ ／ hard to bear などは，比較級では，be *more able* to ～ ／ *more hard* to bear となるのがふつう．

(b) more, most が二つ(以上)並んでいる形容詞に共通に用いられる場合．a *more low* and *servile* condition ／ the *most idle* and *profitable* (months) of my whole life.

(c) 同一人物，同一物の異なる時期における性質などを比較する場合．than 以下が表現されない場合がしばしばあるが，than before, than ever を補ってもよいところである．(to) make the opulent still *more rich* ／ Nurse, looking *more old* and *wrinkled* and *monkeylike* than ever. しかし The patient feels *better*, though the temperature is *higher* than yesterday. のような日常の言い方には -er の形も用いられる．

(d) 同一(人)物の異なる性質を比較する場合．She is *more proud* than *vain* (= proud rather than vain). ／ His mother was *more kind* than *intelligent*. しかし，二つの dimension を比べるときは，-er の形も用いられる．The uppper windows were much *wider* than they were *high*. ／ The wall was in some place *thicker* than it was *high*. 単音節語，たとえば，long, wide, thick, high, tall などに多いが，例外もある．

(e) 以上のほか，韻律の影響によるもの，たとえば Hath not old custom made this life *more sweet* than that of painted pomp? (Shak. AYL). あるいは意味の混乱を避けるため more を用いる場合などがある. たとえば, flat を flatter とすれば動詞とまぎらわしく, evil を worse とすれば, (more) evil のもつ意味が失われる. が, なぜ, ある場合に more, most を用いて, -er, -est を用いないのか, まったく理由のわからぬ場合も相当ある. 単に variety のために用いた, というのも, その説明ができないからであろう.

**C.** 絶対最上級 (absolute superlative) と絶対比較級 (absolute comparative)

**1.** 絶対最上級: 他との比較を含まず, 単に very high degree を示すために用いられる最上級のことをいう. 人間共通の誇張癖に由来するといえよう. たとえば, 手紙の冒頭に My dearest wife／My dearest boy とよく書かれるが, いずれも単に 'very dear' の意である. We shall soon see George and his *most beautiful* wife. なども同様で, 最上級が用いられているからといって, George に何人もの妻があるというわけではない. in *a most fast* sleep／I am *a most poor* woman. などのごとく, most が多く用いられ, またその前に不定冠詞を用いることができる. 絶対最上級は, むしろ文語的な用語法で, ふつうは, very, exceedingly, absolutely などを原級の前に置くことによって表す.

**2.** 絶対比較級: 比較の対象となるものが明示されず, ばくぜんと, いくぶん程度の高いことを示す比較級. これは絶対最上級ほど多くはない. the *lower* [lóuə] classes, the *higher* classes, *higher* education, the *more complex* problems of life など. このような場合, 副詞なら, tolerably, fairly, rather などを原形の前に用いるのがふつうである.

**D.** 複合語の比較変化

第一要素が比較変化可能な場合はそれを変化させ, 不可能な場合は

more, most を加える．the *biggest-chested* and *longest-armed* man I ever saw／This is the *most up-to-date* book I know.　第一要素が比較変化可能な語であっても，それと第二要素との結合が非常に密接で，別々の要素と感ぜられないような場合には more, most を用いる．たとえば，well-known の比較級は *better*-known であるが，the well-to-do tradesman の比較級は the *more* well-to-do tradesman である．

E.　不規則比較変化（irregular comparison）

　比較級，最上級をつくるのに，-er, -est または more, most によらないもの．たとえば，bad (ill), worse, worst／east (eastern), more eastern, easternmost／far, farther (further), farthest (furthest)／good (well), better, best／late, later (latter), latest (last)／little, less (lesser), least／much (many), more, most／old, older (elder), oldest (eldest) など．また，inner, inmost (innermost)／outer, outmost (outermost)／upper, uppermost (upmost) などは原級を欠き，south, southmost／top, topmost／north, northmost などは比較級を欠く．比較級，最上級に二つの形があるとき，意味の分化が行われている場合もある．

F.　重複比較変化（pleonastic comparison）

　結果的にみた場合，比較変化が二度繰り返されていることになる形で，その多くは強意の目的のためであるが，誤解，無知などの原因によることもある．lesser は二重比較変化（double comparison）である．俗語では worser という形もある．古い時代には今より多く，シェイクスピアには the *most boldest* and best hearts of Rome（*Julius Caesar*）のような言い方が多い．

　near は元来 nigh の比較級であるから，nearer は二重比較であるが，現在ではそう感ぜられない．foremost などにおける -most も，今では

most と混同されているが，古くは -mest で，二つの最上級語尾 -m および -est から成り立っている．hindermost, innermost, outermost においては，比較級に二つの最上級語尾 -m, -est が加えられている．

現在では more richer, most unkindest などの重複比較変化は避けられるが，more perfect, most perfect／deader, deadest／more unique などの言い方は，それほど奇異に感じない．元来，これらの形容詞は，論理的には，比較変化不可能なはずである．が，われわれは「完全な状態」に到達するまでのいろいろな段階ということは考えうるので，「完全な状態により近い」という意味で more perfect という表現を用いているのである．

なお，Luckies taste better. [たばこの広告] のように，何かと比較しているはずであるのに，その比較の対象を明確な形で示さない「不完全比較級」(incomplete comparative) については，安井 (1960: 184-189) を参照．

## 6. Concord / Agreement （呼応・一致）

形容詞が数，格，性においてその名詞と一致し，叙述(動詞)が数，人称においてその主語と一致し，名詞が格においてそれと同格の関係にあるものと一致する規則をいう．OE では，現代のドイツ語のような屈折があったため，これらの呼応も存在したが，ME 以後屈折語尾が水平化され，消失すると，その多くは自然に消滅した．たとえば，形容詞においては，a green tree／two green trees のように，単複同形で，また格に関しても green は無変化である．わずかに，指示代名詞 (this, these, that, those) に数の変化があるのみである．一方，動詞においては，なお数の呼応が著しいともいえるが，これも現代では，三人称現在単数語尾に限られ，過去形には単複の別なく，現在形においても一人称，二人称の別なく，また三人称に関しても，can, shall, must などは人称，数の区別がない．

元来，呼応ということは，文中において，ある語がどの語にかかるかを示すまったく文法的便宜であって，論理とは無関係のものである．green の複数概念が考えられないのと同様，this という語によって示される概念の複数は考えられない．同様に，They go. / He goes. において，前者を複数，後者を単数の動詞というのは，前者においては going という動作が2回以上，後者においては1回，行われることを示しているのではない．形容詞や動詞の呼応における複数というものが，このように，論理と関係がない以上，英語において，呼応の規則が，ラテン語やドイツ語に比べて著しく簡単になっているのはむしろ進化というべきであろう．しかし，ModE における呼応の種類が限られているとはいっても，実際の文，特に動詞に関しては，多くの問題がある．

まず，主語とその補語が異なる数であるとき，動詞の数をいかにすべきかしばしば問題となる．この場合には，主語が純然たる単数形か，純然たる複数形である場合には，あとにくる補語の数がたとえ何であろうと，それぞれの主語の数と一致させるのがふつうである．したがって，Our only guide were the stars. / Its strongest point are the diagrams. のような文は，were, are をそれぞれ was, is とするか，あるいは the stars や the diagrams を文頭に，つまり主語の位置に置くように書き換えるべきである．ただし，enemy や party などのような集合名詞は The enemy are retiring. のごとき構文が可能であり，また wages（報い）のような名詞は The wages of sin is death.（聖書）（罪の報いは死である）のように単数概念を表すから，形からのみ判断するのは注意を要することがある．

一方，The only *difficulty* in Finnish *are* the *changes* undergone by the stem.（Sweet (1896: 64））/ Not the least interesting feature of this Supplement are the illustrations.（*Illustrated London News*）などにおいては，主語が後置され，補語が文頭にある例と考えられる［これは前後の関係や強勢から判断できる］．最初の例についていえば，たとえば Fowler and Fowler (1922[2]: 65) などはこの用例を the stem のところで終わった形で

引用しているが，Sweet の原文は，The only difficulty in Finnish are the changes undergone by the stem, which, though often considerable, are not so difficult as in more advanced inflectional languages. と，主節より長い関係詞節が続いており，著者の主張の重点がむしろ関係詞節の内容のほうに置かれていることがわかる．したがって，自然な情報の流れをつくるためには，この語順をとるよりほかになかったのであると思われる．

　主語が二つで，or, either ... or, neither ... nor で結ばれているとき，両方の主語が同じ人称，数であれば問題はない．Neither the *driver* nor the *dog was* hurt. ／ Either the *time-tables* or the *clocks are* wrong. 一方が単数，他方が複数のときは，複数主語を動詞に近く置き，動詞を複数にするのが便利である．Neither the *Emperor* nor his *people desire* war. 人称が異なるときには，Neither *you* nor *I am* eligible. ／ Neither *you* nor *he is* in fault. のように，動詞に近い主語と動詞を一致させるのがふつうであるが，多くの場合，このような構文はぎこちない感じを与えるので，You are not in fault, nor is he. のような構文を用いたり，あるいは人称，数の変化をしない助動詞，動詞の複数形などを用いて，このようなぎこちない構文はなるべく避けるほうがよいとされている．

　以上のほか，呼応の規則の守られていない場合を考えてみると，その多くは，心理的要素の介在によって生じているといってよい．つまり，なんらかの意味において，文法形態に論理（心理，意味といってもよい）が勝つと，呼応の規則は破られることになる．

　たとえば，The *bread and butter is* on the table. にあっては，主語は単一体をなすと考えられ，The *tumult and* the *shouting dies.* にあっては，主語はいわゆる「二詞一意」（hendiadys）で，この場合は tumultuous shouting と考えられ，いずれも動詞は単数形である．Neither ... nor には，Neither *death* nor *fotune were* sufficient to subdue the mind of Cargill. のような複数構文もかなりみられるが，これは意味の上から both ... and の否定，つまり複数概念と考えられるからである．none も，*None* but the brave *deserves* the fair. (Dryden, *Alexander's Feast*) ／ None but the brave *deserve* the fair. (*Oxford Dictionary of Proverbs*) のように単数，複数いずれにも用いうるが，このような場合は none = no persons と考えられ，現在では複数動詞をとるのがふつうである (None but fools have ever believed it. (COD) という例も参照). none は歴史的には，not one であるから，単数動詞をとるべきであるという議論はあたらない．そういう議論を押し通せば，no も語源的には not one だから，no children ということはいえなくなる．

*Life* and *literature is* so poor in these islands. のような例においては，is を are とすることもできるが，そうすれば，文法的な規則性は保たれても，心理表現としてはマイナスとなる．話者が life and literature を論理的単一体と考えていることを表現できなくなるからである． *Each* of us *were* willing to pay our own fares. にあっては，each が複数と考えられているとも解釈できるし，また us にひかれて動詞が複数になったとも考えられる．

## 7. Dative Case（与格）

印欧語族の格の一つ．現代の英語には，与格を特に区別する言語的形態はない．名詞においては，主格も対格も与格も同形である．代名詞においても与格，対格は同形となっている．というより，かつて与格か対格であったものが，現在ではそれら両方の働きをしている．すなわち，me, you, us, him, her, 'em, whom は古い与格に由来し，it, this, that, what は古い対格に由来する．しかし，現代の英語を歴史的に見る場合，あるいは他国語と比較する場合，あるいは，現代の英語にも見られる直接目的語と間接目的語の構文上の区別などを説明する場合には，与格，対格という語は便利である．

OE 与格語尾の名残は，alive (OE on līfe (＝in life))，stone (OE stāne ＞ME stoon) に単数形の -e が，whilom (OE hwīlum)，seldom (OE seldum) に複数形の -um が見られる．また，meadow, shadow も OE 与格形に由来するものである．もちろん，これらは，歴史的には，OE 与格形にさかのぼるというにすぎず，現代英語において与格と感ぜられているわけではない．

OE における与格は相当に広範囲にわたって用いられたが，その多くは他の格によってとって代わられるに至っている．非人称構文における与格は主格によってとって代わられ，I am woe for't. (Shak., *Temp*) (それはお気の毒です) ／ Woe are we. (Shak., *Ant*) (悲しいことです) のような表現にあっては，元来与格であったものが，主格によって置き換えられているのみでなく，woe という名詞の形容詞への機能変化まで生じている．動詞の目的語としての与格も，OE においては PE よりはずっと使用範囲が広かった．少数の与格は，直接目的語として，ME に至るまで残ったが，やがて対格によって代わられた．一つには対格を目的語とする動詞の数が大半を占めていたので，目的格すなわち対格と考える傾向がしだいに優勢になったためであり，また，対格と与格の形態上の区別が，屈折語尾の消失とともに，急速に消滅してしまったからである．

与格には，to, for という二つの前置詞によって表される意味があり，したがって，ある場合には，これらの前置詞が与格の代わりに用いられることもある．現代の英語における与格の用法は次のとおりである．

**1.** 間接目的語として： 通常，直接目的語と合して，二重目的語の一種を形成する．I gave *the boy* the money. ／ He told *us* the whole story. のように「動詞＋間接目的語＋直接目的語」の語順をとるが，前置詞 to を用いて，I gave the money *to the boy*. ／ He told the whole story *to us*. のようにいうこともできる．to のあるとき，語順は「動詞＋直接目的語＋間接目的語」となる．to 前置詞句は OE からある．to のある構文とない構文は歴史的にはまったく別のものであって，to のない構文は省略

によって生じたのではない．特別の事情がないかぎり，to のない構文のほうが好まれる．また，ある種の動詞，たとえば，deny, do (*do one a favour*), forgive, pardon, play (*play one a trick*), reach (*reach me my hat*), save (*it saves me a deal of trouble*), spare などにあっては，間接目的語の与格を，to 前置詞句によって置き換えることは，通例，許されない．

間接目的語のみで，直接目的語がない場合は，古い時代に比して，少なくなっている．ただ一つの目的語しかない場合，それは直接目的語と考えられるのがふつうである．したがって，それが間接目的語であることを示すには，通例，to を用いる．(to がなければ直接目的語と間違えられる可能性がある．) Robin Hood robbed the rich to give *to the poor*. ／ He that gives *to the poor* lends *to the Lord*; let us lend our heavenly Father a little of our children's bread. しかしながら，文意明瞭な場合には，to なしの形も用いられる．Wire me at once. ／ He had already told me. もちろんこれらの場合，me を to me とすることも行われる．アメリカ英語においては，She had *written some cousins* in Kentucky. のような言い方が非常に多い．

**2.** 文与格［すなわち文修飾語として］: She reached *her son* his coat. における her son は間接目的語であるが，She made *her son* a new coat. においては文与格であるといえる．間接目的語は文与格より動詞との結びつきが密接である．また，間接目的語にあっては，動詞によって表される動作の及ぶ方向という概念（to で示しうる）が顕著であるのに対し，文与格にあっては，動詞およびその修飾語によって表される事柄が，与格の名詞・代名詞によって表される人にとって，利益または不利益な結果になる（for で示しうる）ことを表す．両者の区別は明瞭でない場合もあるが，文与格は自動詞のあとにも用いることができ，また，受身文の主語になりえない．なお，for を用いると語順が変わるのは，間接目的語の場合と同様である．She made *her son* a new coat. → She made a new coat *for her* son.

(**a**) 他動詞とともに用いられている例： Will you write *me* a statement to that effect?／He played *us* a sonata of Beethoven.／Make *him* up a parcel of books.［いずれも口語体］

(**b**) 自動詞とともに用いられている例： Your old umbrella stood *me* in good stead.（君の古洋傘は僕には非常に役立った）／It will last *the owner* a lifetime.（それは持ち主には一生涯もつでしょう）

以上のような与格の用法は，ふつう，「利害の与格」(dative of interest) と呼ばれる．古い時代の作家には，me や不定の you がほとんど無意味に虚辞として用いられていることがあり，その場合には「心性的与格」(ethical dative) と呼ぶのがふつうである．He plucked *me* ope his doublet and offered them his throat to cut. (Shak., *Cæs*)（彼は自分の上着を開き，のどを切れと言った）／Whip *me* such honest knaves. (Shak., *Oth*)（そういう奴ぁ叩きのめしてくれたい）

**3.** 再帰与格（reflexive dative）として： ある種の自動詞とともに用いられ，代名詞に限るが，この用法は古語か文語的である．Stand *thee* close then. (Shak., *Ado*)／And sit *thee* by our side. (Shak., *3H6*) また Here will I rest *me* till the break of day. (Shak., *MND*) のような代名詞の用い方は，再帰対格（reflexive accusative）であって，再帰与格とは区別されるべきものである．しかし両者の区別は明らかでないこともあり，また Hark thee（よく聞けよ）などにおいては，harkee < hark ye などとの混用も考えられる．

**4.** like, unlike, near, nearest, next, opposite の目的語として： How unlike *him*!／Tell me *whom* he is like.／The man was in the chair opposite *you*.

## 8. Future Tense（未来時制）

　未来の時（future time）を表す時制．英語には元来未来の時を表す時制はなく，OE においては現在時制をもって表していた．PE では「shall (should) *or* will (would) ＋不定詞」の形が未来を表すとき広く用いられ，これを future tense と呼んでいる．shall, will は現在ではその原義を失い，まったく単純未来を表すのに用いる場合もあるので，これらを単なる形式語と認め，不定詞との結合形を future tense と呼ぶことは差し支えない．が，元来が話者の心的態度を示すのに用いられた助動詞であり，現在でもしばしば未来以外の意味に用いられる．

**A.** 単純未来としての用法

　will, shall が未来の助動詞として一般的になったのは ME 以後であるが，OE にもその用法がまったくなかったわけではない．現在行われているごとき shall, will の人称別未来用法は 17 世紀ごろから文語においてしだいに確立されるに至ったものであるが，19 世紀以前においては今日ほど確定してはいなかった．PE においてもその用法に動揺がないわけではない．一般的にいって，古い時代には未来を表すのに will よりは shall を多く用いた．たとえば，Wycliffe の聖書（14 世紀末）では Vulgate における未来はすべて shall で訳し，will は意志を示すときにのみ用いており，シェイクスピアや聖書（A.V.）にもそのあとがみられる．けれども，シェイクスピアなどにおいては，shall が義務・必然，will が意志，の観念を含んだ原義的用法において相当にしばしば用いられていることも否めない．

　shall が義務・必然（＝ought to, must, have to, be compelled to）を表す以上，それが二人称，三人称とともに用いられるとき，環境（運命）の必然・束縛，話者の意志などの観念と密接に結びつくことは避けられず，未

来の観念を明瞭に表しえないばかりでなく，また未来の意味に用いるには，しばしば礼儀を失することにもなったであろう．この点，will は，shall よりも，二人称，三人称の未来を表すのに適していたと考えられる．このようにして，二人称，三人称の未来を表すのに多く用いられるに至った will は一人称にもその使用範囲を拡大する傾向がみられる．たとえばスコットランドやアイルランドの方言においては，shall はまったく用いられなくなり，アメリカにおいても，未来は各人称とも will ですませる傾向がある．そしてアメリカ英語におけるこの傾向については，その原因の一つとして，スコットランドやアイルランドよりの移民の言語習慣の影響が考えられてよいであろう．

**1.** 現代英語においては，一人称の単純未来には shall を，二人称，三人称には will を用いる．I (We) *shall* die. ／ You (He, They) *will* die. 一人称未来に will を用いるのは，それが，先行する二・三人称と結合して複合主語を形成している場合だけである．You and I *will* get on excellently well. ／ Eddie and I *will* be delighted to come on Monday. しかし，会話体やくだけた言い方においては，すべての人称に will を用いるという傾向は，英本国においても，ある程度，認められるであろう．

**2.** 疑問文における単純未来は，一人称には shall，三人称には will が用いられ，平叙文の場合と同様であるが，二人称の場合には shall が用いられる．これは，その答えに期待されている助動詞を用いるということである．*Shall* we have the pleasure of seeing you tomorrow?／*Will* he come tomorrow?／*Shall* you come tomorrow?(＝Are you to come tomorrow?) 最後の例で期待される答えは I shall come tomorrow. である．が，会話体などでは shall you の代わりに will you を用いる傾向が強い．

**B.** 現在時（present time）を表す

未来時制はときとして現在の推測を表す．"This *will* be your luggage, I suppose," said the man rather abruptly when he saw me, pointing to the trunk in the passage. ／ You'll have had dinner already, I suppose. （もうお食事はお済みのことと思います）　このような未来時制は，調査の結果その陳述の真なることが判明するのであろうという含みをもっている．

C.　法の助動詞（modal auxiliary）としての will, shall の用法

　　will, shall が単純未来を表す助動詞として用いられる場合と，法の助動詞として用いられる場合とを厳密に区別することは，歴史的にも，また PE の慣用からみても，困難である．実際の慣用ということになれば，will, shall の場合ほど，文法書にしばしば与えられている規則の守られない例はめずらしいといってよいくらいである．が，単純未来以外の要素が比較的はっきりしている場合の概略を示せば次のとおりである．

　**1.**　一人称に will が用いられれば，「意図」(intention)，「願望」(desire)，「脅迫」(threat)，「決心」(resolution) などを示す．I'll send it to you next week.［約束］／ I *will* punish you if you do that again.［脅迫］／ I'll never give my consent to that!［決心］　しかし，強調形の場合には，一人称の shall も決心を示すことがある．この場合，will はその場で行われた決心，shall は熟慮の結果，あるいは深く心に根ざした決心を示すともいえる．一人称の shall が単純未来を示すのか，あるいはこのような強い決心を示すのかの判別は，語調，文脈によらなければならない．

　**2.**　二人称，三人称における shall は，その主語以外のものの意志を示す．Thou *shalt* not kill.［命令］／ You *shall* have some cake.［約束］／ You *shall* pay for that.［脅迫］／ She *shall* not regret her kindness.［決心］／ The time *shall* come when Egypt *shall* be avenged.［運命的必然］

　**3.**　あらゆる人称を通じ，強い強勢を有する will はいずれも決心を表す．I *wíll* go, no matter what you say. ／ You (*or* he) *wíll* act foolishly, in spite of my advice.　また，強勢のない will も，「… する傾向がある」という意味で，習慣的動作を表すことがある．Money *will* come and go.（金は天下のまわりもの）これに強い強勢があれば，習慣性が強いという

ことになる．Accidents *wíll* happen.（事故というのは起こるもの）

　4．疑問文で二人称に will を用いれば，期待される答えも will を含む．つまり相手の意志を問うことになる．*Will* you do this for me? は，I *will* do it for you. という答え方を期待している．一人称で shall を用いれば，相手の意向を問うこともある．What *shall* I do next?（＝What do you want me to do next?）／ *Shall* I open the window?　三人称の場合も同様である．What *shall* he do next?（次に何をさせましょうか）／ When *shall* the wedding be?（婚礼はいつにしましょうか）［この場合 will を用いれば「婚礼はいつでしょうか」の意］

### D.　短縮形

　will の否定形 won't は古い形の wol not から転じたもの．shall の否定形は shan't [ʃɑːnt] で，shall はまたスコットランド方言では se となることがある（s の前に省略がないのに 'se と誤記される形もある）．また，I shall, We shall は早口でいうときなど，しばしば [aiʃl], [wiʃl] と発音される．'ll は元来 will の短縮形で shall の短縮形ではない．COD などは 'll = contr. of WILL in *I'll*; *he'll*; *that'll*; etc. と記しているだけである．COBUILD も -'ll is the usual spoken form of 'will'. It is added to the end of the pronoun which is the subject of the verb. For example, 'you will' can be shortened to 'you'll'. と記している．が，アメリカの辞書，たとえば ACD は，I'll = contraction of *I will* or *I shall* ／ you'll = contraction of *you will* or *you shall*. とあり，he'll の場合も同様である．Webster 3 版も 'll の項で SHALL, WILL としている．これは，発生的にみれば，I'll は I shall の短縮形ではありえないが，現代の（ことにアメリカ英語における）言語意識では，I'll は I shall を用いるべきところにも用いうるということであろう．つまり，I'll は I shall の短縮形でもあると考えられているといってもよいのである．*I'll* do it for you. においては 'll = will であるが，I *will* be glad to do it for you. とはいえない．「喜びたいと思っている」［意

志〕と言おうと思っているのではないからである．したがって，この場合，full form を使うなら，I *shall* be glad ... と単純未来を表す助動詞を用いなければならない．が，I'*ll* be glad ... という形なら非常にふつうに用いられるのである．'ll の形が好まれるのは短い形で便利であるというほか，will か shall を明示しなくてすむ，すなわち選択の労を省いてくれるというためもあろう．逆に 'll の使用が，will, shall の用法を混同する一因になっていることも否めないであろう．

このような 'll を多用する傾向は，その後さらに高まり，21世紀に入ると，'ll という形は，省略形としてではなく，未来時制を表す一個の独立した単語として，認められるに至っているといってよい．そうなると，I'll は I will の短縮か I shall の短縮かという問題は，すでに消失しているといってよい．

## 9. Gender（性）

名詞，代名詞，形容詞などにおける性別を示す文法範疇をいう．英語には sex という語があって，自然界の生理的「性」を示し，gender のほうは文法的性にのみ限って用いるが，日本語には gender に当たる語はない．また，masculine, feminine, neuter は gender に関する語であり，male, female, sexless は sex に関する語である．ラテン語，ドイツ語などの名詞は，すべて男性，女性，中性のいずれかの文法的性をもっている．英語においても，OE の時代には三つの gender があった．この区別はある程度 sex に対応しているが，対応していない場合も相当に多い．wīf（>wife）は中性で，wīfmann（=woman）は男性語であった．また，多くの動物は，その sex に関係なく一定の gender をもっていた．たとえば，hund（=hound）は男性語で，mūs（=mouse）は女性語であった．さらに，無生物も多くの場合 masculine か feminine の gender をもってい

た．stān (=stone)，dēaþ (=death)，mōna (=moon) は男性語，bōk (=book)，hand (=hand)，sunne (=sun) は女性語であった．このような文法的性の起源が何であったかは，まだ解明されるに至っていない．

OE における gender が ME 期に消失した理由はいろいろと考えられるが，Norman との混交よりは，Scandinavians との接触が重視されるべきで，gender 消失は北部方言のほうが年代的に早い．またこれを孤立的現象と見るよりは，格語尾消失の現象との関係において見るべきであろう．さらに，文法的性より自然の生理的性のほうが重視される傾向のあったことも考慮されるべきであろう．OE においても，文法的性に関係なく，物を hit (=it) で受けることが行われており，中性の wīf を she で受けている例もみられるのである．

PE においては，上述のごとき gender の別はまったくないのであるから，問題となるのは，むしろ自然の生理的性を示す言語的手段としていかなるものがあるか，ということである．そして，これは count—countess，widow—widower などの造語法，あるいは man-servant, lady friend, he-rabbit などの複合語の問題となる．

しかし，PE においても，gender に関する問題がまったくないというわけではない．三人称代名詞には he, she, it があり，he で受けることができる名詞は男性 (masculine gender)，she, it で受けられるものはそれぞれ女性 (feminine gender)，中性 (neuter gender) といってもよい．多くの場合，ある特定の名詞を he, she, it のいずれで受けるかはほとんど自明とさえ考えられるが，ある場合には困難がともなう．child は，男女両性に共通の語であり，he, she, it のいずれでも受けることができる．it で受けるのは，その性別を特別に問題にする必要がないからそうするのであって，両親や乳母は he, she を用いるのがふつうである．が，慣用として，(my) child という語が両親によって用いられる際は，boy より girl を指す場合が多い．たとえば，シェイクスピアには my child を boy の意味に用いている例は一つもないが，girl の意味では多く用いてい

る．lover という語は，複数形なら，a pair of lovers のように自然男女両方を含むが，単数形の場合はほとんど常に男性語で，It was a lover and his lass. (Shak., *AYL*) のようにいうことはできても，逆に It was a lover and her lad. のようには，ふつういわない．lover に対する女性語は love である．が，これは恋人関係についてであって，She is a great lover of music. のように用いることは，もちろん可能である．

論理的には，男女両方に用いうる語でも，社会的な事情によって，実際は男女のいずれかに限って用いられる語もある．shoemaker, baker, general, bishop, merchant などは男性語として用いられ，nurse, dressmaker, milliner などは女性語である．これらはもちろん，社会的事情の変化によって用法が変化するもので，アメリカ英語においては，teacher は，ふつう，女性語である．professor, doctor, member of Parliament なども男性専用語ではなくなりつつある．もと両性語であって，現在では女性語になっているものには，harlot, bawd, witch, shrew, slut, gossip, gypsy などがある．

無生物を表す名詞は，it で受けるのがふつうであるが，he, she で受ける場合は，一種の擬人化ということができ，たいてい感情的要素が入る．所有者が pipe, watch その他道具類を女性名詞として扱い，運転士が car, train, locomotive 等を she で受けるのは，これらのものに対する愛情を示す．つまり，これらは，OE 時代の (grammatical) gender にとって代わる PE の (psychological) gender といってもよいものである．一般に，雄大，強烈な男性的感情をいだかせるもの (ocean, sun, death, fear, war) は男性名詞，優美，可憐な女性的感情を表すもの (nature, moon, music, charity) は女性名詞ともいえる．一方，文学上の慣用においては，神話の影響によるもの，そのほか，語源が影響を与えているものもある．sun を男性，moon を女性とすることは，いずれも OE の gender と逆であるが，神話ではそれぞれ Phoebus (Apollo), Luna (Phoebe, Cynthia, Diana) で，現代の心理的性と一致している．もちろん

これらは科学的叙述においては，中性 it で受ける．シェイクスピアとベン・ジョンスン（Ben Jonson, 1572-1637）を比較すると，前者においては想像力による心理的性が多いのに対し，後者においては古典語の gender に対する忠実さがうかがわれる．


## 10. Genitive Case（属格）

　印欧語族の格の一つであって，英文法では possessive case（所有格）ともいう．属格はいろいろの機能を果たし，たとえば起源，分離などの関係を表すのに用いられるが，最も代表的な機能は所有（possession）の関係であること，また，my, our などいわゆる所有代名詞も，その起源は代名詞の属格であること，などを理解しておけば，属格，所有格のいずれの名称を用いても差し支えないと考えられる．

### A. 形態

　属格語尾はふつう -'s と書かれ，複数形の場合と同じく，[s], [z], [iz] の三とおりの発音がある．三とおりの発音に関する規則もだいたい複数形の場合と同様である．ただ，-f で終わる語は，単数属格形においては -'s 語尾をとるだけで，名詞の複数形におけるごとき語幹のつづり字，発音の変化（wife → wives）を引き起こさないことは注意すべきである．たとえば，Peter's wife's [waifs] mother など．これに対する例外は calve's foot jelly（仔牛の足のスープからとったジェリー），calve's head（料理としての仔牛の頭）などに残っている．[kɑ́ːvzfut] という発音は英米共通であるが，つづり字には calf's foot, calves'-foot, calves-foot などいろいろある．しかし，料理名でないときには，the calf's [kɑːfs] foot, the calf's head, the calf's tail のように規則的である．

　-s で終わる複数形の名詞は，発音に関するかぎり，複数属格形を示す特

別の屈折語尾はとらない．しかし，書く際には -s の次に apostrophe をつけて，a girls' school, a two-hours' walk のようにする．いわゆる不規則複数名詞においては，単・複属格形は同じ屈折語尾をとる．たとえば child's—children's, man's—men's, goose's—geese's.

　この属格語尾 -'s は OE -es にさかのぼる．-es は元来 OE の強変化男性・中性名詞の単数属格語尾であった．þæs cyninges sunu (= the King's son), sweordes ecġ (= sword's edge). この語尾が ME 時代になると，他の弱変化名詞にも，また女性名詞にも，単数属格語尾として使用され，弱音節であった -es の -e- が脱落するや，-'s はついに一種の living suffix (現用接尾辞) として確立されるに至ったのである．したがって，歴史的には [kɑːvz] と同様に [waivz] となるべき wife の属格単数も [waifs] (wife's) となるに至っている．

　また，-'s のようにアポストロフィーを書く習慣は 1680 年ごろから始まったものであり，複数形の -s' は 1780 年ごろより以降のものである．しかし，これらの年代以前にアポストロフィーの使用がなかったわけではなく，たとえば stabb'd で stabbed を，earth's で属格単数を示す用法は，シェイクスピア時代にもあった．これらのアポストロフィーは省略符号であって，上の場合には ME 期に消失した -e- を表しているといえる．ただ，-'s は属格単数という格とは無関係に用いられたのであり，またたとい属格単数としての用法が偶然あっても，それは例外的なものであり，アポストロフィーはない場合のほうがふつうであった．つまり，kings というつづり字は，king の主格複数，属格単数，属格複数のいずれをも表しえたのである．

　-'s 語尾が属格単数語尾として 17 世紀末ごろから急速に広まったのは，-'s が his 属格の縮約形と一般に考えられていたからであるといってよい (たとえば，Hume (1617: 29), Maittaire (1712: 28), Addison (1711: 204), Philp (1885: §195) 等の言を証拠として引用することができる)．-'s と his 属格との混同が生じたのは，-'s と his 属格の弱形の発音 [s; z; iz] が偶然に一致

したことに由来している．元来，-'s と his 属格とは起源的にはまったく無関係である．his 属格は多くの場合，破格構文（anacoluthia）に由来したもので，OE にもまたドイツ語やデンマーク語にも見られる．英語において，his 属格が最も多く行われているのは 1500-1700 年ごろであるが，ここでも，たとえば the king's castle が the king his castle の縮約形と考えられたことが関係している．つまり，-'s の確立と his 属格の普及の間には相互影響が看取される．しかし，his には性・数の制限があり，女性名詞，複数名詞の際には *Mary her* book／For my soul, *my Father and Mother their* soul のように言わなければならず，また his 属格は発音の際，たとい h- は落ちても母音の入ることもあり，-'s 属格と必ずしも一致しないときも生じたため，やがて消失するに至った．

一方，OE には，強変化の男性名詞，女性名詞の一部に，主格と同形の属格も認められ，ME になると，語尾の水平化・脱落のため，弱変化名詞にも見られる．が，その多くは -(e)s 語尾に駆逐され，PE では Lady Chapel, Lady Day, Lady altar, ladybird = lady-clock = lady-cow（てんとう虫），lady smock（たねつけばな）などにその名残が認められるにすぎない．また，曜日のうち Saturday 以外は全部属格を含んでいるが，Tuesday, Wednesday, Thursday の中の -(e)s 語尾は男性名詞変化形に由来し，Sunday, Monday, Friday は ME 期に無屈折語尾となったものに由来している．

**B.　意味・用法**

属格の原義は明らかでないが，元来形容詞的な働きをもっていたと考えられる．しかし，OE では副詞的な用法も併せもつに至っていた．これらの副詞的用法は，ModE にあっては，少数の化石化された表現にその名残をとどめているのみで，現在生きている属格用法とはいえない．このような副詞的属格（adverbial genitive）としての格語尾は of によって置き換えられる．また，その用法の多くは対格にとって代わられた．副詞的用

法は time, space, manner に関するものが多かった. winters and summers (= during winter and summer), fiftēne elna dēop (= fifteen ells deep), ōðres weges hāmweard (= another way home) など. 現代に残っているものには, must needs, nowadays, go your ways などがある. また, ModE の of a morning, of an evening, of a Sunday afternoon, of late years などの用法は, 古い副詞的属格の用法に通ずるものといえよう. なお, The museum is open *Sundays*. などの（主としてアメリカ英語の）用法は副詞的対格用法に相当するものであろう.

OE における属格は, want, fullness, desire などを表す形容詞に支配され, またある種の動詞に支配され, 感情の起源や対象, あるいは, 欠乏したり補充されるものなどを表した. ModE における think of, deprive of などの表現はこれに対応するといえるが, 起源的には OE の属格とは無関係であるかもしれない. が, とにかく, 属格を直接目的語として用いることは ME 初期に消滅した. OE における動詞の大部分が対格を目的語としたため, 対格が目的語を表す格として確立されるに至ったためと考えられる.

ModE における属格用法のうち, 最も重要なのは, 広い意味における「所有関係」である. しばしば possessive genitive（所有属格）, subjective genitive（主語属格）, objective genitive（目的語属格）, descriptive genitive（記述属格）, appositive genitive（同格属格）のごとき分類がなされる. いずれも「密接な関係」を表していることは事実であるが, これらの分類は画然たるものではなく, 具体例においては弁別しがたいこともしばしばある.

**1.** 所有属格は, すべての属格中, 最も多く使用され, 限定的にも, 叙述的にも用いられる. 限定的用法は, Which is the *doctor's* house?／*Whose* handwriting is this? などのような例であり, 叙述的用法は, This house is the *doctor's*.／*Whose* is this handwriting? などのような例である. 文脈から容易に補いうる名詞は自由に省略することができる. たとえ

ば，I have read all Scott's novels, but only a few of *Thackeray's* (novels) のように．また，St. Paul's／the barber's／the butcher's／I've just come from *my father's*. などにおいては，それぞれ cathedral, shop, house など建物の名前が，少なくとも起源的には省略されてできた言い方といえる．

**2.** 所有属格と主語属格・目的語属格相互間の関係は密接で，いずれとも言い切れぬ段階のあることは，次のような一連の表現を考量するとき明らかである．

［所有属格からしだいに主語属格へ］the girl's (*or* her) heart, mind, will, illness, feeling, admiration

［所有属格からしだいに目的語属格へ］the man's (*or* his) sons, friends, heirs, pupils, successors, followers, admirers

ある属格が主語関係のものか目的関係のものかを決定する一般的基準を求めることは困難で，多くの場合，文脈によらなければならない．たとえば，*Your* praise encouraged him.／*His* assistance was required. においては主語属格で，No tears were shed for *her mother's* loss.／We came to *your* assistance. においては目的語属格である．しかし一般的に，動作主名詞 (agent noun) を限定する属格は目的語属格であるといえる．たとえば *Caesar's* murderers, *my father's* supporters など．もっとも，*her* lover (lover は，通例，男性である) のごとく，文脈によって目的語属格 (a man who loves her) にも，所有属格 (her lover) にもなるものもある．また，動作名詞 (action noun) が自動詞的要素を含んでいる場合，それを修飾する属格は常に主語属格である．たとえば，*the doctor's* arrival, *her* death のように．動作名詞が他動詞的要素を含んでいる場合，もとになる他動詞が人を表す名詞を目的語となしえないものであれば主語属格 (たとえば *the doctor's* suggestion, *his* decision) で，人を表す名詞を目的語とするものであれば目的語属格 (たとえば *children's* education, *my* punishment) であることが多いといえる．

一方，現代の英語における目的語属格の使用は，古い時代に比して制限されており，またそれは of 句その他によって置き換えられ，一種の機能分化がみられるに至っている．たとえば，*the enemy's* fear（= the fear felt by the enemy）[主語属格] ／ Their fear of the enemy was great（= they feared the enemy greatly）．[目的語属格] ／ *God's* love [主語属格] ／ the love *of God* [目的語属格] などを比較．

**3.** 記述属格で，現代の英語で多く用いられるのは，a *moment's* hesitation, within a *stone's* throw, a nine *days'* wonder のごとく，限定詞，ことに数詞をともなって，time, space を表す句においてであり，また，*mother's* love, a *woman's* college なども記述属格に含まれる．しかし，その多くは，of 句によって代用されるようになっている．たとえば，the work of a moment（つかの間の仕事），a boy of ten years のような場合には，a *moment's* work, a ten *years'* boy のように言うことはできない．なお，a boy of ten years old という混成形もあるが，文法的には a boy of ten years, a boy of ten years of age, あるいは a boy ten years old とすべきである．また，a man *of* noble character, a matter *of* considerable importance, a man *of* tact, a person *of* consequence などの of 句は，いずれも性状の叙述であって，記述属格に相当するものである．Can I be *of* any service to you?, I am quite *of* your opinion., The flowers are *of* a beautiful colour., The door was *of* a dark brown. のごとく，この of 句は動詞のあとにも用いられるが，最後の2例において，of を省くこともできる．そして，その場合には，記述の対格（accusative of description）といわれている構文となる．

**4.** 同格属格は，その被修飾語に対し，意味上，同格名詞と同一の関係を示す．*St. James's* park, *St. Paul's* (Cathedral) のように被修飾語とともに一個の固有名詞をなす場合に多い．一方，*Albion's* happy isle, *Time's* fleeting river (Shelley) のような同格属格は，以前は多く用いられたが，現在では，詩語，雅語に限られ，of 句による代用形がふつうである．たと

えば the city *of Rome*（= L. *urbs Roma*［同格名詞］）．Cf. *Thebes the citee* = the city of Thebes (Chaucer), the continent *of Africa* など．以上，いずれも被修飾語が class を表すのに対し，属格および of 句はその class に属する一個体または一事象を表す．the jewel *of life*（玉の命），vice *of drunkenness*（大酒の悪癖）なども同類である．ただ，注意すべきは，この種の表現は範囲が限られていることである．of 句による代用形は地名と用いることが多いが，河の名前の場合には使われない．the river Thames, the river Nile を the river *of Thames*, the river *of Nile* ということはない．さらに，ME 末期から用いられるようになった a devil *of a fellow*（= a devilish fellow), an angel *of a woman*（= an angelic woman）のような言い方も上掲 of 句の表現と通ずるものといえよう．

以上，属格の形態，意味・用法について略述したが，以下さらに，注意すべき二，三の点について述べることにする．

(**a**) 二重属格 (double genitive)：　a friend *of mine*, a friend *of the vicar's* のようないわゆる二重属格は，起源的には a friend in the number of my (*or* the vicar's) friends の意．つまり部分属格 (partitive genitive) で，あとに複数名詞が含意されていると考えられる．ModE における that long nose *of his*, this only son *of the vicar's* のような表現は，部分属格起源説よりすれば，当然非論理的表現であり，of は同格と解釈するほうが妥当である．このような表現の含む感情的要素にも留意すべきである．が，部分属格起源説よりするとき，that long nose of his が非論理的表現であるということは，それが起源的に部分属格であることを否定するものではない．

(**b**) 群属格 (group genitive)：　*the King of England's* power, *somebody else's* umbrella, *a quarter of an hour's* ride のように，一個のまとまった概念を表す語群の最後の語にだけ -'s を付ける群属格は，14 世紀からその例がある．ドイツ語，フランス語には見られないが，英語においては，ほとんどいかなる長さの語群にも用いうる．が，やはりおのずから限

度があり，*the father of the child's* remonstrances のごときものは the re-monstrances of the child's father とすべきであり，That's *the man I saw yesterday's* son., That's *the passenger that missed the train's* luggage. のような例は滑稽感を与えるものである．


## 11. Historical Present（歴史的現在）

　現在時制の一用法．物語，ことに生彩ある文体において，過去の出来事を生き生きと述べる用法である．Soon there *is* a crowd around the prostrate form, the latest victim of reckless speeding. A strong man *holds* the little fellow in his arms. The crowd *makes* room for a slender woman who *cries* out, "Give me my boy." この用法は OE には見いだされず，1300 年ごろになって初めてふつうになったもので，その成立は，ラテン語または OF の影響によると考えるよりも，英語固有の発達によると考えるのが至当であろう．

　歴史的現在は必ず過去の事柄に関係しているものであるから，現在という時が，なんらかの意味で，含まれている場合は，厳密には，歴史的現在とはいいがたい．が，過去の事柄を現在の関心事として述べるような場合にも歴史的現在ということがある．たとえば，"Mr. Smith, we *read* in the newspapers that you are going to Europe soon."／Homer *says* that ... など．また，It *is* not till the close of the Old English period that Scandinavian words *appear*. Even Late Northumbrian (of about 970) *is* entirely free from Scandinavian influence. (Sweet) のような現在形の用い方に対しては，記録的現在時制 (annalistic present tense) という名を用いることもある．

## 12. Imperative Mood（命令法）

　命令を表す動詞の形態的変化．文法でいう「法」(mood) は，文の内容に対する話者の心的態度を示す動詞の形態的変化を指す．動詞以外の語（たとえば助動詞や副詞など）に話者の心的態度が現れる場合があっても，それらはここでいう「法」の対象とはならない．命令法は，話者の意志を表すので「意志法」(will-mood) ともいう．しかし，命令といっても，その種類にはいろいろあって，要求，懇請，希望，禁止（否定の場合）を表すこともあり，ときには許可の意を表すこともある．OE, ME にあっては単数，複数は別個の語形を備えていた．たとえば，OE bindan [bind] の命令形は，単数形は bind，複数形は bindaþ である．しかし，ModE では動詞の基本形と同形になった．*Come* at once. ／ *Go* to bed. ／ *Take* that! などいずれも命令法である．一方，I tell you to go to bed. ／ I allow you to take that. のような形を用いれば直説法 (indicative) となる．

　命令法は命令を表すことが多く，また命令はその本質上，二人称に対するものであり，話者との関係が常に決まっているので，通例，主語を要しない．したがって，最も古い時代から Go at once, and don't come again! [古くは and come not again!] のような言い方はきわめてふつうである．しかし，主語を用いることもある．その場合は，感情的色彩を加えることになり，しばしば指さす身ぶりなどをともなう．古い時代には代名詞 (thou, ye, you) は動詞のあとに置かれた．*Come you* to me at night. (Shak. *Wiv.*) ／ *Fear not you* that (ibid.) など．この語順は，少数の成句的表現に残っている．*Look you.* ／ *Mind you.* しかし，1700 年ごろより，代名詞の主語を動詞の前に置く傾向があり，現代では，*Yóu márk* my words. It's a certainty. ／ Just *yóu wáit* and *sée*. ／ *Yóu léave* that alone. のように言うのがふつうである．

強調的な場合には do を用いることもある．が，これらは強い命令というより懇請を表すものである．*Dó go*, please! ／ *Dó thóu stand* in some by-room. (Shak. *H6*) ／ *Dón't yóu do* that! ／ *Dón't yóu forget*!〔本動詞には強勢が置かれないことに注意〕．一方，否定命令，禁止を表すにも do を用いるが，この場合は，強調の意は，通例，含まれない．*Don't tálk* so lóud! ／ *Don't forgét*! など．古くは *Never mention* it again! ／ *Never* (you) *mind*! などに今なおみられるように，do を用いなかった．do のない否定命令形は詩などにおいてはまだ用いられる．*Tell* me *not*, in mournful numbers. (Longfellow, *A Psalm of Life*)

命令法が一人称，三人称の代名詞とともに用いられることもある．一人称の場合，古くは，仮定法を用いた．Then *go we* in. (Shak. *H5*) ／ *Praise we* the Virgin all divine. (Coleridge, *Christabel*) しかし，現在では *Let us gó*. のように let による迂言形を用いる．Let us ... はしばしば Let's ... と縮約されるが，両者の間には機能の分化を生ずるに至っている．Let us go (＝Set us free). に対し，Let's go. は we (＝I＋you) の中に含まれている I の行動に you の同意をうながす言い方であり，換言すれば，I suggest that we go. の意である．Let us の否定形は Do not (Don't) let us で，Let's の否定形は Let's not と考えられるが，do の使用による区別は画然たるものではないようである．たとえば，Do not let us の代わりに Let us not の形も用いられる．アメリカ英語では Let's don't go. のような言い方もある．なお，Let's go for a walk. のような let's 構文に対する付加疑問文は Let's go for a walk, shall we? がふつうである．

三人称を主語とした命令法もしばしば用いられる．Don't congratulate me, anybody. ／ Hallo! Someone come and shut the windows. (Shaw, *Saint Joan*) など．しかし，この場合もやはり目の前にいる人に向かって呼びかけているのであって，some(one)＝some(one) of you，つまり内容的には二人称である．

命令，懇請は概念上，常に，未来の時に関係するものであるから，命令

法の時制は常に同一であってよいはずである．が，実際は完了形の形も用いられる．*Have done* trying that child, Graham. (Charlotte Brontë, *Villette*) / You perfidious goblin, *have done*! (Dickens, *Dombey and Son*) これらは形の上からは完了時制であるが，概念的には，他の命令法と同じく，未来（現在）の時に関係をもっており，Stop at once! あるいは Don't go on! と同義である．ただ，話しかけられた人が，そのときまでに，その（話者の気にさわった）行為をやめてしまっているべきであった，ということを含意するので，強調的な言い方となっている．Be gone!（消え失せろ）も同様．

## 13.　Perfect Tense（完了時制）

現在完了時制（present perfect tense）ともいうように，現在時制の一種であるといえる．have という現在形の助動詞に動詞の過去分詞を結合することによって表される．が，完了時制は，現在を過去に結合する働きをもっている．換言すれば，現在を過去の時に生じた出来事となんらかの関係を有するものとして表現する．たとえば，I *have bought* a new hat this afternoon. といえば，この陳述が行われたときはその日の午後がまだ終わっていないうちで，また，その新しい帽子をまだ持っていること（結果・影響）を含意する．また，I *bought* a new hat this afternoon. と過去形を用いれば，それはその日の evening 以後になされた陳述であり，また現在のこと，たとえばその帽子をまだ持っているのか，失くしてしまったのか，についてはなんら述べるところがない．われわれは，England has had many able rulers. と言うことはできる．英国という国はいまも存在しているのであるから．しかし，England を Assyria に置き換えるなら，Assyria had many able rulers. と言わなければならない．Assyria という独立国はすでに存在していなくなっているからである．

現在完了が現在の時と密接な関係を有することは，ともに用いられる副詞にもみられる．現在完了は，now, already, today, this year, up until now, recently, lately など，現在の時か現在まだ終わっていない時を示す副詞とともに用いることができる．が，just now, long ago, a short time ago など過去を表す副詞とはともに用いられないのがふつうである．つまり，明確な過去の時を示す副詞(句)あるいは文脈があるときは，過去時制を用い，それがないときは完了時制を用いうる．過去時制も完了時制も過去の時に関係をもっているかぎりにおいては共通点をもっており，またある言語，たとえばドイツ語やフランス語などにおいては，完了時制が過去時制として用いられる傾向もあるが，英語においては両者の区別が相当厳重に守られている．I *have visited* England three times. のようにいうことはできるが，I *visited* England when I was a boy, but *have not visited* it since. で過去形の *visited* を have visited とすることはできない．なお，これらの例における完了時制は，過去の時よりその陳述の瞬間まで妥当する事柄（現在までの経験）を表している．また，It was one of those epidemic frenzies which *have fallen* upon great cities in former ages of the world. のような例においては，過去にも現在にも，あらゆる時代に生ずる事柄，つまり時の限定が確定していない陳述に用いられており，いずれも完了時制としては多い用法である．

完了時制は，過去に始まって現在も続いている行為・状態を示すのにしばしば用いられる．He *has been working* hard all day. / He *has been sick* all week. / He *has lived* here for three years. このような場合，現在時制を用いることもあるが，完了時制を用いるのがふつうである．

完了時制に用いられる have は現在ではその原義をまったく失い，単なる時制の助動詞となっているが，起源的には，「持つ」という意味の現在時制を表していたのである．つまり，完了時制と現在時制との密接な関係は歴史的にも十分な根拠をもっている．たとえば，I *have* the letter *written*. は本来 I *have* the letter in a *written state*. という現在時制で，*written*

という分詞はhaveの目的語であるthe letterに対する叙述形容詞で，古くは，その目的語に対応する屈折語尾を備えていた．今日でもこの構文は可能であるが，その多くは使役・受動の意味となる．「書かれた状態にある手紙をもっている」ということは，それ以前に行われた行為を含むから，have writtenが，「過去の事実を現在の立場から見る」時制に発展したことは容易にうなずける．過去分詞を無屈折のまま用いることはすでにOE末期にはふつうとなっていた．現代のように目的語を分詞のうしろに置く形は14世紀までは多く用いられなかった．このような完了形の発達がもとになって，新しく，過去形をもとにした過去完了時制（pluperfect tense）が生まれるに至ったことは容易に想像される．I *had* the letter *written.* → I *had written* the letter.

　しかし，その成立上，haveが他動詞の過去分詞とのみ結合したのは当然で，自動詞はbeと結合して完了形をつくり，その例はOEはもちろん，シェイクスピアなどにも多く見られる．The King himself *is rode* to view their battle.　一方，OEにおいても自動詞にhaveの用いられた例はあり，またhaveが原義を失って助動詞的性格を発達させるにつれてhaveはbeの領域に侵入し，現在ではあらゆる動詞にhaveを用いることができるようになった．もっとも，現在でもbeを用いる場合がある．My money *is* all *gone.* ／We *are assented* to discuss a difficult problem. しかし，このような場合，beとhaveでは機能が分化しており，beは状態・結果に重点を置くときに用い，haveを使えば動作のほうに重点が置かれる．したがって，beの場合のほうが，より現在的ということもでき，分詞は動詞としてよりはむしろ形容詞として感ぜられる．

　なお，アイルランド英語では，完了形として「be+after+ing」を用いることもあるが，ふつうの形も用いられる．また，もとgetの完了時制であったhave gotは今では完了の意味を失い，have (=possess) と同じ意味で，まったくの「現在時」を表すに至っている．I *have got* (=*have*) a cold (a new car, no timeなど)．／I *have got* (=*have*) to do it.／I *haven't got* any money. [I *haven't* any money. より会話ではふつう] これらは口語体で非常に多く用いられるが，その理由としては，have が助動詞として頻繁に用いられるため，本来の 'possess' という意味を表すには十分でなくなり，類義の get で補強する必要が感ぜられたこと，また，疑問，否定の場合，Can I have a pen? (cf. Have you got a pen?) のように他の助動詞の場合と同じ便利な語順が得られることが考えられる．しかし，have got と have とはまったく等価であるというわけではない．have got は他の助動詞 (will, shall, may, must など) と結合する場合はあまり用いられない．「have＋目的語」の結合が強いとき (*have a look at*; *a smoke*; *a bath*; *a good time* など) や have が take food の意味のときも同様である．また，He has a blind eye. と Look at John; he has got a black eye. あるいは，We don't have to change at Crewe. と We haven't got to change at Crewe. (今度は乗り換えなくてもよい) の二対の文を比較すればわかるように，have が一般的［恒常的］なときに用いられるのに対し，have got は最近生じた事柄［事情］の結果として述べるときに用いられるという区別があることもある．他方，get がそれ自体の意味における完了形をもつことはもちろん可能である．He *has got* (＝*has obtained*; *won*) no end of prizes in his time.

## 14. Progressive Form (進行形)

　動詞 be の定形と -ing との結合形をいう．さまざまの働きをするので，名称もいろいろの立場から行われている．「進行形」は，これが動作，状態の進行を主として表すという見地に立っていると考えられる．また，expanded form (拡充形)，expanded tense (拡充時制) という名称もあるが，それらは結合形態を暗示するとともに，特定の機能明示により生ずる誤解を招かない利点をもっている．が，最も広く行われてきた名称はやは

り「進行形」であろう．これが時制の一種と認められることがあるのは上の名称にも表れているが，時制よりもむしろ相（aspect）を表すものであると考え，「進行相」(progressive aspect)，「継続相」(durative aspect) と命名することも行われている．このようにその名称がまちまちであるということは，その用法が複雑であること，またそのゆえにこれを文法体系のどこに属せしめるかに相当の困難があるということを物語っているといえよう．

**A. 起源**

多くの学者によってさまざまの論議がなされている．OE にも「be＋現在分詞」の形は存在した．しかし，それらは概してラテン語の原文からの翻訳に多く，その用法も現在ほど明確なものではなく，単なる現在形・過去形との差はあまりなく，ただ叙述を生彩あるものにするためのものであったようである．ME においてもこの構文は重要な役割を演じているわけではなく，その例もまれのようである．シェイクスピア（1564-1616）にいたってもそれほど多くは用いられていない．バニアン（John Bunyan, 1628-1688, *The Pilgrim's Progress*（天路歴程）の著者）になるとふつうであるが，確立されたのはアディソン（Joseph Addison, 1672-1719）のころである．また，The letter *is being written*. という受身の構文は 18 世紀末ごろから用いられ始めたものであり，形容詞とともに用いられる He *is being polite*. という構文は 19 世紀の終わりまでには現れない．is having という新しい形も 19 世紀からである．一方，「be on＋動名詞」(He *is on hunting*.) という形の構文は 14 世紀ごろから見られ，この on (＝in the course of; engaged in) は a に弱められ (*a-hunting*)，さらにこの a- が脱落して現在の be＋ing の形をとるに至ったと考えられている．a-hunting という形は 16-17 世紀ごろ，ことに多い．

OE 現在分詞語尾 -ende はすでに ME 期に動名詞語尾と同形の -ing となっていたから，OE にさかのぼる「be＋ing（現在分詞）」と ME にさか

のぼる「be＋a-ing（動名詞）」の二つの構文の混同が生じたのは自然で，現在分詞に a- をつけた形や，a- はなくてあとに of を伴う言い方（a-ing が目的語をとる場合は必ずそのあとに of をとったのであるから，of は本来動名詞構文のもの）などが見られ，俗語には今でも残っている．ModE における進行形の成立過程に関しては，概略以上のような事実をもとにいろいろな解釈がなされうる．が，現在分詞と動名詞の形が同一となったこと，したがってまた「be＋ing（現在分詞）」と「be＋(a-)ing（動名詞）」の両構文の混同，相互影響があったことなどが，今日の進行形の意味や用法の確立にあずかって力があったと考えることは間違いではないであろう．

**B.　意味・用法**

　進行，継続等の概念を示す名称が多いことからもわかるように，この構文が ModE において，ある動作，状態が継続・進行することを表していることは事実であり，またそれが重要な要素を占めていることも否定できない．しかし，継続という意味では，単なる現在時制（The sun *rises* in the east. ／ She *plays* wonderfully well.）や完了時制（He *has lived* here for three years.）にも継続的意味をもった用法はある．したがって，進行形における継続・進行の仕方ということが問題となってくる．たとえば，When he came, I *was writing* a letter. における進行形はどのような継続の仕方を示しているであろうか．この場合，writing という動作が come という語によって示される時より以前に始まり，それ以後まで続いたことが示されている（どのくらい以前に始まり，どのくらいあとまで続くかは明示されることもあり，されないこともある）．

　つまり，進行形は確かに進行・継続の意味を含んでいるが，それは進行形によって表される動作・状態が，他の語によって表される行為あるいは時より，相対的に，長い時を示しているということである．したがって，継続といっても恒久的継続や単なる反復動作を表す際には用いられず，そのような場合は，たとえば The moon *shines* at night. ／ He *goes* to the

United States once a year. のように現在時制が用いられる．

　このように，進行形が文中の他の語あるいは文脈によって示される時に，ある動作が継続していること，したがってその時にある動作が未完了であるということ，換言すれば，進行形が文中の他のあるものに対して，それを包む時間の枠をなしているということは，進行形の用法を理解するうえで重要である．

　進行形の表す時が文中の他の，より短い時を取り囲む枠を形成する働きをもっているということは，その時間の枠によって取り囲まれるより短い時を示す副詞（相当語句）の存在を予期させる．I'll *be writing* when he comes. 現在形を用いる際，相対的な時を示す副詞（句）を省きうるのは，現在形が事の性質上，現在の瞬間を含むゆえにそれと相対的に考えられ，それ以上の時の規定を必要としないからである．I *am writing* a letter. は now; at the present moment（of your coming）などの意を含んでいる．完了時制の場合も同様な考え方が可能である．I *have been writing* a letter.

　このような，進行形が時間的な枠を形成しているという考え方は，多くの場合を説明しうる点ですぐれている．しかし，この枠というものは，必ずしもあらゆる場合に明確であるわけではない．I *was coughing* all night long. と I *coughed* all night long. とはほとんど意味の差がない．しかし，なお進行形のほうが動作の継続という概念を強く表しているということはできる．I *live* at Oxford. と I *am living* at Oxford. とを比較すれば，両方とも Oxford が現在の居住地であるという点においては変わりがない．その限りにおいては，単なる現在時制と進行形の用法は重なっている．しかし，単なる習慣的な行為を示す際には，I *live* at Oxford in winter. と言って，I *am living* at Oxford in winter. とはふつう言わない．進行形はある特定の瞬間［時］に行われる現実の行為そのものを表すからであり，その結果，以前 Oxford 以外の土地に住んでいたことを予期させる．

　しかし，また，進行形というものは行為，状態の進行・継続のみを表し

ているわけでもなく，さまざまの副次的な要素を含んでいる場合がある．個々の具体例について，進行形の用いられている理由を弁別しようとする際に遭遇する困難の多くは，この副次的な機能によるといえるであろう．それは継続・進行の意味から派生したものであることもあり，進行形をとる動詞が特別の意味のものである場合，また，ともに用いられる副詞が特別のものである場合などに，それらとの関連において生ずるものであることもある．

　いろいろな機能が重なって用いられている場合も多く，また，いかなる意図・理由から筆者・話者が，ある場合に単純形でなくて進行形を用いたのか，ということを確かめることは，しばしば不可能であり，そのような場合における進行形の解釈が論者によって異なるのは不可避となってくる．以下，特殊な用法について略述することにする．

　進行形はしばしば文に感情的色彩を与え，焦燥，驚き，非難，賞賛などを示す．Now, that boy *is* again *whistling* his infernal melodies.（また忌々しい口笛を吹いている）／What *have* you *been doing* to that picture?／Someone *has been tampering* with this lock.（なんだ，この錠前の直し方は）／John *is* now *doing* fine work at school. これらの場合，完了進行形は，have you done／has tampered と明らかに異なる．感情的色彩を帯びた用法は，慣用的言い方に多く，また継続の意味は薄い．When Elizabeth put Ballard and Babington to death, she *was* not *persecuting*. のような例においては強い確信を示しているといえる．

　進行形のこのような用法が可能であるのは，進行形が叙述形容詞のような叙述力をもっており，単純時制に比して具体的であり，したがってそれによって表される行為を浮き上がらせ，強調する効果をもっているためであると考えられる．叙述を生彩あるものにするこの用法は，その限りにおいては OE の「be＋現在分詞」にさかのぼるものといえよう．また，このような場合，しばしば always などの副詞をともなうこともあるが，その際の always は「恒常性」ではなく「反復性」を意味するといえる．

You *are always finding* fault with me. / Here is the shawl you *are always dropping*.

　完了時制の進行形は現在に近接した過去の時を示すことがある．この場合には recently, just now の意が含まれる．I *have been seeking* you. / A man who *has been drinking* wine at all freely, should never go into a new company. これは，進行形が現在を中心とする時の広がりを表すが，その広がりが比較的限定されているため，完了時制のもつもう一方の，つまり過去への限られた広がりが顕著になって生じた表現と考えられる．

　進行形が(近接)未来を表すことがある．We'd better *be dressing* for dinner (=*begin to dress*). / I must *be going*. [I must go. は going の時については何も述べるところがないが，be going のほうはその近接性を示している] このような用法は，進行形の現在を強調する用法より発展したものと考えられる．ことに「be going to＋不定詞」は go が運動を表す原義をまったく失って，未来を表す文法上の形式語となっている．したがって，I *am going* to go. / I *am going* to come. のような言い方も可能である．15世紀終わりごろから始まった形式であるが，16世紀ごろはまだ盛んでなかった．

　「be being＋形容詞」の形は最近では非常に多く用いられる．単純時制が恒常的性質を表すのに対し，進行形が一時的な状態を表すことに起因しているといえよう．She is silly. / She is polite. に比し，She *is being* silly. / She *is being* polite. は一時的な状態・行動を示す．*Was* he only *being* friendly because he was happy? などにおいては，このことはいっそう明瞭である．

## 15.　Subjunctive Mood　(仮定法)

　法 (mood) の一種．ある事柄を事実としてではなく，単に話者の心の

うちで考えられたもの（思想，概念，願望，意志，計画，仮定）として述べる法で，thought-mood（叙想法）ともいう．subjunctive という名称は他の文法上の術語と同じように誤解を招きやすい語である．本来 subjunctive という語はローマ文法家の用いた subjunctivus（L）に由来し，proper to be subjoined（従属すべきもの）すなわち subordinate clause（従属節）において用いるものという意であった．OE においては，その従属節が確実に事実を表しているのでない限り，あらゆる従属節に subjunctive を必要とした．I wish ... などに続く従属節においてのみならず，He said that ... などふつうの間接話法においても subjunctive がふつうであった．現代の英語でも I desire that he *go*. ／I wonder if it *be* true. ／I fear that he *be* discovered. のような用法は見られる．

　このような従属節に subjunctive が用いられている場合，subjunctive という名称はまことに妥当である．John said, "I am sorry." を話者が自分の言葉に直し John said that he ... と間接話法で言うとき，John said ということは事実として述べられているが，that 以下のことは話者により事実であると判断されているわけではない．それはただ考えられているだけである．つまり，John's saying は fact であるが，John's being sorry は thought にすぎない．しかしながら，このような thought を表している従属節に必ず subjunctive が用いられるかといえば，もちろんそうではない．subjunctive が用いられる場合もあるが，用いられない場合のほうが多いのである．間接話法においても John said (that) he *was* sorry. のように直説法であり，他の従属節においても古い時代の subjunctive に代わって直説法が用いられるに至っている．

　一方，subjunctive は OE 以来，従属節以外にも用いられている．Long *live* the king! ／Heaven *help* him! など独立文における用法がそれである．これらは機能の上からいえば，thought を表すというよりはむしろ will（意志）を表すものである．したがって，形態的には subjunctive であるが，意味上は命令法と密接な関係があるといえよう．

以上，要するに，subjunctive という名称を文字どおりに解釈し，あらゆる従属節に subjunctive が用いられると考えたり，あるいはまた従属節以外には用いられないと考えたりすることは，事の真を誤る第一の原因ということができる．さらに，subjunctive が常に thought を表すものであるとは限らないこと，また thought を表すもの subjunctive に限らないということにも十分注意すべきである．subjunctive という名称は古来広く用いられており，たといそれが不適当なものであっても，その改変は困難であること，また日本語の場合も，これを「仮定法」，「接続法」，「叙想法」といっても，いずれもその一面を伝える名称にすぎないことを忘れてはならない．以下では便宜上「仮定法」という日本語を用いるが，不備な点のあることに留意されたい．

### A. 形態・意味

　現代の英語において，どのような形を仮定法と認めるべきかということは相当に困難な問題である．ふつうの動詞にあって直説法と形態的に区別できる仮定法は三人称・現在・単数形（たとえば he see）のみである．be 動詞にあっては，I am ／ he is ／ he was ［直説法］に対し，I be ／ he be ／ he were ［仮定法］といった区別が認められる．しかし，実際の口語英語において If I be ... などということはほとんどなく，区別して実際に用いられるのは was と were くらいのものである．もちろん OE にさかのぼればかなりはっきりした仮定法の形態変化が見られる．しかし，現代の英語に関するかぎり，仮定法語尾がきわめてまれであり，99 パーセントまで直説法と形態上の区別がつかなくなっているといっても過言ではない．

　仮定法退化の原因は二つ考えられるが，それらはいずれも相互に影響しあっている．すなわち，第一に直説法と仮定法とを区別する語形変化が，屈折語尾の水平化によって失われたこと，第二に両者の機能の差異に対する言語感覚が薄れてしまったことである．このような言語感覚が薄れたということは，たとえば，必要のないとき，すなわち文脈によって明らかで

あるときは，fact を述べるにも，thought を述べるにも，言語的な区別をしない，という英語の一般的傾向によってもわかる．Boxers groan, not because they *are* in pain, but because in uttering the sound the whole body is braced up. などにおいても，却下理由（rejected reason）を示す節には，ラテン語なら仮定法を用いるが，not because という語形によって却下理由が明らかであるがゆえに，英語では直説法を用いている．

同様に直接話法と間接話法の区別も法を変えることによって示す必要を認めない．He comes. に対し If he comes ... ( = Supposing he comes ...) が thought を表していることは間違いない．また，たといその内容が実現性の低いことであっても，直説法を用いていっこうに差し支えない．たとえば，If he comes here today or in two months' time even, ... のように．この場合，現代の英語では，書く場合にも，If he come ... のように仮定法現在を用いることは，まず，ない．仮定法を用いるとすれば，If he were to come ... である．また実現性の低いことを強調しようとするなら，If by any chance he should come ... のような言い方をする．これらは，本来の仮定法現在が無力になっていることを示すものといえるであろう．

一方，従属節における仮定法に代わって広く用いられる may, might, shall, should——たとえば lest he die に代わる lest he may die／lest he should die など——は英語の分析的傾向の現れであるとともに，これまた仮定法衰退の一因をなしていると考えられる．実際は，これらの助動詞も，起源的には，仮定法なのであるが，現在の語感では，そのようには感ぜられなくなっており，また形の上からも直説法と区別できなくなっている．しかし，これらが thought としてある事柄を述べる手段として，古い仮定法にとって代わる機能を果たしている場合が多いことは事実であり，そのかぎりにおいては，これら「may, might, shall, should＋不定詞」の語形を仮定法に相当するものとして認めるのが便利であろう．

仮定法現在に比し，仮定法過去のほうはまだ相当に用いられている．If

he *did* this, he would sin. ／ If he *had done* this, he would have sinned. などいずれも仮定法といってよい．この場合，直説法過去と語形が同じであることは，これらが仮定法ではなく，時制の一用法，すなわち非現実，想像を表す（過去）時制 (imaginative tense) であるとの論をも可能にするが，これはただ一つの最良の説明であるわけではない．仮定法というものをまったく認めないのであれば話は別であるが，認める以上は，I wish I *had* a violin. ／ I wish it *were* possible ... などを仮定法の中に含めていけないということはない．本来的にはその成立を異にする時制と法という文法範疇が，言語的表現において重なり合い，入りまじるに至ってその複雑さを増しているのが事実であって，整然たる形式的分析はかえって言語の本質を誤るおそれがあるともいえよう．

ところで，仮定法過去が比較的多いというのは，それが直説法では表しがたい機能をもっているからである．If you *were* right, I should be wrong. と If you *are* right, I am wrong. のような二つの文を比較すればよくわかる．両方とも現在（未来）の時に関係しているのであるが，直説法を用いた場合には，話者が相手に対しどのような判断をしているかわからない．仮定法を用いれば，話者が相手に対し You are not right. という判断をしていることが含意されている．このような差異を文脈によって示すのは困難であり，したがって，その差異を示しうる文法的形態が今なお用いられているのは当然といえるであろう．

また，If you were right, I *should* be wrong. ／ If I were you, I *would* not do it. などの should, would は古い時代の仮定法に代わったもので，初期近代のころにはまだ He *were* no lion, were not Romans hinds. (Shak., *Cæs*)（ローマ人が牝鹿でなかったなら，シーザーも獅子ではなかろうのに）／ This tongue *had* not offended so to-day, If Cassius might have ruled. (Shak., ibid)（もしキャシアスの言うことを聞いていたら，きょうこの男からこんな悪口を聞くことはなかったのだが）のような were（＝would be），had（＝would have）が見られる．

このような助動詞の用法は OE にそのきざしが見られるが，これが広まったのは，If my father had not scanted me ... Yourself, renowned prince, then *stood* as fair ... For my affection. (Shak., *Merch*)（もし父が窮屈な制限を設けておきませんでしたら，殿下のような誉れの高いお方は，... 私としておろそかにはいたさないはずでございます）のような区別しがたい構文を避けるためであったと考えられる．誤解のおそれのない場合には，主として高級な文学で，今日でも用いられるが，古風（archaic）であり，had, were の場合に限られる．成句 had better の類における had もこの名残である．したがって，*He *told*（= *would tell*）me if he knew. のような言い方はどんな場合にも不可能である．

これに反し，If he did this, he sinned. ／ If thou never wast at court, thou never sawest good manners. (Shak., *AYL*)／ If he had loved her before, he now adored her. (Irving, *Annette Delarbre*) のような言い方はもちろん可能であるが，これらはいずれも直説法であって，却下条件（rejected condition）を含む仮定法とは性質を異にする．したがって，このような直説法（現在形なら If he does this, he sins.）を用いるのは，それが実現度の高い内容を示すというより，却下条件でないことを示すためであるという消極的な説明も十分に可能である．

これを要するに，直説法は「叙実法」(mood of fact) で仮定法は「叙想法」であるという公式論よりは，直説法は，それを用いないほうがよいという特別の理由がないかぎり，ふつうに用いられる法であり，仮定法は，ある種の用法に限り，用いてもよいか，あるいは用いることが必要な，法である，という一見消極的な言い方のほうが，いっそう言語事実に近いであろう．

**B.** 用法

**1.** 主文・主節において

（**a**） 願望を表す： ある種の決まった言い方に限られ，現在形は未来

の時に関係する．God *bless* you. ／ Long *live* the king!　口語でも，Sub-junctive *be* hanged!（仮定法なんかどうにかなっちまやがれ）などのような場合にはまれに用いる．が，今日では通例「may＋不定詞」が代用される．*May* I live to see it! ／ Long *may* she reign!　過去形は現在の事実とは反対の事柄の願望を表す．O *were* he only here! ／ O *had* I wings!　助動詞を用いるほうがふつう．*Might* I see her just once more!　過去の時に関係するものは過去完了形（助動詞のときは不定詞の完了形）を用いる．O *had* he only *been* there! ／ O *might* I *have* known it in time!

　(**b**)　勧誘を表す：　少数の決まった言い方に見られ，命令法の意味に近い．*Suffice* it to say that ...（...と言うだけにしておこう）／ The literary works that have fascinated mankind abound in strokes of invention: *witness* Homer, Shakespeare, etc.（＝let Homer, Shakespeare *bear witness*)　一人称・複数形は詩においてもまれである．*Part* we in friendship from your land.（Walter Scott, *Marmion*）

　(**c**)　条件文の帰結に用いられる：　If thou hadst been there, my brother *had not*（＝would not have）died.（欽定訳聖書）この用法は若干の成句（had better, had rather, had as soon 等）および詩に限られ，一般には「should, would, could, might, must＋不定詞」の形が代用される．このような仮定的条件の結果（帰結）を表す形態は，conditional mood（条件法）ということがある．「could, might, must＋不定詞」の形は，これらの助動詞が不定詞を欠き，would can, would may, would must のような言い方ができないため，本来仮定法の語形であったものをそのまま用いているのである．

　このような結果あるいは帰結を表す形態に関して注意すべきことがある．「would（should）＋不定詞」は現在の時に関係して現在の事実に反することを表すが，「would（should）＋have＋過去分詞」は，過去の時に関係するが，過去の事実に反することを述べているとはかぎらないのである．He would（＝would be able to）do it if he liked.（その気があればで

きるのに)［その気がないから，できない］／ If we had walked more slowly, we might have missed the train.（もっとゆっくり歩いていたなら，あの列車に乗り遅れていたであろう） あとのほうの文は，「もっとゆっくり歩くこともできたが，それをしなかった」という過去の事実があり，それに反することを述べている．が，この文全体のあとに，「不運なことに，途中でとんでもないことが起こったので，いずれにしてもあの列車には間に合わなかったのであった」というような文が続いても差し支えない．「would (should) ＋have＋過去分詞」は，過去の事実に反する仮定を表すといわれることがあるが，過去の事実に反する仮定が示されるのは条件節においてのみであって，主節のほうにその含みがあるとはかぎらないのである．

また，If he did this, he *would* sin. のような形は，その条件が現在の時に関するものである (did＝were doing now) か，未来の時に関するものである (did＝were to do in the future) か，不明であり，したがって帰結も現在の時に関係するか未来の時に関係するか，あいまいである．同じことは If he *is* wise, he will come. のような直説法の場合にも見られる——is は現在の時を表しているか未来の時を表しているか不明．が，いずれにせよ文脈による判定を待たなければならない．

一方，条件を示す節が省略され，帰結節のみが独立に用いられることもある．I *should like* to go.［If I could のような節が含意されている］／ How *would* you *express* it?／ Anyone *might see* that he is not well.［i.e., if they looked］ これらは，断定的な言い方を避け叙述を婉曲にする際，現在でも，非常に多く用いられる．条件節が話者の念頭にほとんどなくて用いられることも多いが，この場合もていねいで控えめな表現となる．I *should say* he was over fifty.／ I *should hope* so.／ This *would seem* to confirm his statement.／ *Might* I *ask* what is your purpose in coming here?（何のご用でお越しになったのでしょうか） should は独立して現在の義務・妥当等を表すのにもしばしば用いられるが，この用法は義務を示す shall の意義が仮定法過去の形を用いることによって弱められたことに由

来する．A man's first care *should be* to avoid the reproaches of his own heart.／You *should be* careful not to irritate her.

**2.** 従属節において

(**a**) 条件を表す副詞節において：

(**i**) 過去形（過去完了形）が現在（過去）に関する事実に反する想像を表す場合： If he *did* this, he would sin.／If he *had done* this, he would have sinned.　語順倒置が if 節に相当する場合もあるが，その場合は if を用いない．これは疑問文の形式からきたものである．*Were* my brave son at home, he would not suffer this. [i.e., if my brave son were at home]／*Had* we *gone*, we should have let you know.　また，were to および過去形は未来の時を表す．If he *were to* do this, he would sin.／If he *did* this, he would sin.　なお，単数構文の口語において were が用いられるのは If I were you という決まった言い方に多く，そのほかの場合には was が 17 世紀以降多くなってきている．It would be a good thing if I was able to tell him.（Oscar Wilde, *Lady Windermere's Fan*）しかし，語順倒置によって条件を示すときは were がふつう．また，if he was to と if he were to とはしばしば区別して用いられ，前者は He is to return at six. などに対応する義務・手はずの意味を含み，後者は未来における漠然たる可能性を示し，if he should とほとんど同義となる．

(**ii**) if 節に仮定法［未来のときには「should＋不定詞」という代用形］が用いられるが，事実に反する想像という含意を有せず，条件節はある行為を単に予期されたこと，あるいは見込みとして述べ，また話者の側における一種控えめな態度を含意する場合： If this *be* so, we are all at fault.（もしそうならわれわれ全員がとがめられるべきである）［be は「そうであるとはいわぬが」の意を含む］／If it *were* so, it was a grievous fault. (Shak., *Cæs*)（果たして然らばそれははなはだ痛ましい過失であった）［were には「そうであったとはいわぬが」の意が含まれ，この場合，過去の時に関係している］／*Should* you desire an interview, I shall not refuse to meet you.／If ever I *were* traitor, My name be blotted from the book of life.（Shak., *R2*）（私が万一謀反者であったら，私の名は生命の書より抹殺してもらおう）　このような条件節においては，仮定法現在は現在（ときには未来）の時を示し，仮定法過去は過去，未来の時を表す．しかし，If it *be* so など be 動詞の場合に用いられることはあっても，ふつうの口語体においてはほとんど用いられず，直説法が用いられる．

　(b)　名詞節において

　(i)　意志・要求・提案等を示す動詞のあとにくる名詞節において：これは現在でも儀式ばった文，たとえば法令，規約，告示文などではさかんに用いられる．It is requested that letters to the Editor *be* written on one side of paper only. ／ It is a standing rule in golf-clubs that every one *replace* the turf which he cuts up.　アメリカ英語においてはふつうに用いられ，ことに ask, desire, demand, suggest, propose, move（提議する）などのあとに多く，過去形動詞のあとでも時制の変化をしない傾向がある．I desire (demand, suggest) that they *take* no action at present. ／ I desired (demanded, suggested) that they *take* no action at present. しかし，「may (shall, should) ＋不定詞」等の代用形はイギリス英語においてもアメリカ英語においても見られる．It is my ardent wish that he *come* (*may come*, or *shall come*) at once. 次例においては shall が最も強調的で命令的色彩が濃い．The committee presents the recommendation that each of these students *shall* report each week to the Dean. 感情的判断を示す場合には should が用いられる．It is right (wrong, necessary) that you *should* be dismissed. これも本来の仮定法に対する代用形で，古くは 'Twere best he *speak* no harm of Brutus here.（Shak., *Cæs*）（ここではブルータスの悪口なんか言わないほうがよい）のような例がある．

　(ii)　wish, would（＝I would）に続く名詞節において：　過去形（過去完了形）は現在（過去）に関する実現していない願望を示す．I wish I *were* there. ／ I wish I *had been* there. ／ I wish I *could have been* there. ／ Would (Oh) that it *were* not so. 最後の例の would は I would (= should like) の意で，本来それ自体が仮定法であったものである．また，I wish I *were* there. の形は (Oh) were I there: I wish that. のような言い方から発達したと考えられる．

　(c) It is time に続く形容詞節において： 当然予期されたことに現在の事実が反していることを含意し，仮定法過去が用いられるのがふつうである．It is (high) time that the omission *were* supplied. しかし，過去形なるがゆえに，多くの場合直説法と語形上の区別なく，また条件文の場合ほど仮定の要素が顕著でないため，現在では直説法の形が多く用いられる．Isn't it about time he *was* going to school? ただ It is time that I return home. (Thackery) のように現在形を用いることはまれであり，過去形を用いるところに古い仮定法の名残が見られるといえよう．これをまったく直説法とみる立場からは，過去形が未来の時を示す用法ということになる．should を用いる例は多い．'Tis time the world *should have* a lord. (Dryden, *All for Love*)

　(d) as if, as though のあとに： 比較と条件の両方が結合されている．シェイクスピアなどでは as のみでもこの意味を表した．それは as it were (= as if it were so) という決まった言い方に残っている．as if he *were* の代わりに as if he *was* が用いられることも多く，また was のほうが強意的であることがある．I feel as if (as though) I *were* going to fall. ／ Jack spoke dreamily, as if he *was* thinking of something else. (Benson, *Dodo*)

　(e) 譲歩節において： 一定の慣用的表現に限られる．形式の上からいえば独立しているが，意味上は従属節である．There is no task to bring me; no one will be vexed or uneasy, *linger* I ever so late. (Gissing, *The Private Papers of Henry Ryecroft*) ／ Home is home, *be* it ever so homely. ／ I shall go, *rain* (it) or *shine* (it). ／ I shall buy it, *cost* (it) what it may. ／ *Say* (he) what he will, he cannot make matters worse.［Let him say what he will ともいう］形式的にも従属節である場合. Though he *make* every effort, he cannot succeed.［may make のほうがふつう］／ Even though he *were* here, I would say the same thing.［現在の事実に反すること］ なお，次の3例はいずれも未来の時に関係しているが，あとのものほど実現度が低いものとして表現されている. However hard it *rains*, we shall have to go. ／ However hard it *may rain*, we shall have to go. ／ However hard it *might rain*, we should have to go.

第 17 章

英語学あれこれ
――あとがきに代えて――

　英語学の文献に関するかぎり，英国の学者の手になるものよりは，大陸の学者の手になるもののほうが多い．これは事実である．そしてこの事実は，英国の学者もまったく認めないというわけにはゆかない．しかし，その認め方には，やはり英国的といったところがみられる．熱狂的にある学派をもてはやすということがない．認めるところは認めるが，そのまま真似をしようとはしない．悪くいえば負け惜しみ，よくいえば，英国的誇りといったものをもっている．おびただしく製造される論文の作者を thesis-writer と呼ぶとき，この語に book-maker にも似た軽蔑的語調の含まれることは否定できない．
　もちろん，論文を書くこと自身が悪いということはありえない．thesis-writer という語が悪い意味をもつのは，この語が真価のほど疑わしき安論文の機械的大量生産を連想させるからであり，また，学問をするということは，そのようないわゆる論文を書くことにあると盲信する風潮の存在を暗示しているからであろう．製造される論文の全部がよくないものであるということもない．数の中にはすぐれたものも少なくない．しかし悪い論文もたしかにある．ドイツで書かれた英語学論文を一様に偉いと思うのは

迷信である．たとえば，ピープスの日記の言葉を研究したドイツ語の論文，あるいはシェリダンの劇の言葉を扱った英語の論文など，いずれも感心しなかった．感心するとすれば，インクと紙を惜しげなく使ってこのような論文を印刷してくれるドイツ社会の対学問態度であろう．

このような thesis-writer を英国人は好まない．かつてのドイツに盛んであった論文濫造の風潮は，これを現代のアメリカに見ることができるが，英国人は新大陸のこの風潮も好まぬらしい．しかし，旧大陸における濫造論文の背後には，いわばそれらの母体をなしているとでもいうべき重厚にして本格的な論文，研究書がある．これらの丹念な優れた論文の特徴も，それらが高度に専門化しており，したがって細部にわたって詳しいこと，また秩序整然と組織化されている点にあるといえる．

英国の学者たちの，深い学識に裏づけされながら，一見随筆的とさえいえる叙述は，このような大陸の学者たちの傾向と，著しい対照をなしている．英国の学者が大陸の学者をさし，木を見て山を見ざるもの，と言うとき，それはけっして負け惜しみからばかりではない．いたずらに微に入り，細にわたるもの，あるいは事の本末を転倒し，あるいは事の真相を誤るの弊に堕すること，まれでないからである．

しかし一方，大陸の学者たちも，自己の業績に自負の念をもたぬわけでもない．木を見て山を見ずという非難に対して黙ってはいない．「英国の学者よ，汝ら山を見て，木を見ざるの弊なきや」と．これもまたもっともであり，個々の木を調査することなくして行われる山の評価がしばしば危険であること，言を俟たない．そして英国の学者，ことにその亜流においてこの危険のあることは否めないであろう．しかし，木を見て山を見ず，といい，山を見て木を見ずというも，とにかくこれらは，いずれかを見る眼が開いているときにできる議論で，そのいずれをも見いえない段階も存在しうる．あるいは木を見た「つもり」，山を見た「つもり」で，その実，あきめくらであることがありうるのである．こうなれば，thesis-writer を非難する資格もあるかどうか怪しくなってくる．thesis-writer を

否定することは，thesis-writer に優越することを示すばかりではなく，thesis-writer にさえもなれぬことをも示すからである．

　それはさておくとして，英語学の理想が木と山の両方を見うることにあるのは論を俟たないであろう．もちろん，研究対象の性質上，木か山のいずれか一方により多くの重点が置かれることのあるのは避けがたい．ある特定の語法のような研究対象を選べば，いきおい，その背景をなす山の叙述は簡略にならざるをえないし，英語史といったような広範な題目を選べば，細部にわたる叙述は犠牲にされざるをえない．しかし，一般的題目に関する叙述なるがゆえに細部にわたる知識は不要であるというわけにはゆかない．すぐれた概括をなしうるためには，細かなデータの裏づけを必要とする．これを裏から見れば，英国人の手になるいわば随筆的とさえいえる，と先に述べた文章を真に味読しうるためには，豊富な予備知識を必要とするということになる．

　H. ブラッドレーの『英語の成立』(Bradley (1904))，『ケンブリッジ英文学史』の中にある「チョーサーの時代に至るまでの言語上の変化」(Bradley (1916a))，『シェイクスピアの英国』の終わりの章をなす「シェイクスピアの英語」(Bradley (1916b)) などこれであり，同じ筆者の筆になる『話し言葉と書き言葉の関係について』(Bradley (1913)) という小冊子も同様である．人あって初学者向きというかもしれない．事実，たいへんに読みやすく，素人わかりはする．「シェイクスピアの英語」など，フランツの『シェイクスピア文法』(Franz (1939)) に親しんだ人々は，物足りぬ，くいたりぬと感ずるかもしれない．しかし，これらの書は，むしろ，その道で長い間苦労した後に，なるほどと感心し，こうも書けるかといちいち納得しながら，楽しみに読む体の本である．『英語の成立』は，かつて学生時代，二冊のノートに丹念な抜き書きをしながら読んだことがあった．そして「おもしろく，かつ有益」であると感じた記憶がある．が，今度読み返して，とてもかなわぬと，しみじみ思った次第であった．うっかり読んでいると背負い投げをくう，馬鹿にされそうな感じがする．

## 第17章　英語学あれこれ――あとがきに代えて――

君にはまだこの本が読みこなせまい，と行間がささやいているような気がした．

　ブラッドレーは上で挙げたもののほか，まとまったものを残していない．が，ケネディ（Kennedy（1927））の書誌目録巻末の索引でブラッドレーのところを見ると，ざっと80あまりの項目がある．いったい何をこんなに書いたのだろうと，いぶかりながら一つひとつあたってゆくと，やはりまとまったものは少なく，他人の手になる本の改訂，NED をはじめいろいろの種類の辞書の編纂と改訂，地名に関する小論などがその約一割をしめ，残りのおよそ九割は全部これ書評である．じつにさまざまの種類の本に関する書評をものしており，その発表雑誌は国外のものにも多く及んでいる．

　総じて，「アングリア」や「エングリシェ・シトゥーディエン」などにおける書評は，紹介よりは評者自身の意見を述べたものが多い．賞賛の辞に終始しているものもみられるが，評者が著者と意見を異にする点に重点を置いた，というよりむしろ，評者が自己の意見を発表するためにある著者の手になる書を借り用いた，という感を抱かせる類の書評も多く，こうなると，書評はさながら一つの小論文の観を呈する．中学校しか行かなかったブラッドレーが学界で認められ，NED 編者の一人とまでなるに至ったきっかけの一つは，彼が雑誌「アカデミー」に発表した NED 第一分冊の批評文であった（Bradley（1884））．

　ブラッドレーは「エングリシェ・シトゥーディエン」に載せたある批評的小論（Bradley（1899））の終わりのほうでこんなことを言っている．

　「心得ておかなければならないことは，多くの著作家たち（小説家などを指す）は，ひょいと思考の混乱をきたして筆をすべらせ，奇妙な語の用い方をすることがよくあるということで，そのようなまちがいは，校正の際，必ずしも訂正されるとはかぎらないのである．書かれた文字は残る（Littera scripta manet）――もし著者の注意がそれに向けられれば，愚かにして笑うべし，と考えたであろうと思われる誤りがそのまま残され，

よってもって不幸な外国の文法学者輩が，その規則をうちたてるよりどころとなるのである.」

ずいぶん耳の痛いことを言ってくれたものである. しかし本当だから仕方がない. こういった自信のほどは，われわれの望みうべくもないところである. 英国の学者がやったことを修正したり，あるいは彼らの意見に反駁することはしばしば可能であっても，彼らの，この，てこでも動かぬ自信をくつがえすことはできない. こと文学に関するとなれば，さらに輪をかけた態度がみられると思う. それはともかく，英語学畑では，英国にも大陸学派の洗礼をうけた学者がしだいに多くなってきている. 一つには，言語の理論，あるいは音声学など基礎をなす部門においては，いわゆる純英国風といった態度では，どうにもならない時代になっているからであるといえよう. いわゆる言語の科学的研究が進歩した結果，素人論ができなくなり，また文法的に気まぐれや，独りよがりの論の入り込む隙がなくなってきているからであると考えられる. が，やはり英国は英国で，英国らしい学者が出てくる.

たとえば H. C. ワイルド. 彼は大陸で，大陸の研究法を体得した. しかし，英国の伝統は脈々としてその著述に流れている. 彼の『近代口語英語の歴史』(Wyld (1936[3])) という偉い本は，しばしば読みづらいところがある. 一例を挙げるならば，bath などの語に含まれている母音の発展経路に関する議論など，一度や二度読んだだけではけっして自分のものにはならない. 論敵を頭においての議論だからである.『簡約英語史』(Wyld (1927[3])) のほうを見ると，このことがわかる. 同じ母音を扱っている章の注 (同書 p. 165) ではイェスペルセンの名前をあげて言う. 彼の込み入った「保存類推」(preservative analogy) という原理の適用を信ずることは困難，ここにおいて甚だし, と. イェスペルセンが『近代英語の文法』第一巻 (Jespersen (1909)) のはじめに新説として唱え，同巻の諸々に応用している彼得意の説である. ワイルドは別にからかっているわけでもなかろうが，イェスペルセン一言なかるべからずといった印象を受ける. しかもワ

イルド，どう勘違いしたのか，『簡約英語史』(p. 196) では，イェスペルセンのあまりにも有名なこの『近代英語の文法』(*A Modern English Grammar*) を『新英文法』(*New English Grammar*) という名前で引用——ここにおいても反対意見なのだが——したりしている．

このようなワイルドも，これらの著書のあちこちに，しきりにテクストを読むことを奨励している．英語に「関する」参考書が多くなればなるほど，本質的な英語学研究は行われがたいのであり，参考書の山にうずもれて道を失う危険は，よきガイドなきため道に迷う危険に劣らない．英語学書のみを読んでいる者には発明するところなく，そういう人の研究や口にするものは，英語学という仮面をかぶったおばけである．そしてワイルドは，人間，人生とかけ離れた英文学を sham literature と呼ぶと同時に，かかる英語学を dead philology と呼ぶのに躊躇しないのである．

## 参考文献

(*付のものは,特に参考するところ多きもの)

Abbot, Edwin A. (1869) *A Shakespearian Grammar*, Macmillan, London.
Addison, Joseph (1711) No title, *Spectator*, No. 135, Saturday, August 4, 1711. [Reprinted in *The Works of Joseph Addison*, Vol. 1, Harper & Brothers, New York, 1837. Page reference is to the reprint.]
*Baugh, Albert C. (1959²) *A History of the English Language*, Routledge & Kegan Paul, London.
Baugh, Albert C. and Thomas Cable (2002⁵) *A History of the English Language*, Routledge, London.
Bellot, Jacques (1580) *Le Maistre d'Escole Anglois*, Thomas Purfoot pour Henri Dizlie, London.
Bloomfield, Leonard (1933) *Language*, Holt, New York.
Bradley, Henry (1884) "Review of the First Fascicle of the *NED*," *Academy* 25, 141–142.
Bradley, Henry (1899) "*Must* as a Past Tense," *Englische Studien* 26, 151–152.
Bradley, Henry (1904) *The Making of English*, Macmillan, London.［大塚高信(訳)『英語の成立』泰文堂］
Bradley, Henry (1913) "On the Relations between Spoken and Written Language, with Special Reference to English," *Proceedings of the British Academy* 6, 211–232. [Reprint, Clarendon Press, Oxford, 1919.]
Bradley, Henry (1916a) "Changes in the Language to the Days of Chaucer," *The Cambridge History of English Literature*, Vol. I, ed. by A. W. Ward and A. R. Waller, Cambridge University Press, Cambridge.
Bradley, Henry (1916b) "Shakespeare's English," *Shakespeare's England* II, Clarendon Press, Oxford.［大山敏子(訳)『シェイクスピアの英語』(英語学ライブラリー 7), 研究社］
Brunner, Karl (1951) *Die englische Sprache, Ihre geschichtliche Entwick-

*lung*, 2Bde, Niemeyer, Halle.

Bullokar, William (1580) *Booke at Large, for the Amendment of Orthographie for English Speech*, H. Denham, London.

Bunyan, John (1678-1684) *The Pilgrim's Progress*. [Edited by J. B. Wharey and Roger Sharrock, and published by Oxford University Press (Clarendon) in 1960.]

Cawdrey, Robert (1604) *A Table Alphabeticall*. [Distributed by the Bodleian Library, from the University of Oxford, 2007.]

Chillingworth, William (1664) *The Religion of Protestants*, E. Cotes for J. Clark, London.

Cockeram, Henry (1623) *The English Dictionarie, or, An Interpreter of Hard English Words*, Nathaniel Butter, London.

Cooper, Christopher (1685) *Grammatica Linguae Anglicanae*, Tooke, London.

Cooper, Thomas (1565) *Thesaurus linguae Romanae et Britannicae*, H. Wykes, London. [Reprint, Scolar Press, Menston, 1969.]

Cowley, Abraham (1684) *The Works of Mr Abraham Cowley* ed. by Thomas Sprat, Henry Herringman, London.

Craigie, William A. (1927) *English Spelling, Its Rules and Reasons*, Crofts, New York.

Craigie, William A. (1944) *Problems of Spelling Reform*, S.P.E. Tract 63, Oxford University Press, Oxford.

Curme, George O. (1931) *Syntax*, Heath, Boston.

Davidson, Francis, Henry Helmes, Francis Bacon, W. W. Greg and Gray's Inn (1688) *Gesta Grayorum*. [Reprinted for the Malone Society by F. Hall at the Oxford University Press, 1914.]

Dibelius, Wilhelm (1901) "John Capgrave und die englische Schriftsprache," *Anglia* 23, 153-194, 323-375, 427-472.

Dibelius, Wilhelm (1926[4]) *England,* Deutsche verlags-anstalt, Munich.

Dobson, Eric J. (1957) *English Pronunciation 1500-1700*, 2 vols, Clarendon Press, Oxford.

Dryden, John (1668) *An Essay of Dramatick Poesie*, T. Warren for Henry Herringman, London.

Edgerton, William F. (1941) "Ideograms in English Writing," *Language* 17, 148-150.

Ellis, Alexander J. (1869) *On Early English Pronunciation*, Trübner, London.

Emerson, Oliver F. (1905) *A Middle English Reader*, Macmillan, London.

*Emerson, Oliver F. (1927) *A Brief History of the English Language*, Macmillan, London.

Florio, John (1598) *A Worlde of Wordes*, Arnold Hatfield for Edw. Blount, London. [Reprint, Georg Olms Verlag, New York.]

Fowler, H. W. and F. G. Fowler (1922²) *The King's English*, Clarendon Press, Oxford.

Franz, Wilhelm (1939) *Die Sprache Shakespeares in Vers und Prosa*, Niemeyer, Halle.

郡司利男 (1978)『英語学ノート』こびあん書房, 東京.

Hart, John (1569) *An Orthographie*. [Reprint, Scolar Press, Menston, 1969.]

Hart, John (1570) *A Methode or Comfortable Beginning for All Unlearned, Whereby They May Bee Taught to Read English, in a Very Short Time, Vvith Pleasure: So Profitable as Straunge, Put in Light*, Henrie Denham, London.

Hill, Archibald A. (1958) *Introduction to Linguistic Structures*, Harcourt, New York.

Horn, Wilhelm (1908) *Historische neuenglische Grammatik. I. Teil: Lautlehre*, Trübner, Straßburg.

Horn, Wilhelm and Martin Lehnert (1954) *Laut und Leben: Englische Lautgeschichte der neueren Zeit (1400-1950)*, 2 Bde, Deutscher Verlag der Wissenschaften, Berlin.

細江逸記 (1937)『註釋マクベス』泰文堂, 東京.

Hume, Alexsander (1617) *Of the Orthographie and Congruitie of the Britan Tongue*, Trübner, London.

Jakobson, Roman. (1953) "Results of a Joint Conference of Anthropologists and Linguists," *Results of the Conference of Anthropologists and Linguists*, ed. by R. Jakobson, C. Levi-Strauss, T. A. Sebeok and C. F. Voegelin, Indiana University Publications in Anthropology and Linguistics, Memoir 8, Indiana. [Repritned in R. Jakobson (1971) *Selected Writings II: Word and Language*, pp. 554–567. Mouton, The Hague.]

Jakobson, Roman (1971) *Selected Writings II: Word and Language*, Mouton, The Hague.

Jakobson, Roman, C. Levi-Strauss, T. A. Sebeok and C. F. Voegelin (1953) *Results of the Conference of Anthropologists and Linguists*, Indiana

University Publications in Anthropology and Linguistics, Memoir 8, Indiana.
Jespersen, Otto (1909) *A Modern English Grammar, Part I*, George Allen & Unwin, London.
Jespersen, Otto (1914) *A Modern English Grammar, Part II*, George Allen & Unwin, London.
Jespersen, Otto (1932) *A Modern English Grammar, Part IV*, George Allen & Unwin, London.
Jespersen, Otto (1933) *Essentials of English Grammar*, George Allen & Unwin, London.
Johnson, Samuel (1755) *A Dictionary of the English Language*, J.&P. Knapton, London.
Jones, Daniel (1917, 1937[4], 1949[10], 1956[11]) *An English Pronouncing Dictionary*, Dent, London.
Jones, Daniel (2011[18]) *Cambridge English Pronouncing Dictionary*, Cambridge University Press, Cambridge.
Jones, John (1701) *Dr John Jones's Practical Phonography*, Richard Smith, London.
Kaluza, Max (1900f., 1906f.[2]) *Historische Grammatik der englischen Sprache*, 2 Bde, Felber, Berlin.
Kennedy, Arthur G. (1927) *A Bibliography of Writings on the English Language from the Beginning of Printing to the End of 1922*, Harvard University Press, Cambridge.
Kenyon, John S. and Thomas A. Knott (1953) *A Pronouncing Dictionary of American English*, G.&C. Merriam Company, Springfield, MA.
Ker, William P. (1912) *English Literature: Mediæval*, Holt, New York.
Klaeber, Frederick (1936[3]) *Beowulf and the Fight at Finnsburg*, D.C. Health, Boston.
Kökeritz, Helge (1953) *Shakespeare's Pronunciation*, Yale University Press, New Haven.
Krapp, George P. (1919) *The Pronunciation of Standard English in America*, Oxford University Press, New York.
Krapp, George P. (1925) *The English Language in America*, 2 vols, Century, New York.
久保田正人 (2013)『英語学点描』開拓社, 東京.
Lee, Sidney (1902) *Shakespeare's Comedies, Histories, & Tragedies: Being a*

参考文献

*Reproduction in Facsimile of the First Folio Edition 1623, with an Introduction*, Oxford University Press, Oxford.

Lee, Sidney (1905) *Shakespeare's Poems and Pericles, Facsimiles, from the Unique Copy in the Malone Collection in the Bodeleian Library, with Introduction and Bibliography*, Clarendon Press, Oxford.

Lee, Sidney and C. T. Onions, eds. (1916) *Shakespeare's England*, 2 vols, Clarendon Press, Oxford.

Maittaire, Michael (1712) *The English Grammar*, W.B. for H. Snowden, London.

Malone, Kemp and Martin B. Ruud, eds. (1929) *Studies in English Philology: A Miscellany in Honor of Frederick Klaeber*, University of Minnesota Press, Minneapolis.

Marckwardt, Albert H. (1942) *Introduction to the English Language*, Oxford University Press, Oxford.

Marschall, Wilhelm (1927) "Shakespeares Orthographie," *Anglia* 51, 307–322.

Mathews, Mitford M. (1931) *The Beginnings of American English*, University of Chicago Press, Chicago.

Mauger, Claude (1679) *Grammaire Angloise*, Chez Jacques Besongne, Rouen.

McKerrow, Ronald B. (1917) "Booksellers, Printers and Stationers' Trade," *Shakespeare's England*, Vol. II, ed. by Sidney Lee and C. T. Onions, 212–239.

McKerrow, Ronald B. (1927) *An Introduction to Bibliography for Literary Students*, Oxford University Press, Oxford.

Mencken, Henry L. (1946[4]) *The American Language*, Knopf, New York. (*Supplement I*. 1945; *Supplement II*. 1948)

Milton, John (1695[3]) *The History of Britain, that part especially now call'd England: from the first traditional beginning, continu'd to the Norman Conquest*, printed by J. M. for James Allestry, London.

Moore, Samuel and Albert H. Marckwardt (1951) *Historical Outline of English Sounds and Inflections*, Wahr, Ann Arbor.

Morris, Richard and Walter W. Skeat (1898) *Specimens of Early English*, Clarendon Press, Oxford.

Mossé, Fernand (1952) *A Handbook of Middle English* (tr. by J. A. Walker), John Hopkins Press, Baltimore.

Mulcaster, Richard (1582) *The Elementarie*, T. Vautroullier, London. [Reprint, Scolar Press, Menston, 1970.]

中島文雄 (1946)『英語の常識』研究社，東京.

Nida, Eugene A. (1954) "Practical Limitations to a Phonemic Alphabet," *The Bible Translator*, Vol. 5, No. 1, 35-39, No. 2, 58-62. [Reprinted in William Smalley (ed.) (1964) *Orthography Studies: Articles on New Writing Systems*, United Bible Societies, London.]［郡司 (1978) に訳注がある］

Onions, Charles T. (1904) *An Advanced English Syntx*, Kegan Paul, London.

Ono, Satoshi（小野達）(1958) "A Study of the Anomalous Use of the Auxiliary *Must*—An Introduction," *Studies in English Grammar and Linguistics: A Miscellany in Honour of Takanobu Otsuka*, Kenkyusha, Tokyo.

Paul, Hermann (1937$^5$) *Prinzipien der Sprachgeschichte*, Max Niemeyer, Halle.

Phillips, Edward (1658) *The New World of English Words*, I. Taylor, London.

Philp, Robert Kemp (1885) *Enquire Within Upon Everything*, Houlston & Wright, London.

Price, Owen (1668) *English Orthographie*, F. Titon, Oxford. [Reprint, Scolar Press, Menston, 1972.]

*Serjeantson, Mary S. (1935) *A History of Foreign Words in English*, Routledge & Kegan Paul, London.

*Skeat, Walter W. (1887) *Principles of English Etymology, First Series,* Clarendon Press, Oxford.

Sledd, James (1949) "Review of *The Sources of 'A Dictionarie of the French and English Tongues' by Randle Cotgrave (London, 1611)* by Vera E. Smalley," *Modern Philology* 47.2, 135-139.

Smalley, William, ed. (1964) *Orthography Studies: Articles on New Writing Systems*, United Bible Societies, London.

Smith, Charles A. (1896) "Shakespeare's Present Indicative *s*-endings with Plural Subejcts: A Study in the Grammar of the First Folio," *Publications of the Modern Language Association* XI, 362-376.

Smith, Thomas (1568) *De Recta et Emendata Linguae Anglicae Scriptione, Dialogus*, Lutetiæ, ex officina Roberti Stephani, Paris. [Reprint, Scolar

Press, Menston, 1968.]
Speght, Thomas (1542, 1561, 1602) *The Workes of Our Ancient and Learned English Poet, Geffrey Chaucer*, Impensis Geor. Bishop, London.
Stoffel, Cornelis (1900) "*Must* in Modern English," *Englische Studien* 28, 294-309.
Surry, Henry Howard, Earl of, Sir Thomas Wyatt, the Elder Nicholas Grimald and uncertain authors (1557) *Songes and Sonnets*, published by Richard Tottel, London. [usually called *Tottel's Miscellany*]
Sweet, Henry (1881$^3$) *An Anglo-Saxon Reader in Prose and Verse*, Clarendon Press, Oxford.
Sweet, Henry (1888) *A History of English Sounds*, Oxford University Press, Oxford.
Sweet, Henry (1896) *The Student's Dictionary of Anglo-Saxon*, Clarendon Press, Oxford.
Thomas Thomas (1596) *Dictionarium linguae Latinae et Anglicanae*, Thomas Thomas, Canterbury. [Reprint, Scolar Press, Menston, 1972.]
*Tottel's Miscellany* (1557) → Surry, Wyatt, Grimald and others (1557)
Treble, Henry A. and George H. Vallins (1936) *A Short Dictionary of English Syntax and Idiom*, Oxford University Press, Oxford.
Tyrwhitt, Thomas (1775-1778) *The Canterbury Tales of Chaucer*, 5 vols, T. Payne and Son, London.
Vachek, Josef (1945-1949) "Some Remarks on Writing and Phonemic Transcription," *Acta Linguistica* 5, 86-93.
Ward, Ida C. (1948$^4$) *The Phonetics of English*, Heffer, Cambridge.
Ward, Adolphus W. and Alfred R. Waller, eds. (1916) *The Cambridge History of English Literature*, Vol. I, Cambridge University Press, Cambridge.
Wilson, Robert (1594) *The Cobblers Prophesie*. [Reprinted for the Malone Society by F. Hall at the Oxford University Press.]
Wright, Joseph (1905) *The English Dialect Grammar*, Oxford University Press, Oxford.
Wright, Joseph and Elizabeth Wright (1924) *An Elementary Historical New English Grammar*, Oxford University Press, Oxford.
Wright, Joseph and Elizabeth Wright (1925$^3$) *Old English Grammar*, Oxford University Press, Oxford.
Wright, Joseph and Elizabeth Wright (1928$^2$) *An Elementary Middle English Grammar*, Oxford University Press, Oxford.

Wyld, Henry C. (1906) *The Historical Study of the Mother Tongue*, Murray, London.

*Wyld, Henry C. (1907) *The Growth of English*, Murray, London.

Wyld, Henry C. (1921) *English Philology in English Universities*, Clarendon Press, Oxford.

*Wyld, Henry C. (1927³) *A Short History of English*, Murray, London.

*Wyld, Henry C. (1936³) *A History of Modern Colloquial English*, Basil Blackwell, Oxford.

安井　稔 (1955)『音声と綴字』(「英文法シリーズ」第2巻), 研究社, 東京.

安井　稔 (1960)『英語学研究』研究社, 東京.

安井　稔 (2004)『仕事場の英語学』開拓社, 東京.

Yasui, Minoru (2009) *Studies on the Language of Sammuel Pepys's Diary*, Kaitakusha, Tokyo.

Zachrisson, Robert Eugen (1929) "The Early English Loan-Words in Welsh and the Chronology of the English Sound-Shift," *Studies in English Philology: A Miscellany in Honor of Frederick Klaeber*, ed. by Kemp Malone and Martin B. Ruud, University of Minnesota Press, Minneapolis.

索　引

1. 日本語は五十音順．英語はアルファベット順に並べた．
2. 〜は見出し語を代用する．
3. 数字はページ数を示す．n は脚注を表す．

## 1. 事　項

### [あ行]

アポストロフィ
　省略記号として　179
　属格の代用として　44, 60, 179
アメリカにおける地域方言　106
アメリカ英語
　〜における [ɑ] の起源　105, 107-110
　〜における「正確な発音」への努力　106
　〜における単調な発音様式　106
　〜における発音の一般的傾向　106
　〜における鼻声　105
アルフレッド大王　16, 24-25, 33
意志法　186（→ 命令法）
イタリー文学
　〜のソネット形式　19
一致　164-166, 177
印刷工　69, 97, 130
印刷術　9-10, 19, 51-52, 68, 97
受身形　29, 59, 144, 169, 192
ウムラウト　26
英語の時代区分　21, 41
英語の変遷（Saxon 的から Angles 的・English 的に）　41
英国に移住した三つのゲルマン民族　17, 23-24
えせ語源学者　64, 88
エリザベス朝　38, 43, 50, 52-55, 65, 67-68, 93, 97, 99, 126
　〜の英語　38, 43, 54, 67-68, 93
　〜の辞書　126
オーム（Orm）
　〜とつづり字法　36
オクスフォード
　〜方言　51
王政復古　55
音の型（type）　82, 108
音声言語　92
音素的形態　89
音変化　3-4, 11, 13, 15, 26, 33, 35, 37, 41, 56-57, 75, 81, 93-94, 98-99, 106, 113-114, 116, 118, 123

### [か行]

開音節　39, 98
階級方言　50, 53-57

過去に転移された現在　134
過去完了時制　190, 202, 204-205
過去現在動詞　vi, 131n, 132
拡充形　191（→ 進行形）
拡充時制　191（→ 進行形）
格
　　〜の定義　145
　　形態的な格と意味的な格関係　145-146
格語尾の消失　59, 141, 176
頭文字の使用法　65, 70, 72
頭文字語　83
仮定法　61, 131-132, 187, 196-202, 206
　　〜過去　132, 134, 137, 199-200, 203, 205-206
　　〜過去完了　202, 204-205
　　〜現在　199-205
　　〜衰退の原因　198
　　勧誘を表す〜　202
　　願望を表す〜　201-202, 205
　　現在あるいは過去に関する事実に反する想像を表す〜　202-204, 207
　　事実に反する想像という含意を有しない〜　204
　　助動詞による代用　199-200, 205
　　条件文の帰結に用いられる〜　202
関係詞　60, 128, 151-153
関係詞節　59, 151, 166
　　制限用法の〜　152-153
　　　　先行詞が定名詞句である場合　152
　　　　先行詞が不定名詞句である場合　152
　　非制限用法の〜　152-153
　　　　音調　152
　　主語の関係代名詞がない場合　152
　　OE における関係詞節内の語順　59
間接目的語　140, 145-146, 168-169
　　to 前置詞句による置換可能性　169
間接話法　133-135, 197, 199

〜における must　133-135
完全韻　10-11
完全屈折の時代　41, 147
完全行　97
完了形（完了時制）　188-191, 193-194, 196, 202, 204-205
　　アイルランド英語における〜　190
擬古体　132
記述の対格　142-143, 183
既知　154, 156（→旧情報）
祈祷書　52
疑問符　65, 150
　　〜がある場合とない場合　150
記録的現在時制　185
ギリシャ語　16, 19, 29, 140, 145
キリスト教　15, 17
欽定英訳聖書　17, 20, 171, 202
脚韻　10-13, 103, 107, 115, 130
　　〜の定義　10
　　シェイクスピアにおける〜　10-12, 115, 130
　　スペンサーにおける〜　12-13, 107
　　チョーサーにおける〜　10-11, 13
キャクストン
　　印刷術導入　51-52
逆つづり字　13
却下条件　201
却下理由　199
旧情報　152, 154, 156
宮廷英語　10, 52, 130
強変化　29, 47, 94, 131n, 179-180
　　〜の形容詞　94
　　〜の女性名詞　180
　　〜の男性名詞　179-180
　　〜の中性名詞　179
　　〜動詞　47
具格　146
屈折形でないことを示す -e　102
屈折語尾
　　〜の消失　4, 41, 46-47, 58-59, 141,

164, 168, 176
　　～の消失は北部から南部へ　41
　　～の水平化　35, 41, 47, 164, 180, 198
　　～の変化による時代区分は南部方言にのみ当てはまる　30
　　OEにおける～　29
屈折接辞　4-5
クリミヤ戦争　20
群属格　61, 184
継続音　109
継続相　192（→進行形）
形態音素論　84, 89n
ケルト語　17-18
ゲルマン民族大移動　17, 32
牽引　129
原級　157-158, 162-163
　　～は比較の級にあらず　157
現在完了形
　be を用いた形と have を用いた形　190
現在完了時制
　　～と過去時制　189
　　～と共起する，時の副詞　189
　　～における have の機能　188-189
　　～の機能　189
　　～の起源　190
現在分詞語尾
　　-ende（OE 現在分詞語尾）　47, 192
　　-and(e)（ME 北部）　47
　　-end(e)（ME 中部）　47
　　-ind(e)（ME 南部）　47
　　-ing の由来　47, 192
現代標準英語の祖先　19
現用接尾辞（living suffix）　60, 179
口語　33-34, 50, 125-126, 128-129, 137, 152, 170, 190-191, 198, 202, 204-205
古英語
　　～の方言　23
　　～文献の方言　24
呼応　129, 164-166

心理が文法に勝つ場合　166
古音推定　9-10
呼格　28, 146
語強勢　94
語源的な -e　95
語根　29, 44-45, 47n
　　his, him, 'em, it, her は he と同語根　45
　　I と me, my, mine とは別語根　44
　　she と her とは別語根　45
　　they と he, she, it とは別語根　45
　　thou と you とは別語根　45
　　we と us, our とは別語根　44-45
語順の確立　58-59
　　格語尾消失の影響　58-59
　　非人称構文から人称構文へ　59
語中音消失（syncopation）　95
語尾の -e
　　長音標示符号　99-101
　　長音標示符号の例外　101
語尾の [ə] の脱落　39-40
語尾の水平化　35, 41, 164, 180, 198
語尾の脱落　3, 30, 39-40, 42-43, 46, 95, 180
語尾変化　31, 33
誤分析　42

[さ行]

再帰対格　170
再帰代名詞　4, 120-123
　　～の歴史　122
　　～における人称代名詞の格の混乱　123
最上級　157-160, 162-164
　　most の代わりに -est 形になる場合　159
　　強勢の位置　160
　　比較級が more 形で最上級が -est 形

になる場合
　　帰属的用法　159
　　叙述的用法　159
　　二つの事物の比較に用いる場合　158
　絶対最上級　162
　二重最上級　164
三人称単数現在語尾
　　-es は北部方言に由来　47
　　-eth は南部方言に由来　47
　　-en は中部方言に由来　46
　　-s は is に由来するとする説　130n
シーザーの英国侵入　15, 17
地口　115
シェイクスピア　6, 8, 10-12, 17, 20, 36, 46, 52, 53n, 54, 56-57, 65-66, 68-69, 78, 96-97, 99n, 101-102, 115, 127, 129-130, 132, 144, 154, 156, 163, 171, 176, 178, 190, 192, 206, 210
　　〜のころのロンドン市民の識字率　69
　　〜の句読法　54
　　〜の時代の大文字の使用法　54
ジョンソンの辞書　17, 20, 55-56, 60n, 66, 69, 73
史的現在時制　137
思考の速度と言語表現の速度　128
詩篇　96, 130
字下がり（indentation）　98
時制
　　〜と法の重なり合い　202
　　〜の照応　133
写字生　19, 35-36, 95
斜格　28, 40, 135-138
　　〜の叙述における must　135-136, 138
　　〜の話法　136, 138
弱音節　39, 47, 80, 94, 179
　　〜における母音の短化　94
　　〜における語尾の単一化　39, 47

弱形（weak form）　4, 42n, 46, 123, 131, 179
弱変化　29-30, 47, 94, 179
　　〜動詞　47
　　〜名詞　30, 179-180
　　〜形容詞　29, 94
主格　28-31, 41, 43-46, 59-60, 142, 146-147, 151, 167-180
　　〜単数　30, 41
　　〜複数　30-31, 43-44, 179
　　〜補語　142
主節　147-148, 166, 201, 203
宗教改革　19
従属節　134, 147-148, 197-199, 204, 206-207
　　〜の重要性　148
重子音字
　　短母音標示符号としての役割　5, 48, 101-102
重複比較変化　163-164
純正論者（purists）　55
初期近代英語の性質　59-60
処格　146
所有格　44-45, 120-122, 145-146, 178
　　〜の機能　178
所有代名詞　123, 178
　　〜における屈折変化　123
書記言語　87, 92
書記素形態　89n
叙想法　197-198, 201（→ 仮定法）
女性名詞　30, 177, 179-180
上品過多語法（hyper-urbanism）　76, 78
　　小学校教員の影響　76
条件節　155, 203-205
　　語順倒置で表す場合　204
条件法　202
新情報　152, 154
進行形　61, 191-196
　　〜における always の意味　195

〜における（近接）未来を表す用法　196
〜における感情的色彩　195
〜における継続・進行の仕方　193
〜における時の広がり　194
〜の確立年代　61
〜の起源　192
スカンジナヴィア語　18, 20, 31, 45
　　〜からの借用　20, 45
　　〜の影響　31
スコットランド英語（方言）　13, 37, 40, 94, 99, 172, 174
スペイン語からの借用の背景　20
性　164, 175-176, 178, 180
　　シェイクスピアにおける扱い方　176, 178
　　ベン・ジョンスンにおける扱い方　178
　　心理的性（psychological gender）　177-178
　　生理的性（sex）　175-176
　　文法的性（gender）　175-176
　　文法的性の起源　176-177
成節的な l, r　102
正音学者（orthoepist）　14, 115, 117
接触節　152
接続法　198（→ 仮定法）
絶対最上級　162
絶対比較級　162
狭い ō　113
相（aspect）　192
想像の過去　132
想像を表す（過去）時制　200
属格　28-31, 34, 43-45, 60-61, 121, 123, 140-141, 146, 178-184
　　-'s と his 属格との混同　179
　　-f で終わる語の単数属格形　178
　　of による代用　183-184
　　アポストロフィーによる代用　44
　　機能　178
　　記述属格　181-183
　　記述属格と of 句　185
　　群属格　61, 184
　　形態　178-179
　　原義　180
　　主語属格　181-183
　　主語属格と目的語属格の区別の仕方　182-183
　　所有属格　181-182
　　属格語尾　31, 43, 60, 178-179
　　属格語尾 -'s の起源　181
　　属格単数　30-31, 43-44, 60, 179
　　男性属格　60
　　同格属格　181-183
　　同格属格の河の名前には of 句による代用形がない　184
　　二重属格　184
　　副詞的属格　180-181
　　部分属格　184
　　目的語属格　181-183
　　曜日表現における属格　180

## [た行]

対格　29-30, 43-46, 140-143, 146-147, 167-168, 170, 180-181, 183
　　〜目的語　141
　　〜の本来的機能　140
　　記述の〜　142-143, 183
　　副詞的〜　141, 143, 181
代名詞の格　44-46, 60, 120-121, 123, 167, 169-170, 178
大母音推移（Great Vowel Shift）　3, 5, 58, 114
第1二つ折版（First Folio）　17, 68-69, 93
第一次世界大戦　20
第二次世界大戦　20
奪格　146
単音節語　58, 159-161

〜であっても more 比較級, most 最上級をとる例　160
単数構文　130, 204
単数属格　28, 30, 43-44, 178-179
中英語
　〜における音変化　37-41, 93-94, 98-99
　〜の方言　19, 35-37, 40-41, 46-47, 94, 176
中間構文　143
中世騎士道　79
中性　30, 41-42, 46, 59, 60, 123, 175-176, 178-179
　中性主格　60
中部方言　19, 40-41, 46, 49, 50-51, 94
長音標示符号としての -e　99
チョーサー　10-15, 19, 21, 41, 43n, 44n, 45-47, 51-52, 53n, 57, 79, 95-96, 113, 210
　〜における Southern, Kentish 的要素　51
長母音の二重母音化　39, 99
直格叙述　135, 137-138
直説法　127, 132-133, 135, 138, 186, 197-201, 203, 205-206
　〜と仮定法の使い分け方　201
通格（common case）　143, 146
　〜の叙述用法　143
通常意味（usuelle bedeutung）　66
つづり字　9-10, 13-14, 19, 25, 28, 36, 38, 40, 52-56, 58, 60, 64-76, 79, 83-91, 93-99, 101-104, 109, 113-114, 178-179
　〜が o で発音が [ɑ]　109
　〜と語の派生関係　89n
　〜と発音の不一致　64
　〜の音素的表記　91-92
　〜の確定年代　74
　〜の固定　9, 19, 67, 69-74, 103n
　〜の固定と印刷物の普及　9-10, 19, 68
　〜の固定の程度　70
　〜の統一の時期　68, 70, 73
　〜の統一への機運　68-69
　〜の分化　60, 65-67, 101
　〜の問題としての -e　40, 70, 72-73, 93-104
　〜多様の背景　68
　エリザベス朝の〜　38, 52-54, 65, 67-68, 93, 97, 99
　過小評価された表意性　87
　改良〜　68, 90
　逆つづり字　13
　表意的〜　66
　(非)語源的〜　38, 64, 67, 95
　(非)表音的〜　68, 75, 86-87, 89, 91
　不規則つづりが頻出する表現　90
つづり字改良　85-88, 90-92
　失敗続きの〜　85, 90
　〜が受け入れられるための大前提　86
　〜と Alexander Gill　85
　〜と Anglic　85
　〜と Bishop Wilkins　85
　〜と Glossic　85
　〜と J. Hart　68, 85
　〜と Orm　36, 38, 85
　〜と Romic　85
　〜と Sir John Cheke　68, 85
　〜と Sir Thomas Smith　68, 85
　〜と W. Bullokar　68, 85
　〜と schedule　88
　〜の意図　85
　〜への抵抗　90
つづり字発音　54, 65, 75-83, 106, 108
　〜が特に問題となる語　alter 78, Amherst 77, Baconian 84, Birmingham 77, Canadian 84, 89, chivalry 78, Christian 81, Cirencester 77, Connecticut 78, criticize 84, 89,

debauch 79, educate 81, falcon 78, fertile 80, herb 7, 81, homage 81, hostler 81, humble 7, 81, humo(u)r 7, 81, hurry 80, issue 81, missle 80, necessary 80, Nottingham 77, realm 78, ribald 78, secondary 80, sensual 81, soldier 78, sterile 80, vase 80, vault 78, virtue 81, Walter 78
　～と h を語頭にもつフランス系借用語　81
　～と「月寒」（ツキサム）　77
　～とアメリカ英語　65, 67, 76-77, 80-81, 83, 88
　～と過度に上品な発音　76, 78-79
　～と固有名詞　81
　～と人間の心理　83
　～と地名・人名　76-78, 80-81
　～と伝統的発音との併存　78, 81
　～と頭文字語　83
　～と発音のスタイル　81, 83
　～と普通名詞　80-81
　～と北部英語　65
　～の発生素因　76
　～の分類　82
強さアクセント　94
ティンダルの聖書　16, 52
デーン人との接触と語尾変化単一化　31
適者生存の原則　31
デンマーク王 Canute　17
デンマーク語　180
ドイツ語　3, 13, 20, 29, 33, 45, 140, 144, 164-165, 175, 180, 184, 189, 209
　～からの借用は少ない　20
頭韻　40
動詞
　～における数の決め方　165
独立戦争　110

**[な行]**

長い s（long *s*）　72
ナポレオン戦争　20
二行連句　98
二詞一意　127, 166
二重語　41, 66
二重最上級語尾　164
二重子音
　～と母音の短化　5, 48
　～の短母音符号化　36, 38, 102
二重否定　60
二重比較変化　163-164
二重複数　44
二重目的語　168
ネーデルランドのスペインに対する反乱　16, 19
ノーサンブリア方言　30, 31
　～における属格　30
　～における複数主格　30
能動受動態　143
　他言語ではどう表されるか　144
「農夫ピアズ」（*Piers the Plowman*）における方言　35
のどの音（＝東京方言のヒの子音）　13
ノルマン人の征服（Norman Conquest）　18, 25, 32-36, 40
　OE から ME への推移に直接的な関係なし　32-33
　～が英語に及ぼした影響の実情　33
　～が英語の語彙に及ぼした影響　33-34
　～と口語英語　34
　～と伝統的散文の衰退　33-34
　～による，音変化への影響は僅少　35
　～以前の英語　18, 33

## [は行]

破格構文 180
パブリック・スクールの英語 110
バラ戦争 16, 19
反転母音 77
比較級
　迂言比較変化 159-161
　迂言比較変化で注意すべき現象 160
　規則比較変化 158
　屈折比較変化 159
　最上級との混交形 158
　最上級と同義である場合 157-158
　劣等を示す比較は迂言比較変化のみ 161
　強勢の位置 160
　帰属的用法 159
　叙述的用法 159
　不完全比較級 164
　不規則比較変化 163
　絶対比較級 162
　二重比較変化 163-164
非歴史的 -e 95-96
ピープスの日記 17, 209
百年戦争 16, 18
標準口語 50
標準文語 24, 50, 52
表音(的)つづり字 68, 75, 86-91
　〜の経済的・政治的な困難 91
　〜についての誤解 91
品詞の転換 59
　〜と合成造語能力 59
フランス語 3, 18-20, 32-35, 43n, 79-80, 144, 184, 189
『ベオウルフ』(*Beowulf*) 30n
不規則変化動詞
　〜の過去形・過去分詞が -t/-d で終わる理由 5
　〜の母音が短母音である理由 5

部分属格
　非論理的な部分属格の例 184
副詞的属格 180-181
副詞的対格 141, 143, 181
複合語 25, 59, 120, 163, 176
　〜の比較変化 163
複数語尾 31
複数構文 130, 167
複数主語と単数動詞 128-130, 166
文章語 33
文法語 103n
文法的性(gender) 59, 175-176
　〜が ME 期に消失した理由 176
　〜の消失と格語尾の消失 59, 176
　〜の消失は北部方言から始まった 176
　〜より生理的性を重視する傾向 176
　物が擬人化された場合の〜 177
文与格 169
ヘイスティングズの戦い 18
変母音複数 44
ポルトガル語の借用の背景 20
保存類推(preservative analogy) 212
母音の長化と OE 斜格の屈折形 40
母音変異(mutation) 26
母音変差(gradation, ablaut) 28
方言
　〜の混交 35, 36, 118
　〜の接触によって生ずる変化 118
　〜分化の原因 36
法(mood) 186
法の助動詞(modal auxiliary) 173
法王 Gregory 一世の逸話 24

## [ま行]

まちがいつづり(occasional spelling) 107, 111

短い ŭ  117
未知  154（→新情報）
未来時制  61, 171-173, 175
　〜を表す独立した語としての 'll  61, 175
無声閉鎖音  109
命令法  186-188, 197, 202
　完了形の〜  188
黙音の e  67
黙字の -e  96
目的格補語  142
もじしきり（space）  97

## [や行]

有声閉鎖音  109
与格  28-30, 42, 44-46, 59, 121, 140-141, 146-147, 167-170
　〜目的語  141
　再帰〜  170

　心性的〜  170
　非人称構文における〜  59, 168
　利害の〜  170
よけいな -e（superfluous -e）  95
四つ折版（Quarto）  97, 129

## [ら行]

ラテン語  8, 16, 18-19, 24-25, 29, 140, 144-147, 165, 175, 185, 192, 199
両性語  177
臨時意味（occasionelle bedeutung）  66
類推（analogy）  35, 68, 95, 130
歴史的 -e  96
歴史的現在  185
ローマ字  54, 88
ロンドン標準文語  52
ロンドン方言  37, 49, 50-52

## 2. 語彙，表現，発音

[ ] は当該項目の機能，( ) は問題になっている事柄.

**[A]**

-an ［属格単数語尾］ 30
-an ［複数形語尾］ 43
-as ［複数主格語尾］ 30-31, 43
-au- 58
-aw- 58
Amherst 77
Anglo-Saxon（の原義） 24-25
Antartick 72
Apollo（の性） 177
Aprille 95
Artick 72
a boy of ten years 183
a boy of ten years of age 183
a boy ten years old 183
a clake (= o'clock) 109
a devil of a fellow 184
a dog-in-the-manger policy 59
a man of noble character 183
a man of tact 183
a matter of considerable importance 183
a moment's hesitation 183
a napron（誤分析） 42
a nine days' wonder 183
a person of consequence 183
a woman's college 183
a — an（と my — mine） 3
a-hunting 192
a.m. 83, 87
aa（重文字が許されない例） 99

abisme 103
abject（比較級，最上級） 159
able 102, 159
above 100
absurd 159, 160
accomplish（の発音） 7, 82
acre 102
ad 100n
add 100n, 103n
addle 107
adew 68
adieu 68
adiew（adieu の異つづり） 68
adue（adieu の異つづり） 68
adverse（比較級，最上級） 159
advertise 67
advertize 67
after 153, 190
againe 100
age 102
ai（ME）（の発音とつづり字） 58
ale 98-99
alive 101, 168
alone 3
alter 78
although 155
am 103n
an 3, 42-43
an angel of a woman 184
an apron（誤分析） 42
an ewt（誤分析） 42
anan 109

# 索引

appear'd 72
appreciate（における発音の変化）82, 83n
apron（誤分析）42n
armes 107
as（as soon *as*; as long *as*; so long *as*）153
as 節（を後置する条件）156
as it were（= as if it were so）206
assume 148
ate 40, 90, 100
au（ME）（の発音とつづり字）58
authour 73
awful 7
awfully 7
ān (one) 4
ā（シェイクスピア時代の読み方）57
ǎlu 98
[æ:]（と [e:] は Sh. では韻をふむ）11

## [B]

Birmingham（の発音）4, 77
back 56
bad 100n, 163
bade（の英米差）40, 100
baker（の性）177
bane 40
bank 28
base 97
bath（に含まれている母音の発展経路）212
battel 73
bawd（の性）177
be going to（の起源）196
be + ing［現在分詞］（と be + a-ing［動名詞］の混同）192–193
because（< (weak form of) *by* + cause)）42n, 123n
because（と since の使い分け）156
belief 149
believe 148
bench 28
benum 73
beseech 28
beside 42n
better 163–164
bid 5
bind 93, 186
bindan 93, 186
bindaþ 186
binde 93
birthday congratulations 59
bishop（の性）177
bit 99n
bite 99n
bitter 159–160
bitterer 160
blamable 67
blameable 67
bleed 27
blood 27, 53–54, 57, 113, 116
bloom 114
blueing 67
bluing 67
boan 100
boane 100
bone（のつづり字）100
book 57, 176
both（借用語）31
both ... and（の否定）167
bottle 91
brad 100n
brazenest 159
break 100
breake 100
breathe 28
breeze 100
brethren 44
bridge 102

bronze 102
broome 100
browne 104
bræþ 28
bræþan 28
bull-in-the-china-shop method 59
but 56
bæc 56
bān 40
bōk（の性） 176
bōn 40

## [C]

-c（の発音） 102
-ce（の発音） 102
Canada 89
Canadian（の発音） 84, 89
Christian（の発音） 81
Cirencester（つづり字発音） 77
Connecticut（つづり字発音） 78
cad 100n
caffen 109
caldron（cauldron の異つづり） 67
calf 30
calf's 28, 178
calf's head 178
calf's tail 178
calf's-foot（の発音） 28, 178
calves 28
calves-foot 178
calves'-foot 178
calve's foot jelly 178
calve's head 178
cannon ball 30
car（の性） 177
cat 88, 91
cauldron 67
cause 58, 123n
chad 100n

champagne 79
chandelier 79
change 105
chap 109
character 87
charity（発音，性） 87, 177
charming 160
chase 79
che［一人称単数代名詞］ 46
cheeke 103
cherche［属格形］ 44n
chicken 27
chief 79
child（の性） 176
childer 38
childish 160
children 37, 44
chivalry 78
choak 73
church 30
church door 30
chuse 73
chīld 38
chīldre 37
clad 100n
clew 66
cloaths 73
clue 66
cocc 27
cock 27
combat（における発音の変化） 82
come 56, 100
comfort（と comfortable の書記素形態） 89n
complain'd 72
comrade（における発音の変化） 82
conduit（における発音の変化） 82
confoundest 159
connection 67
connexion 67

constable（における発音の変化） 82
content（比較級, 最上級） 159
controul 73
conviction 149
cool 57, 114
corpse 102
correct 160
cot 107, 111
couer 101
could（想像の過去） 132
count 176
countess 176
course（における [o]） 105
cow 27
coward 101
critic 89
criticize 84, 89
crown 104
crowne 104
cruel 159
cuff 7
cume 56
curs 102
curse 102
cut 5, 56, 116-117
cōl 57
ċiriċe 30
ċīcen 27
ċīld 37
ċīldru 37

## [D]

*drank-jan ［Primitive OE の仮設形］ 28
-'d 70, 72
Diana（の性） 177
Douer 101
Durham（の発音） 80
dad 100n

daies 70
dally 107
day（における二重母音の名残） 58
dearest 162
death（の性） 177
debauch 79
debauchee 79
debt 65, 88
deem 26
deer 30
deere 103
defence 102
defile 39
delicious 159
delight 88, 99n
delīt 99n
deny 169
despight 13, 73
despite 13
die 66, 101
directly（接続詞用法） 154
direfull 103
disdaine 100
do (*do one a favour*) 169
do（強い懇請を表す用法） 187
do（助動詞の do と動詞の do） 60
do＋不定詞形 60
docile（比較級, 最上級） 159
doctor（の性） 177
doe (= do) 102-103
doest ［動詞］ 60
doeth ［動詞］ 60
donne 103
doom 11, 26
doome 115
dost ［助動詞］ 60
doth ［助動詞］ 60
doubt 65
dower 101
draw 58

dreame 103
drench 28
dressmaker（の性）177
drest 73
drincan 28
drink 28
droghte 95
drowne 104
due 103
dye（die の異つづり）66
dāme 40
dǎpthe 38
dēaþ（の性）176
dēor 30
dēpe 38

## [E]

-e（ME 動詞屈折形で発音された）95-96
-e（が最初に発音されなくなった地方はスコットランド）99
-e（とつづり字の歴史）70, 73, 93
-e（とエリザベス朝の印刷術）97
-e（と韻律）95
-e（と各時代の語形標識）72, 93
-e（の再登場）97
-e（の消失（ME）とスコットランド方言）94
-e（の消失（ME）と中部方言）94
-e（の消失（ME）と南部方言）94
-e（の消失（ME）と北部方言）93, 94
-e（の消失の原因）94
-e（の盛衰時期）96
-e（を好む語）103
-e（屈折形でないことを示す機能）102
-e（行末で韻をふんでいる語における）95

-e（行末をそろえる手段としての）97
-e（子音価の種類を弁別する標識としての）101-102
-e（初期近代の）96
-e（多用の原因）97-98
-e（長音標識符号としての）99, 100-102
-e（黙字の存在理由）103
-ed（で終わる語の比較級，最上級）160
-ed［PE 過去形語尾］（の由来）47
-ed［弱変化動詞の規則的な過去分詞語尾］47
-ede［弱変化動詞の規則的な過去形語尾］47
-en［ME 中部方言三人称複数現在語尾］46
-en［ME 複数形語尾］43-44
-ende［OE 現在分詞語尾］47, 192
-er（-er 比較級と more 比較級の両方が用いられる場合）159
-es（が複数標識の標準形になった背景）31, 43
-es［単数属格語尾］30-31, 43-44, 179
-es［複数形語尾］（における -e- の脱落）43
-est（-est 最上級と most 最上級の両方が用いられる場合）160
'em 45, 168
Effigie 73
Ellegie 73
English Saxon 24-25
Englishman（の適用範囲）24
English（の語源）24
ea（長母音を表すつづりとして）57
each（の数）167
eager（比較級，最上級）159
eare 103
easie 73
east 163

索　引　237

eastern　163
easternmost　163
ebb　103n
educate　81
ee（長母音を表すつづりとして）　57
eft（= newt）　42
ei（ME）（の発音とつづり字）　58
elder　163
eldest　163
enemy（複数扱い）　165
enquire（inquire の異つづり）　67
eow selve(n)　121
eve　43
even　43
ever　101
every　95
evil　162
execute　89
executive　89
exquisite　159
ē（と ɛ̄ は Ch. では韻をふまない）　57

**[F]**

*fōti［Primitive OE の仮設形］　26
-ful（で終わる語の比較級，最上級）　160
France（と French）　24
Friday　180
face　80
fact　149
fad　100n
faggot　67
fagot（faggot の異つづり）　67
falcon　78
faly　109
far　163
farre　70
farther　163
farthest　163

fast（における [æ]）　105
father　104
fear（の性）　177
fed（における短母音の由来）　47
feed　27, 47
feet　26-27, 44
fertil　73
fertile　80, 159
fertily　73
fetich(e)　67
fetish　67
fiftēne elna dēop（= fifteen ells deep）［副詞的属格］　181
fill　27
filthe　38
finde　70, 98
flat　162
flatter　162
flight　99n
flour　60, 66
flower　60, 66
foe　103
folly　107, 109
food　27, 53-54, 113-114
fool　114
foot　26-27, 44, 53-54, 116-117
for the nonce　42
for then ōnēs　42
forehead（における発音の変化）　82, 83n
foremost　164
forgive　169
foweles　95
fowle　103
fowre　104
free　160
fro（借用語）　31
from　103
frontier（における発音の変化）　82
frõ　97

full 27
further 163
furthest 163
furze 102
fāme 40
fēdan 48
fĕdde 48
fĕdde 48
fīlen 38

grass（における [æ]）105
grasse 102
groan 68
grone（groan の異つづり）68
groome 115
grāve 40
gypsy（の性）177
gōs 38
gŏsling 38

**[G]**

-g（読み方）102
-ge（読み方）102
-gh-（の歴史）13-14
-gh-（長母音標示符号としての）99n
Gad 100n, 109
God's love［主語属格］（と the love of God［目的語属格］）183
gad 100n
gate 57
geese 27, 179
general（の性）177
gibe（jibe の異つづり）67
girle 103
give（における -e の役割）101
give（における母音の長さ）100
glad 100n
go 103
go your ways［副詞的属格］181
goaler（jailer の異つづり）67
goe 102
gone 100
good 57, 117, 163
goose 27, 113, 179
gosling 57, 113
gospel 113
gossip（の性）177
grace 80
grad 100n

**[H]**

Heroick 73
had better（仮定法との関連）201-202
hale 40-41
hale and hearty 40
half 65
hame 40
hand（の性）176
handsome 159
hang 28
hapned 73
harlot（の性）177
harme 103
harmes 107
hars 109
hate 99
have got（と have との違い）190-191
hayre 103
he 45
he（で受ける名詞の性質）59, 176-177
he-rabbit 176
heat 26
heede 100
heire 104
hem 45
heom［与格］45

索　引　239

heora　31, 45
herb（の発音）　7, 81
here［三人称複数属格代名詞］　45
here is（と複数主語）　128
her（の起源）　45, 121
herself　4, 120-121, 123
hid（における短母音の由来）　47
hide　47
hie［三人称複数主格代名詞］　31
him［三人称複数与格代名詞］　31, 45
himself　4, 120-121, 123
hindermost［比較級＋二重最上級語尾］　164
hinge　28
hippes　102
hira［属格］　45
hire　45, 121
his［三人称中性単数属格代名詞］　60
his 属格（の最盛期）　179-180
hisself　121
hit［it の主格・対格］　45-46
hit［it の属格形］　60
hlæfdige　30
hol　40
hole（[oil] という発音）　88
holy　159
homage　81
home　4, 10, 57, 99, 115, 141
hood　113
hoof　28
hoom　10
hoop　39
hooping(-cough)（whooping(-cough)の異つづり）　67
hooves　28
hop　40
hope　39-40, 98-99
horses（形の上からは格の区別ができない）　44
hospital（の発音）　7

hostile（比較級，最上級）　159
hostler　81
hot（heat との関係）　26
hot（における [ɑ]）　105, 108
houre（hour の異つづり）　68, 98
house　30, 100
hower（hour の異つづり）　68
howre（hour の異つづり）　68, 97
humble（の発音）　7, 81
humour（と「ユーモア」）　7, 81
hund（= hound）（の性）　175
hwīlum　168
hāl　40
hām　4, 40
hēo　45
hōl　40
hōle　40
hōm　40, 57
hōpe　39-40
hŏpa　98
hŏpĕ　39
hŏpŭ　39

[I]

-ick　70, 73
-ing（で終わる語の比較級，最上級）　160
-ise　67
-ish（で終わる語の比較級，最上級）　160
-ize　67
I（の屈折形は知られていない）　44
I（を大文字で書くことの理由）　46
I wish I were there.（の起源）　206
i（と j の区別）　73
ic（から ich へ）　46
idea　149
idle　159
if you please（与格から主格へ）　59

if 節（条件を示しているのではない場合）155
if 節（動詞の形態による意味の違い）200
ihr［ドイツ語］45
ii（重文字が許されない例）99
ill   163
imagine   148
immediately（接続詞用法）154
informe   103
ingeniousest   159
inmost   163
inner   163
innermost［比較級＋二重最上級語尾］163-164
inquire   67
intensest   160
island（のつづり字）88
issue   81
it（it の属格形としての）60
its（の初出年代）4, 60, 120, 124-126
itself   4, 120-121

### [J]

jailer   67
jailor   67
jibe   67
joyn   73
judgement（黙音の e とつづり字）67
judgment（つづり字）67
just   159-160

### [K]

Knt.（つづり字）90
keep   5, 38
keepe   98, 100
kept   5, 38, 89
kine   27, 44
kings（多重機能）179
kings'   60
kis（行末形として）104
kisse   104
know   91, 148
kēpen   38
kŏpt   38

### [L]

-ld（と長母音化）37
-le（で終わる語の比較級，最上級）159
'll（will の短縮形であって，shall の短縮形ではない）174
'll（未来時制を表す独立した語）61, 175
Lady Chapel   30, 180
Lady Day   30, 180
Lady altar   180
Latine   73
Let us（Let's との違い）187
Let us（の否定形と Let's の否定形）187
Littera scripta manet   211
Love（の性）59
Luna（の性）177
Lye   73
Lyrique   73
lad   100n
lady   30, 44n
lady［属格形］30, 44n, 180
lady friend   176
lady smock   180
ladybird = lady-clock = lady-cow   180
ladye［属格形］44n
last（= lost）109
last［最上級］163

late  163
later  163
latest  163
latter  163
leap  39
leapt  39
least  163
left  89
lent  89
leorning  47
leornung  47
less  161, 163
lesser  163
let  5
let's 構文（の付加疑問文）  187
lever  101
liberall  103
lie  103
life  97, 99
light  13
like ［as の代用］（の起源）  154–155
like as  155
limme  101
little  163
live（母音の読み方が予測不能）  101
live（における -e の役割）  101
locomotive（の性）  177
lone  3
lonely  3
lonesome  3
loose  28
loose（loss の異つづり）  66
loose leaf book manufacturers  59
love  40, 100
love ［lover に対する女性語］  177
lover（の性）  177, 182
lēas  28

### [M]

*mūsi ［Primitive OE の仮設形］  26
-m ［最上級語尾］  164
-mest （二重最上級語尾）  164
-most （と most の混同）  164
Monday  180
mad  100n
magick  103
maid  43
maiden  43
maintain  148
man  44
man-servant  176
manere  38
manner  38
many  163
marien  38
marke  103
marrow  109
marry  38
matins  67
mattins  67
me  44–45, 103n, 123, 167, 170
me self  121, 123
meadow  168
meant  89
meat  98
medle  103
meet  100, 102
meete  100, 102
member of Parliament（の性）  177
men  44
merchant（の性）  177
meself  4
metal  66
mettle  66
mice  26–27, 102
might  132, 199, 202
military（における第 2 強勢）  105

milke  98
milliner（の性）177
mine  3, 43-44, 60
miself  122-123
moon  93, 114
moon（OE と PE とで gender が逆）177
moone  93
more  60, 157-163
more bitter  160
more eastern  163
more perfect（の意味）164
most  60, 157-164
most intense  160
mot  132
mote  132-134, 137
mother's love  183
mought  132
mouse  26-27, 175
much  163
music（の性）177
must  131-138, 165, 191, 202
must needs（must の過去用法）137
must needs［副詞的属格］181
must（の過去用法と had to）134, 136-138
my  3, 43-44, 60, 178
my（の弱形）42n, 123
my book（と mine uncle）3
my lord [milɔ́ːd]  42, 123n
myself  4, 120-123
mẽ (= men)  97
mē-self  123
mĕself  123
mĕte  98
mī  43
mīn  43, 60
mōna  93
mōna（の性）176
mōst  131

mōste  131
mōsten  131
mōt  131n
mōtan  131-132
mōton  131n
mūs  26, 175
mȳs  26

# [N]

NATO  83
Ned (< mine + Edward)  43
Nell (< mine + Ellen)  43
Noll (< mine + Oliver)  43
Norman-French  18, 40
Nottingham  77
nama  30, 43
name  3, 57-58
namena  30
namum  30
narrow  159
nat  109
nature（の性）177
navvy  101
nay（借用語）31
near［nigh の比較級］164
near［目的語に与格をとる］170
nearer（二重比較級）164
necessary（における第 2 強勢）80, 105
neighbourhood（の発音）7
neither ... nor（数）166-167
newt  42
nickname（誤分析）42n
night  13, 99n
no sooner  154
nocke  103
noddle  107
noes (no の複数)  102
none (語中音消失)  43

none（の数）167
north（語尾の th の発音）28
north（最上級はあるが，比較級がない）163
northern（母音に挟まれた th の発音）28
northmost 163
nose 102
not（語源）142
now 189
nowadays［副詞的属格］181
no（語源）167
no（語中音消失）43
nuns 103
nurse（の性）177
nămă 39
nāme 39
nămĕ 39
nāwiht (= nothing) 142

## [O]

-o-（チョーサーにおける読み方）56-57
-od［弱変化動詞の規則的な過去分詞語尾］47
-ode［弱変化動詞の規則的な過去形語尾］47
-oo-（つづり字）10, 99, 113, 115
-ow 159
oa（つづり字）40, 99
oates 100
obselete 73
ocean（の性）177
of（属格の代用）34, 44, 180, 183-184
old 163
older 163
oldest 163
on 103n
on līfe (= in life) 168

once (that) 153-154
one（の発音）3-4, 100
only（語源）3
ope (-n の脱落) 43, 170
open 43
our(e) selfe 122
our(e) selven 122
oure selve 122
ourself 122
ourselves 120-122
out 39
outemest（二重最上級）39
outer（最上級はあるが，原級がない）163
outermost［比較級＋二重最上級語尾］163
outmost 163
owe (that 節の前に it を必要とする動詞) 149
owne 104
oxen（複数形語尾 -en を残している唯一の語）44
ōðres weges hāmweard (= another way home)［副詞的属格］181
ō（と ȳ は Sh. では韻をふまない）57

## [P]

Phoebe（の性）177
Phoebus（の性）177
Poesie 73
pad 100n
paradigm 89
paradigmatic 89
pardon 169
party（複数扱い）165
pasitively 109
past (Sh. における waste との韻のふみ方) 11
path（における [æ]）105

patientest 159
peaceablest 159
peni 38
penny 38
perswaded 73
pipe（の性） 177
place 80
plaid 100n
play（*play one a trick*） 169
pleasant 159
plotte 102
plucke 103
poore 103
pork（における [o]） 105
practicable 159
professor（の性） 177
proper（比較級，最上級） 159
publick 73
publikely（行末でないところのつづり字として） 98
publiquely（行末のつづり字として） 98
pulse 102
purse 102
put 5

**[Q]**

Queen 90
Queene 100
qua- 111
quality（の発音） 6-7, 111
quiet 159
quight（のつづり字） 13, 99n
quite（のつづり字） 13, 99n

**[R]**

Rhime 73
Rome［発音］ 11, 115
Roome（= room） 115
race 80
rad 100n
rain（における二重母音の名残） 58
rase 67
rate 105
raze 67
reach（*reach me my hat*） 169
realm 78
redde 102
remember 148
remote 159
ribald 78
right 99n, 160
roam 115
roame 115
roof 28
room 115
rooves（roof の複数形の異形） 28
rot 107
rote 105

**[S]**

-s［3人称単数現在語尾］（の特殊性） 4
-s［3人称複数現在語尾］ 127, 129-130
-'s［属格語尾］ 31, 60, 178-180, 184
-se（末尾の -e は直前の s が屈折語尾でないことを示す） 102
-selves 122
-some 159
Saturday 180
Slav 101
Stoick 73
Sunday 180
Sundays［副詞的対格］ 181
sabre 102
sad 100n

save (*it saves me a deal of trouble*)　169
say　148
scad　100n
scent (のつづり字)　88
scissors (のつづり字)　88
se [主格男性単数指示代名詞]　41
se [shall のスコットランド方言]　174
'se [誤記された shall のスコットランド方言]　174
see (「わかる」の意の場合)　148
seek　28
seeme　103
seldom　168
seldum　168
self　4, 120-123
selfes [OE 男性・中性属格形の形容詞]　123
sense　102
sensual　81
sergeant　67
serjeant　67
set　5
severall　70
shad　100n
shadow　168
shall (の用法)　61, 165, 171-175, 191, 199, 203, 205
shan't [shall の否定形]　174
she (で受ける名詞の性質)　59, 176-177
she (起源不明)　45
she (つづり字)　98
sheathe　100
shee　98
sheep　30, 39
sheepe　100
shepherd　39
shippe　101-102
shoemaker (の性)　177

shone (の英米差)　100
should　132, 171, 199-200, 202-206
shrew (の性)　177
sieve　100
sight　13
sign　89
signal　89
since　153, 156
since (と because の使い分け)　156
sinke　103
sleep　5
slept　5
slut (の性)　177
so that　156
soft (の長母音は OE 発音の復古)　38
soldier　78
some　40, 56, 100
some (における -o-)　56
someone (を受ける代名詞)　59
son　56, 99n
son (における -o-)　56
sone　99n, 101
sonne　101-104
sonne (視覚的にも韻をふませるためのつづり字として)　103
sope　73
souldier　73
soule　103
south (語尾の th の発音)　28
south (最上級はあるが, 比較級がない)　163
southern (母音に挟まれた th の発音)　28
southmost　163
sow (sew の異つづり)　65-66
spare　169
spectacle　103
spight (視覚的にも韻をふませるためのつづり字として)　99n, 104

spit  5
spite  104
spiv  101
spivvish  101
split  5
spread  5
spr*e*nkle (ME)（と spr*i*nkle (ModE)の関係）24
spright（のつづり字）13, 99n
stane  40
stap  109
starme  109
stay  91
steele  98
stock（における [ɑ]）105
stone  10, 99, 168
stone wall  30
stoon  10
stop  108
stopt  73
storms  107
strained  160
strange（比較級・最上級の形）160
strange（行末でないところのつづり字として）98
straunge（行末のつづり字として）98
strong  159, 161
stronger  159
strongest  159
stuffe  102
stupid  160
stān  10, 40, 42, 176
stān（の性）176
stāne  168
stōn  40
subjunctive（の原義）197-198
such that  156
suggest  148, 205
sum  56

sun  56, 93, 104, 177
sun（の性）177
suncke  103
sune  93
sunne（の性）176
suns（視覚的にも韻をふませるためのつづり字として）103
sunu  93, 99n, 101
suppose  148
supprest  73
sweordes ecġ (= sword's edge)  179
swine  30
swīn  30
sċēap  30
sēo  41, 45
sōfte  38
sŏfte  38

## [T]

Tam  109
The kinge was offered a seat.（与格から主格へ）59
Thebes the citee  184
Theologie  73
They goes［北部方言における三人称複数現在語尾］47
Thursday  180
Tuesday  180
table  102
tad  100n
take（借用語）31
take（that 節の前に it を必要とする動詞）149
teacher（の性）177
teacher（を受ける代名詞）59, 177
tease  102
temperedest  159
tender  159

that（関係代名詞としての）　60
that（従属節を導く用法の起源）　206
the Highest　160
the Most High　160
the city of Rome（= L. *urbs Roma*）　184
the continent of Africa　184
the enemy's fear（と their fear of the enemy）　183
the jewel of life　184
the other　42
the tother（誤分析）　42
the work of a moment　183
the＋比較級　156
thee［単数］（の代わりに you［複数］を用いる）　34-35, 46
thei　45
their（スカンジナビア語に由来）　31, 45
theirselves　121
them　42, 45, 97, 103
them（スカンジナビア語に由来）　31, 45
themselves　120-123
then　42
there is（と複数主語）　128
thet other　42
they　42, 59, 97
they（スカンジナビア語に由来）　31, 45
think　148
thinke　103
thogh　97
thou　34, 42, 45-46, 186
thou［単数］（の代わりに you［複数］を用いる）　34-35
though（借用語）　31
thyself　120-123
thē self　123
tie（と cravet）　7

till　153
toe　103
top（最上級はあるが，比較級がない）　163
top（における [ɑ]）　105
top-hat（と chimney-pot hat）　7
topmost　163
trad　100n
traffick　73
train（の性）　177
tye　73
t'other　42
þ（の衰退と y による代用）　41-42
þe　41
þiself　122
þæs cyninges sunu（= the King's son）　179
þæt　41-42
þæm　42

**[U]**

u（と v の区別）　73, 101
UNESCO　83
USA　83
un（hine［対格］の名残）　46
unlearn'd　72
until　153
upmost　163
upper　163
uppermost　163
us selven　121-122
useful　160
usurpt　73
utmost　39

**[V]**

-v（で終わる語）　101
-ve（で終わる語）　101

v（とuの機能分化）　73, 101
various（とvarietyの書記素形態）
　89n
vase（の発音と押韻）　80
vault　78
veranda　67
verandah　67
vertue　73
vessell　103
veyne　95
vice of drunkenness　184
virtue　73
visard（visorの異つづり）　68
visor　68
vizar（visorの異つづり）　68
vizard（visorの異つづり）　68
vizor（visorの異つづり）　68

### [W]

Wednesday　180
Well-bred English　50
Wessex　17, 24
West Midland　35, 37
West Saxon　17, 24-25, 30, 36, 41, 50
wa-　111
wages［「報い」の意］（単数扱い）
　165
waggon　67
wagon　67
wanted（における -e- の発音）　47
war（の性）　177
wash（の発音）　111
watch（の性）　177
weede　100
well　163
well-known（の比較級）　163
well-to-do（の比較級）　163
were（の発音）　7
wheate　100

when　152-154
when 節（の位置による含意の違い）
　154
whenever　153
which（関係代名詞としての）　60,
　153-154
while　152-153
whilom　168
whole　40-41
wholesom　73
who（関係代名詞としての）　60
wide　39, 161
widow　176
widower　176
width　39
wif　28
wife　28, 30, 57, 60, 99, 175, 178-179
wife's（の読み方）　28, 60, 178-179
wifum　28
wil（行末のつづり字として）　98
will（行末でないところのつづり字と
　して）　98
will（の用法）　171-175
will have（that 節の前にit を必要と
　する動詞）　149
wincke　98
winde　97
wine　99
winters and summers［副詞的属格］
　181
wit　102
witch（の性）　177
within a stone's throw　183
witt　102
witte　102
wives　28, 60, 178
wives'　60
woe　168
won't（< wol not）　174
worse　162-163

worser  163
worst  163
would  132, 171, 200-203, 205-206
wracke  103
wristband（使用者の年代）  7
wristband（の発音）  7
write  91, 99
writer  91
wīf  57
wīf（の性）  175-176
wīfmann（の性）  175

**[Y]**

-y（で終わる語の比較変化）  159
y$^{at}$（用いられる場所）  97
y$^{at}$（用いられ方）  42
y$^{e}$（発音）  41-42
y$^{e}$（用いられる場所）  97
y$^{e}$（用いられ方）  41-42
y$^{ei}$（用いられる場所）  97

y$^{ei}$（用いられ方）  42
y$^{m}$（用いられる場所）  97
y$^{m}$（用いられ方）  41-42
y$^{t}$（用いられる場所）  97
y$^{t}$（用いられ方）  41-42
y$^{u}$（用いられ方）  41-42
ye（と you の混同）  46
ye（動詞との語順）  186
ye［主格複数］  46
yeere  103
you  35, 45, 167, 170, 187
you［対格，与格の複数形］  46
you（与格から主格へ）  59
you self  121-122
your  104
yourself  120-122
yourselves  120-122

**[Z]**

Zodiack  72

## 3. 文献，人名，作品名

Abbot (1869) 129
Addison (1711) 179, 192

Baugh (1959²) 53n, 69-72, 125
Baugh and Cable (2002⁵) 126n
Bellot (1580) 107
*Beowulf* 30n
Bloomfield (1933) 76, 84, 91, 94
Bradley (1884) 211
Bradley (1899) 135, 211
Bradley (1904) 124, 210
Bradley (1913) 210
Bradley (1916a) 210
Bradley (1916b) 99n, 102, 210
Bradley (OED) 134-135, 137
Browne (1650) 70-71
Brunner (1951) 124, 130n
Bullokar (1580) 68, 85
Bunyan, John 192
Byron, G. G. Lord 80

*Canterbury Tales* 12
Cawdrey (1604) 69
Caxton, William 16, 21, 51-52, 69, 132
Chaucer, Geoffrey 10-15, 19, 21, 41, 43n, 44n, 45-47, 51-52, 53n, 57, 79, 95-96, 113, 132, 184, 210
Cheke, Sir John 16, 68, 85
Chillingworth (1664) 70
Cockeram (1623) 69
Cooper, Christopher (1685) 107, 117
Cooper, Thomas (1565) 125

Cowley (1684) 72
Craigie (1927) 64
Craigie (1944) 91
Curme (1931) 134-135

Davidson, et al. (1688) 71
Dibelius (1901) 51, 114-115
Dobson (1957) 111-112, 115, 119
Dryden, John 12, 53n, 107

Edgerton (1941) 87
Edward I 18
Edward III 16, 18
Edward the Confessor 18, 25
Egbert 15, 17
Ellis, Alexander J. 14, 18, 85
Emerson (1905) 18

First Folio 17, 68-69, 71, 93, 96, 98n, 99-100, 102-103
Florio (1598) 124-126
Fowler and Fowler (1922²) 165
Franz (1939) 70-72, 98-99, 102, 128, 130, 210
Freneau, Philip 80

Gill, Alexanderl 85, 107
Gray, Thomas 12
Grimm, Jacob 25
郡司 (1978) 92

Hardy, Thomas 153
Harold 王 25
Hart (1569) 68

Hart (1570) 68
Henry III 16, 18
Hill (1958) 89n
Horn (1908) 39, 107-108, 114
Horn and Lehnert (1954) 111-112
細江 (1937) 128
Hume (1617) 179

Jakobson (1953) 81
James VI 129
Jespersen (1909) 14, 78, 80-81, 94, 96, 103n, 105, 107, 114, 212
Jespersen (1914) 42n
Jespersen (1932) 132-133, 135, 137
Jespersen (1933) 133
Johnson, Samuel (Johnson's *Dictionary*) 12, 17, 20, 55n, 60n, 66, 69, 73
Jones, Daniel (1917, 1937[4], 1949[10], 1956[11]) 7, 77-79, 82
Jones, Daniel (2011[18]) 77n-78n, 82n-83n
Jones, John (1701) 107, 117
Jonson, Ben 178

Kaluza (1906f.[2]) 114
Kemble, John 6
Kennedy (1927) 211
Klaeber (1936[3]) 30n
Koch, C. F. 51
Krapp (1919) 106, 109
Krapp (1925) 80, 105, 108-110
Kökeritz (1953) 99n, 111-112, 115, 119
久保田 (2013) 34, 56

Langland, William 35
Lee (1902) 68, 96, 104
Lee (1905) 96
Lord Foppington 109

Lydgate, Jone 19

Machyn, Henry 107
Maittaire (1712) 179
Marckwardt (1942) 104
Marschall (1927) 98, 103
Mathews (1931) 110
Mauger (1679) 107
McKerrow (1917) 69
McKerrow (1927) 97
Mencken (1936[4]) 105, 106n, 110
Milton, John 12, 70-71
Moore and Marckwardt (1951) 96, 124, 126
Morris and Skeat (1898) 18-19
Mossé (1952) 18, 94
Mulcaster (1582) 69

Onions (1904) 135-136
Ono (1958) 135n
Orm 36, 38, 85
Ormulum 36

Paul (1937[5]) 15n, 66
Phillips (1658) 70-71
Philp (1885) 179
*Piers the Plowman* 35
Pope, Alexander 12
Price (1668) 117
Prologue (of *The Canterbury Tales*) 95

Queen Elizabeth 10, 107, 109, 129

Shakespeare, William 6, 8, 10-12, 17, 20, 36, 46, 52, 53n, 54, 56-57, 65-66, 68-69, 78, 96-97, 99n, 101-102, 107, 115, 127, 129-130, 132, 144, 154, 156, 163, 171, 176, 178-179, 190, 192, 206, 210

Skeat (1887)　70-72, 101
Sledd, James　125-126
Smith, Charles A. (1896)　128, 130
Smith, Thomas (1568)　68, 85
St. Augustine　15, 17
Starnes 教授 (Starnes, De Witt T.)　125-126
Stoffel (1900)　135, 137
Sweet (1881³)　18
Sweet (1888)　114
Sweet (1896)　24, 165
Swift, Jonathan　80

ten Brink　51
Third Folio (1664)　98
Thomas (1596)　125
*Tottel's Miscellany* (= Surry et al. (1557))　70
Treble and Vallins (1936)　67
Trevisa, John　19
Tyndale, William　16, 19, 52
Tyrwhitt (1775-1778)　12

Vachek (1945-1949)　89n
Vanbrugh, John　109

Verney Papers　129

Ward (1948⁴)　80
Webster, Noah　110
Wilson (1594)　71
Wright (1905)　105, 110
Wright and Wright (1924)　96
Wright and Wright (1925³)　94
Wright and Wright (1928²)　94, 99n
Wyatt, Sir Thomas　19
Wycliffe, John　51-52, 171
Wyld (1906)　15n, 80
Wyld (1907)　37, 77
Wyld (1921)　20
Wyld (1927³)　39, 94, 107, 212
Wyld (1936³)　3n, 18, 52, 79, 105-112, 114-117, 119, 129-130, 212

安井 (1955)　64, 80-82, 111n
安井 (1960)　164
安井 (2004)　143, 152
Yasui (2009)　vi

Zachrisson (1929)　85, 114-115

初出一覧


第 I 部
中島文雄（編）(1951)『英語学概論（上）』（英語英米文学講座第 7 巻），河出書房.

第 II 部
安井稔 (1960)『英語学研究』研究社.

第 III 部
中島文雄（編）(1955)『英文法辞典』河出書房.

第 17 章「英語学あれこれ」「英語・英米文学講座月報」(No. 1), 1951 年, 河出書房.

**著者紹介**

安井　稔（やすい　みのる）

　1921年，静岡県生まれ．1944年，東京文理科大学英語学英文学卒業．東京教育大学教授，東北大学教授，筑波大学教授，芦屋大学教授，静岡精華短期大学学長を歴任．東北大学名誉教授，文学博士．

　主な著書：『英語学研究』(1960)，*Consonant Patterning in English* (1962)［以上，研究社］，『構造言語学の輪郭』(1963)，『英語学の世界』(1974)，『新しい聞き手の文法』(1978)［以上，大修館書店］，『英文法総覧』(1982, 1996〈改訂版〉)，『英語学概論』(1987)，『英語学史』(1988)，『納得のゆく英文解釈』(1995)，『英語学を考える』(2001)，『仕事場の英語学』(2004)，『英語学の見える風景』(2008)，『「そうだったのか」の言語学―生活空間の中の「ことば学」―』(2010)，『ことばで考える―ことばがなければものもない―』(2013)，『英語とはどんな言語か―より深く英語を知るために』(2014)［以上，開拓社］，など．ほかに，翻訳書，編著が多数ある．


久保田　正人（くぼた　まさひと）

　1952年横浜市に生まれる．筑波大学大学院博士課程（文芸・言語研究科）中退．千葉大学外国語センター長などを歴任．現在，千葉大学教授．

　主な著書・論文：「主語の決定について」(『現代の英語学』，開拓社，1981)，"The New Orthography as a Variant of the Conventional Orthography" (*English Linguistics Today*，開拓社，1985)，『現代英語の諸相』(共著，オセアニア出版，1987)，「why to VP は容認可能である」(『英文學研究』，日本英文學会，1989)，"Agrammatism in Japanese: Two Case Studies" (共著，*Agrammatic Aphasia: A Cross-Language Narrative Sourcebook*, John Benjamins, 1990)，『ことばは壊れない――失語症の言語学』(開拓社，2007)，『英語学点描』(開拓社，2013)，その他がある．

開拓社叢書 24

知っておきたい英語の歴史

ISBN978-4-7589-1819-0 C3382

| | |
|---|---|
| 著　者 | 安井稔・久保田正人 |
| 発行者 | 武村哲司 |
| 印刷所 | 萩原印刷株式会社 |

2014 年 9 月 26 日　第 1 版第 1 刷発行Ⓒ

| | |
|---|---|
| 発行所 | 株式会社　開拓社 |

113-0023　東京都文京区向丘 1-5-2
電話　（03）5842-8900（代表）
振替　00160-8-39587
http://www.kaitakusha.co.jp

JCOPY <(社)出版者著作権管理機構 委託出版物>

本書の無断複写は著作権法上での例外を除き禁じられています．複写される場合は，そのつど事前に，（社）出版者著作権管理機構（電話 03-3513-6969，FAX 03-3513-6979，e-mail: info@jcopy.or.jp）の許諾を得てください．